创新创业专创融合创新方法与课赛结合系列教材

# 嵌入式创新工程设计：

## 基于北斗＋交通智能端网云融合应用

宁亚飞　刘洪亮　邢建平　禹旭敏　编著

山东大学出版社
SHANDONG UNIVERSITY PRESS
·济南·

## 内容简介

本书是针对大学生而编写的嵌入式系统设计基础教程，全书由浅入深，层层递进，注重实践，力求全面而深入贯彻党的十九大精神，紧跟新时代的发展步伐，促进新形势下高校教育理念的提升以及人才培养与教学模式的转型升级，在夯实基础理论的基础上，着重培养学生的应用思维、实践能力与实操技能，提升学生分析问题、解决问题的能力，并让学生掌握相关的方式方法。

本书的主要内容有嵌入式软件编程基础、基本嵌入式系统开发、基于嵌入式的导航通信系统设计、软件平台下通信系统的仿真、自动驾驶及智能导航系统的全流程设计简介等。本书可作为在校大学生嵌入式系统设计实验课的指导教材，也可作为相关领域教师的教学参考用书。

**图书在版编目(CIP)数据**

嵌入式创新工程设计：基于北斗＋交通智能端网云融合应用 / 宁亚飞等编著. —济南：山东大学出版社，2022.8

创新创业专创融合创新方法与课赛结合系列教材

ISBN 978-7-5607-7607-1

Ⅰ. ①嵌… Ⅱ. ①宁… Ⅲ. ①交通运输管理—智能系统—硬件—设计 Ⅳ. ①U495

中国版本图书馆 CIP 数据核字(2022)第 156905 号

策划编辑 祝清亮
责任编辑 李昭辉
封面设计 王秋忆

出版发行 山东大学出版社
社　　址 山东省济南市山大南路 20 号
邮政编码 250100
发行热线 (0531)88363008
经　　销 新华书店
印　　刷 山东和平商务有限公司
规　　格 787 毫米×1092 毫米 1/16
　　　　 16.25 印张 375 千字
版　　次 2022 年 8 月第 1 版
印　　次 2022 年 8 月第 1 次印刷
定　　价 57.00 元

# 前　言

2020年7月31日，我国自主研发的“北斗三号”全球卫星导航系统正式开通运行，这标志着我国正式拥有了自己的全球卫星导航系统。自此之后，与“北斗”全球卫星导航系统有关的技术和产业迎来了一个又一个发展高峰，在这当中，嵌入式导航通信系统及其设计就是一个重要的课题。可以认为，在导航通信领域，嵌入式系统拥有独特的优势。

所谓“嵌入式系统”，就是以应用为中心，以现代计算机技术为基础，能够根据用户的需求灵活裁剪硬件模块的专用计算机系统。简而言之，嵌入式系统就是把计算机的核心部件嵌入到各式各样的电子产品中，以灵活地完成各类专门任务的系统。将导航通信技术引入嵌入式系统，不仅可以使“北斗”导航技术可以灵活地融入各类电子产品中，而且可以使嵌入式系统的应用更为广泛，性能大大提升。循着这一思路，笔者一直希望能够编写一本基于“北斗”导航技术的嵌入式系统设计实验指导书，以向广大读者展现“嵌入式+北斗导航”这一新技术的独特魅力。

本书力求深入浅出，从嵌入式的基本原理与基本方法入手，帮助读者搭建嵌入式系统开发的基本框架，从而进一步深入探讨嵌入式导航通信系统的设计。全书共15章，分为基础篇与提高篇两篇。上篇为基础篇，共11章，主要介绍了嵌入式导航通信系统的基本开发流程与基础模块的设计，按照先介绍再实践、先简介再深入、先基础再应用的顺序编排，主要内容为基于STM32单片机的嵌入式导航系统开发；下篇为提高篇，共4章，主要介绍各类较复杂的导航通信系统的开发。

本书由山东大学微电子学院的宁亚飞老师负责全书的结构设计与全部内容的统筹规划，刘洪亮、邢建平、禹旭敏负责对全书的关键知识点进行梳理。为保证本书符合在校学生的学习进度，在编写过程中，专门邀请了山东大学的本科生和硕士研究生参与了相关实验，并结合学生的亲身体验对难点、易错点进行了特别标注。本书第 1～3 章由件赛、董彦辰参与编写并修订，第 4 章由严智涵、王万年参与编写并修订，第 5 章由胡静薇、件赛参与编写并修订，第 6 章由件赛参与编写并修订，第 7～9 章和第 12 章由刑喆参与编写并修订，第 10～11 章和第 13 章由王万年参与编写并修订，第 14～15 章由董彦辰、件赛参与编写并修订，在此特对以上人员表示感谢。另外，在编写此书的过程中，编者参考了国内外的大量论著、教材、文章、手册等资料，并使用了大量国内外厂商的软件平台与硬件平台，在此谨向被引文献的作者及相关厂商的技术开发人员表示感谢。

由于编者的水平所限，书中难免有不妥或错误之处，在此敬请广大读者予以批评指正，以便未来修订时进行改正。

编　者

2022 年 2 月

于山东大学

# 目　录

## 上篇·基础篇

## 下篇 · 提高篇

# 上篇·基础篇

# 第 1 章　嵌入式软件编程技术

从 1946 年第一台电子计算机“埃尼阿克”(ENIAC)在美国宾夕法尼亚大学的实验室中问世以来,人类便进入了飞速发展的信息时代。从 1946 年到 20 世纪 90 年代,短短数十年间,电子计算机经历了四代革命,从最初的电子管计算机发展到晶体管计算机,再发展到中小规模集成电路计算机、大规模集成电路计算机,经过一代代的更迭,计算机技术获得了突飞猛进的发展,并以肉眼可见的速度改变着人类社会的面貌。计算机技术的迅猛发展,为嵌入式系统的出现奠定了坚实的基础,人们开始思考如何将计算机技术应用到各类电子产品中,并由此开发出了种类繁多、性能优异的嵌入式系统,应用到了诸如智能手机、智能汽车、智能家居等设备中。与计算机系统类似,嵌入式系统也包含软件与硬件两部分。在早期的嵌入式系统设计工作中,硬件设计居于主导地位,因而常常采用“硬件优先”的原则。但是,随着嵌入式系统功能的复杂化与体积的微型化,软件设计的地位在不断上升,软/硬件协同已成为嵌入式系统设计的主流方案。

本章主要针对嵌入式软件编程技术进行介绍,并通过实例说明嵌入式软件设计的基本流程与三种常见的编程方案,以期读者能够在本章介绍的相关知识的基础上,进行嵌入式系统软件部分的开发。

## 第一节　嵌入式软件概述及开发平台搭建

所谓“嵌入式软件”(embedded software),是指嵌入硬件中的操作系统与开发工具软件。随着嵌入式系统的发展,嵌入式软件在嵌入式系统设计中的作用逐渐显现,并形成了软/硬件协同的设计方案。本书所涉及的大多数嵌入式软件开发实验大都基于 Keil MDK 软件开发平台展开。

Keil MDK 也称为 MDK-ARM,是一款专为微控制器应用而设计的集成开发环境,为基于 Cortex-M 系列、ARM7 系列等的设备提供了完整的集成开发环境。MDK-ARM 功能完善,可以提供软件编程、编译、仿真以及硬件烧录等诸多功能,能够满足大多数嵌入式系统应用设计的需要。

下面介绍 Keil MDK5 的安装步骤,相关的软件安装包可以从 KEIL 的官方网站(见

图 1-1)下载。[1]

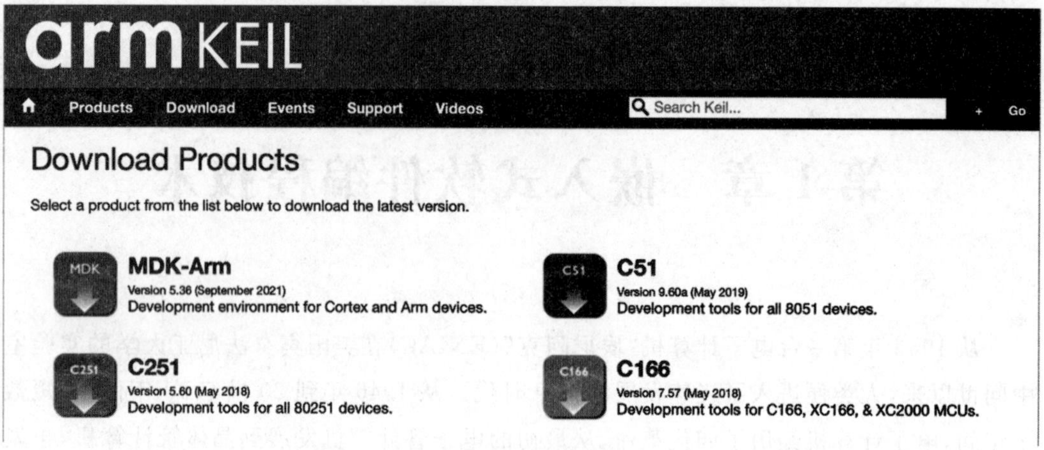


图 1-1 KEIL 的官方网站界面

安装包下载完成后，正式开始安装，具体步骤如下：

(1)双击运行 KEIL5 安装包，在弹出的初始安装界面(见图 1-2)对话框中单击"Next"，进行下一步安装。

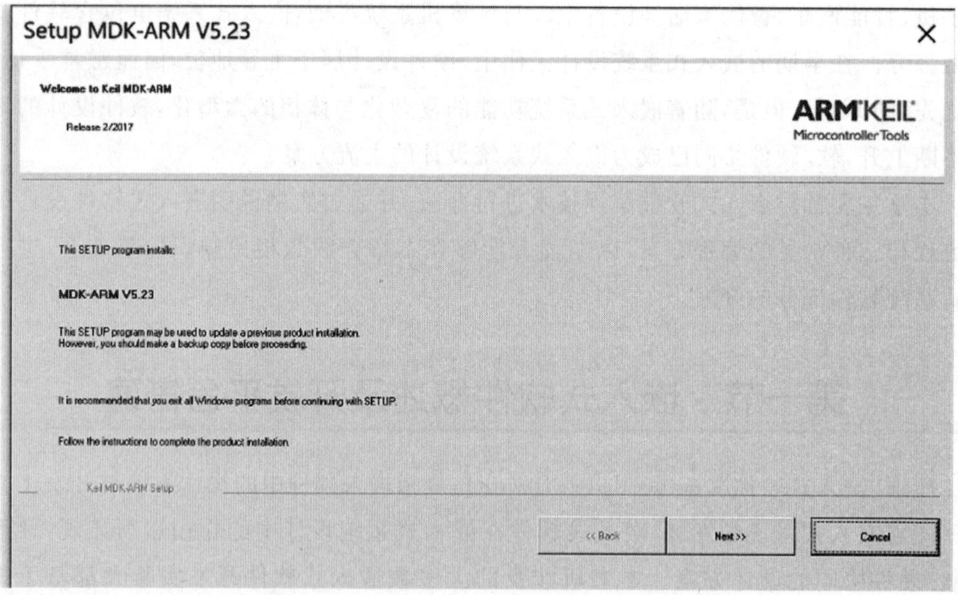


图 1-2 初始安装界面

(2)勾选"I agree to all the……"(同意软件使用条款)，然后单击"Next"，进行下一步安装(见图 1-3)。

---

① 下载软件安装包可以访问 https://www.keil.com/download/product/.

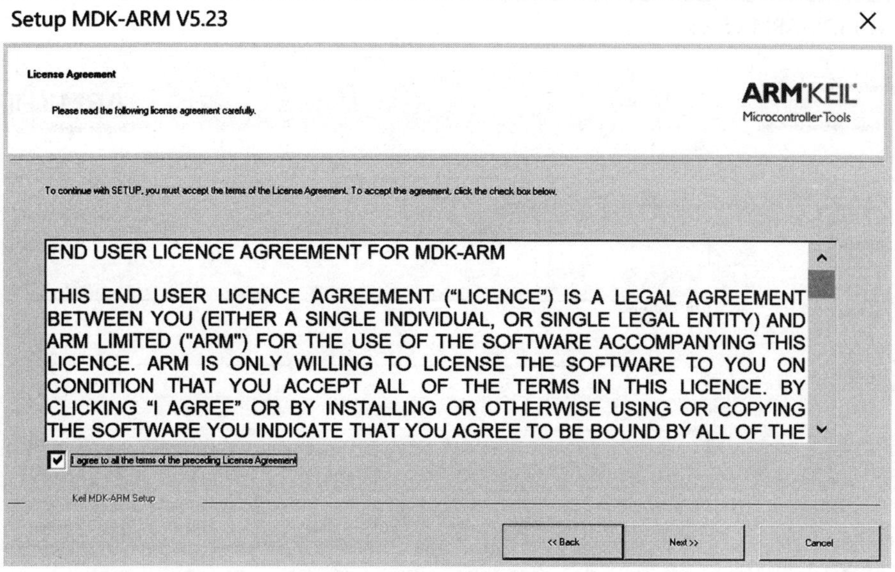


图 1-3　软件使用条款页

(3)在安装路径设置界面设置安装路径(见图 1-4),注意路径中不能含有中文,然后单击“Next”,进行下一步安装。

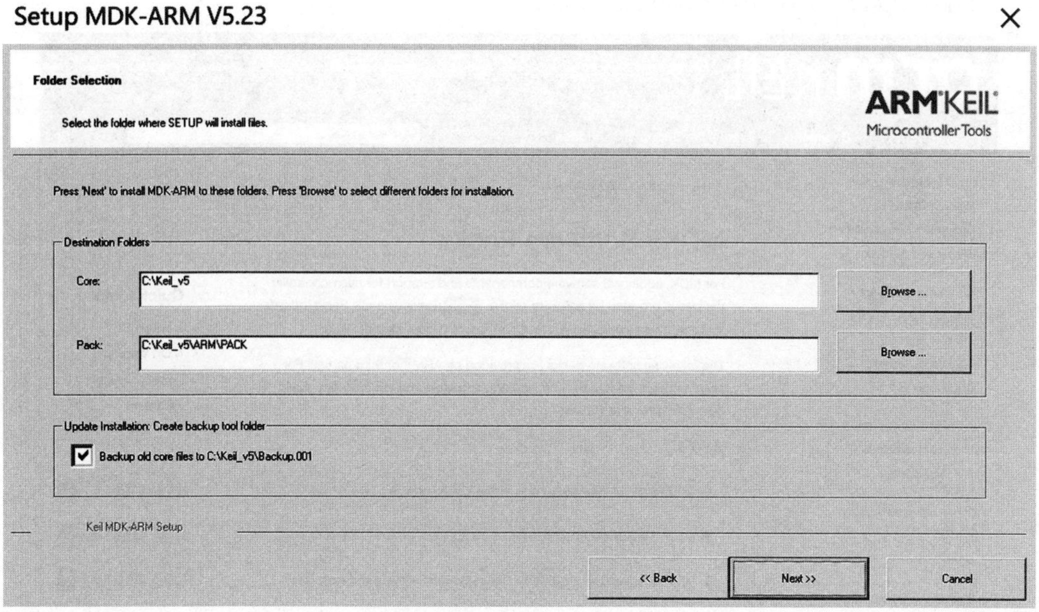


图 1-4　安装路径设置界面

(4)在信息填写界面中填写相关信息(见图 1-5),单击“Next”开始安装。安装完成后单击“Finish”,至此,完成对 KEIL 软件的安装。

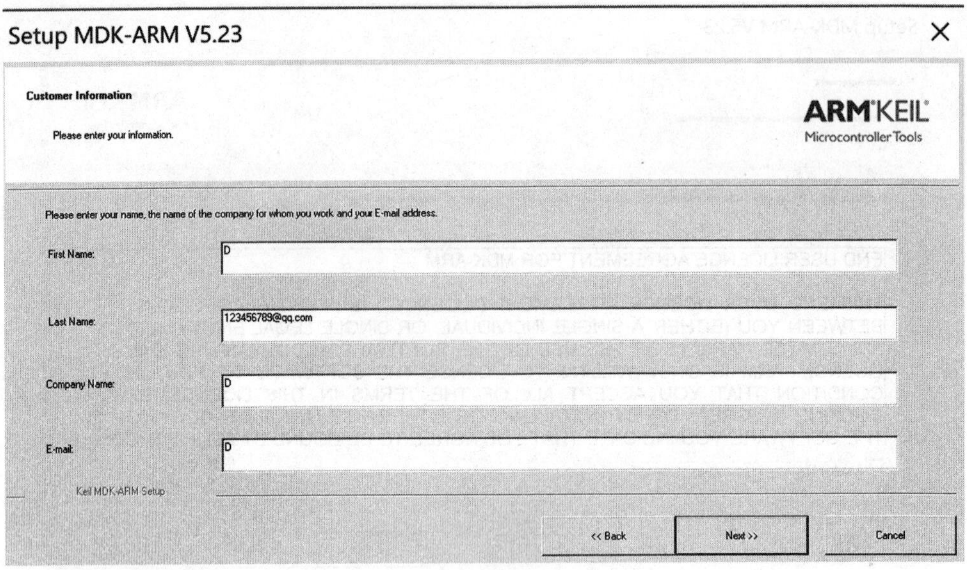


图 1-5　信息填写界面

(5)安装 STM32 器件包。[①] 前往 KEIL 官方网站下载所需的器件包，器件包安装界面如图 1-6 所示[②]，在这里选择 STM32F1 系列器件包(见图 1-7)。双击对应版本的安装包，同时注意选择与 KEIL5 相同的安装路径。

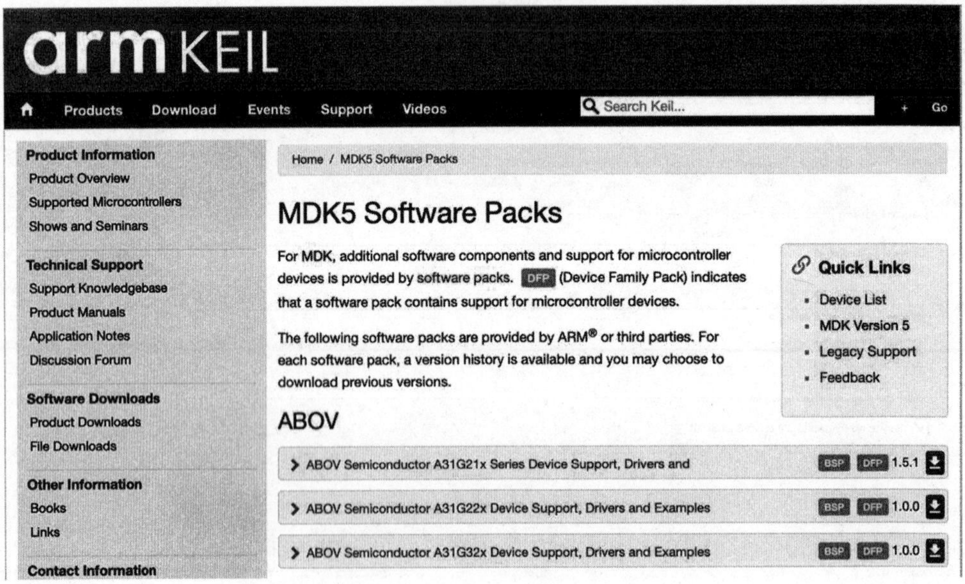


图 1-6　器件包安装界面

---

① 从 KEIL5 开始，KEIL 软件不再提供器件包，用户需要前往 KEIL 官方网站自行下载所需的器件包。

② 下载器件包可以访问 http://www.keil.com/dd2/pack/.

图 1-7　选择 STM32F1 系列器件包并下载

至此，嵌入式软件集成开发环境搭建完毕。

## 第二节　基于C语言的嵌入式软件开发

从本节开始，笔者将以实际操作的形式介绍嵌入式软件开发的流程。嵌入式软件开发所使用的编程语言主要包括C语言与汇编语言，这两种编程语言既可以各自单独使用，也可以同时应用以完成同一项目。本节将以C语言开发为例进行说明，而汇编语言开发与两种语言的联合开发则分别在第四节与第五节进行介绍。

在开始实验之前，有必要对C语言与汇编语言的特点以及常见的应用场景进行归纳，以便读者能够根据需要，选择合适的编程语言进行嵌入式系统的设计。

### 一、汇编语言与C语言

汇编语言(assembly language)是一种直接面向机器的低级程序设计语言，也称为“符号语言”。汇编语言诞生于20世纪50年代，作为第二代计算机语言，其弥补了第一代计算机语言(即机器语言)的诸多缺点，时至今日仍被应用在部分嵌入式系统的开发之中。与机器语言使用晦涩烦琐的二进制数字串完成计算机操作不同，汇编语言使用易于理解和记忆的助记符来代表各种计算机指令。相比于机器语言，汇编语言更容易编写和记忆，可读性较高，同时保留了机器语言高效率与高速度的优点；同时，汇编语言的编写在很大程度上依赖特定的机器，可移植性较差，且对于较为复杂的程序设计，一般的开发人员很难窥见其意图。因此，汇编语言常常用于嵌入式底层开发，或者对执行效率有严格要求的应用场合。

C语言(C language)是一种面向过程的高级编程语言，在嵌入式系统等硬件开发中被广泛应用。与汇编语言相比，C语言不仅可以直观地展现编程思路，方便地完成程序编写，而且可以不依赖特定的编程环境支持，拥有极高的可移植性。虽然由C语言生成的目标程序效率略低于汇编语言，但C语言编写与调试的高效率足以弥补这一差距。因此，在软件编程及嵌入式开发中，C语言的使用范围远远超过汇编语言。在复杂嵌入式系统的软件部分开发过程中，C 语言程序常常是最主要的部分，全部程序由 C 语言编写的情形也屡见不鲜。

在本书的嵌入式系统实验设计中，基本采用 C 语言进行编程。但考虑到在实际开发中也可能采用汇编语言进行底层驱动程序的编写，因此本章也将对汇编语言的相关内容进行简要介绍。

## 二、基于 C 语言的嵌入式软件开发实例

本实验将以控制发光二极管(LED)闪烁为例，在 STM32F103C8 硬件平台上进行嵌入式开发。① 在这里假定读者对 C 语言程序的基本语法已经有一定程度的掌握，因此对 C 语言程序的具体语法分析不再赘述。

### (一)工程文件的建立与编写

首先进行工程文件的建立，相关步骤如下：

(1)打开 Keil MDK5，单击“Project”→“New μVision Project”，如图 1-8 所示。

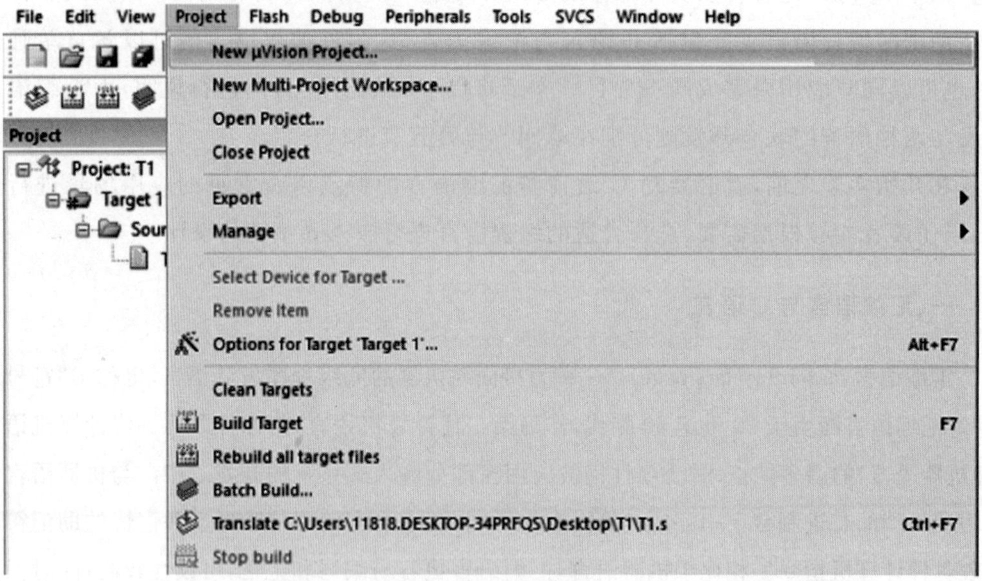


图 1-8　新建工程文件

选择文件夹，输入工程名称(见图 1-9)后单击“保存”，完成工程文件的创建。

---

① 本实验所使用的开发板中，LED 被连接在了通用输入输出(GPIO)的 A8 端口上。对于其他类型的开发板，读者可以参阅厂商提供的产品手册，查找相应的外部设备所在的端口，并在后续程序中作出相应的修改。

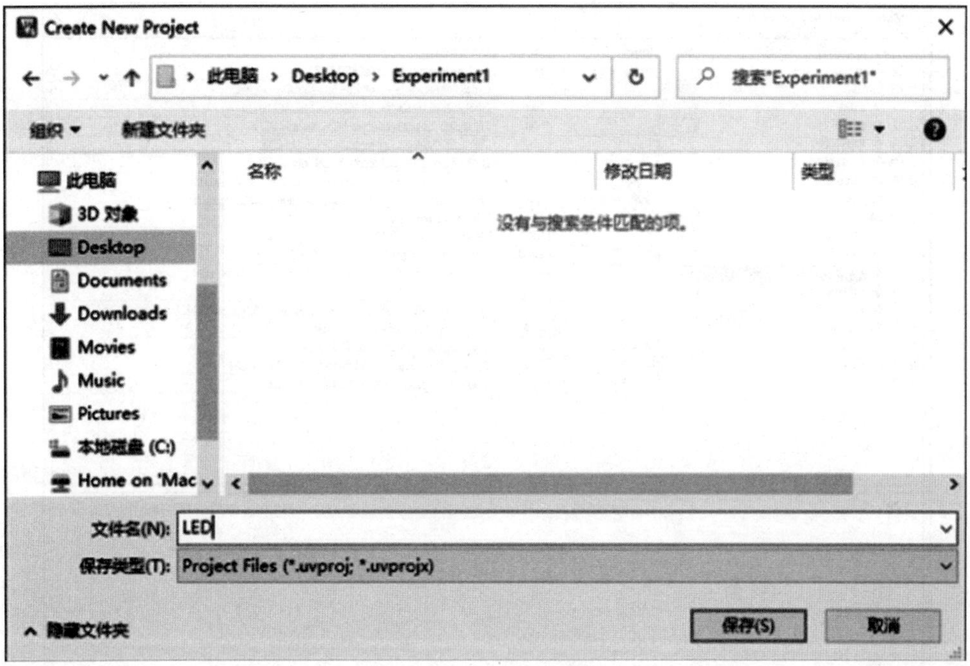


图 1-9　输入工程名称

(2)选择开发硬件平台与编程环境设置，如图 1-10 所示，在弹出的对话框中选择 STM32F103C8；然后设置编程环境，具体选项如图 1-11 所示，最后单击“OK”。

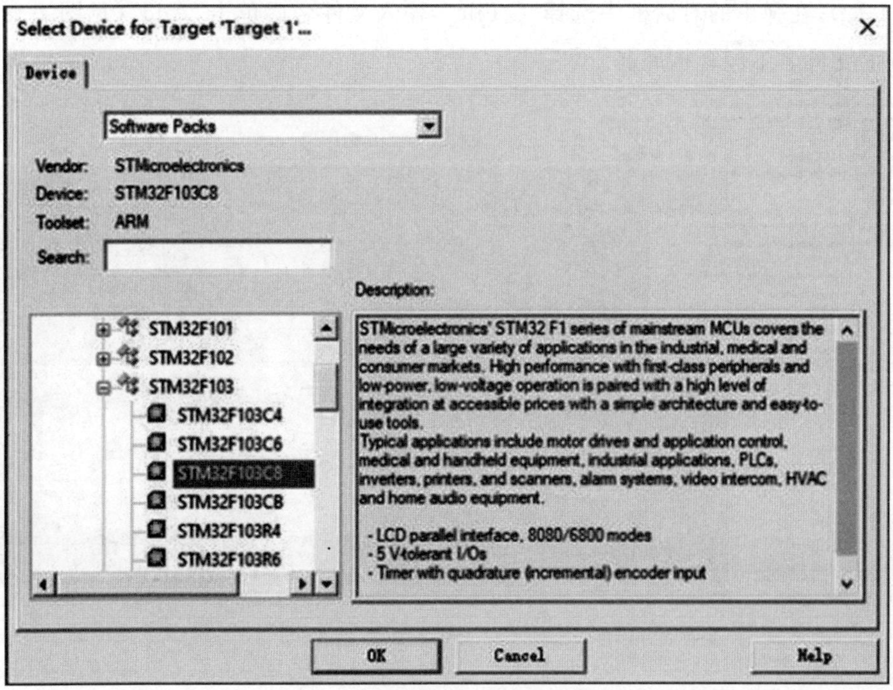


图 1-10　选择硬件开发平台

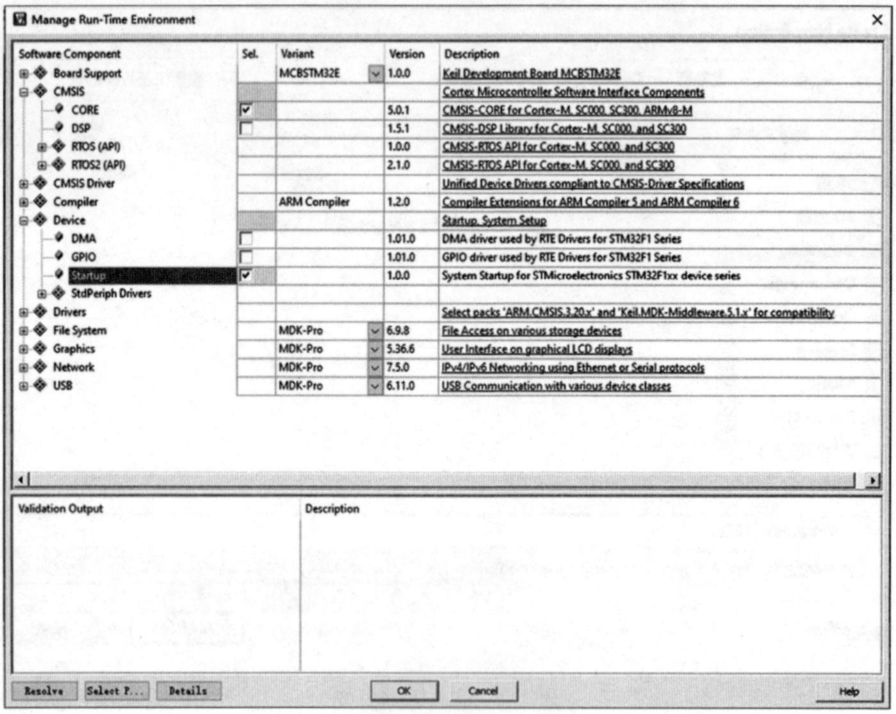

图 1-11 设置编程环境

(3)在工程中，右击“Target 1”条目下的“Source Group 1”，选择添加新文件到组 1 中(见图 1-12)，在弹出的对话框中选择“C File”，输入文件名后单击“Add”(见图 1-13)。注意此处的文件名不包含扩展名。

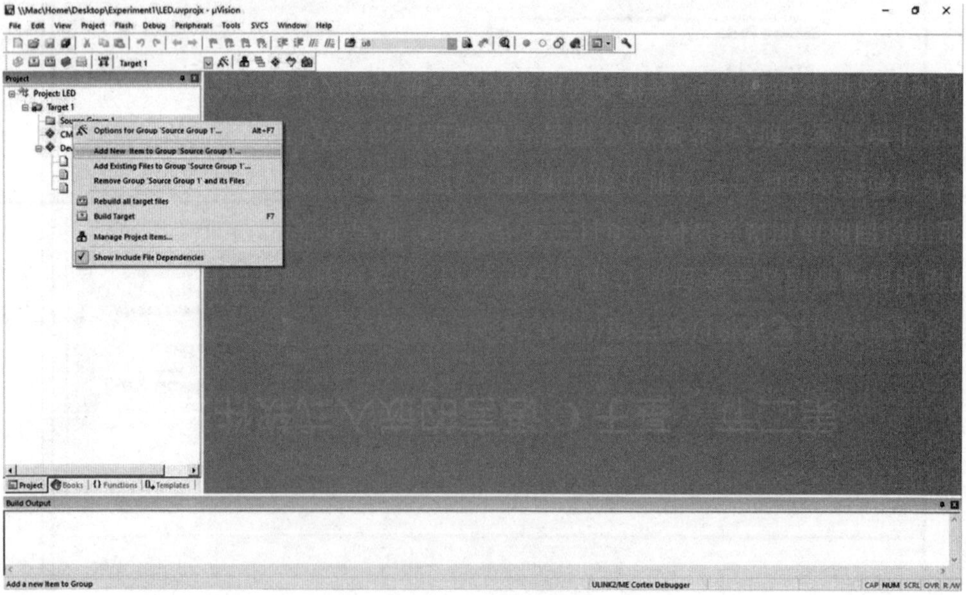

图 1-12　添加新文件到组 1

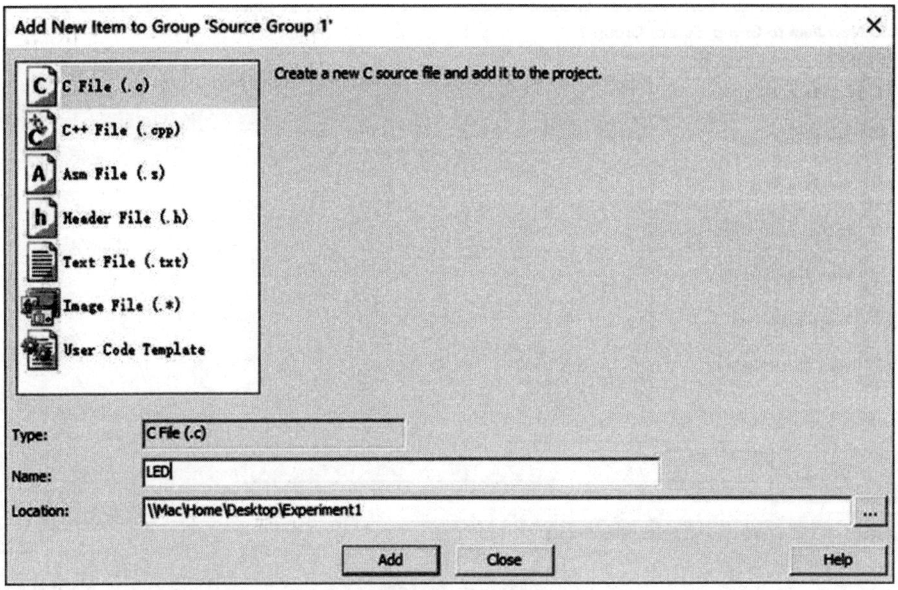


图 1-13　添加 c 文件到组内

至此，工程文件建立完成，建立完成后的界面如图 1-14 所示。[①] 为了后续编写代码方便，此处可另外添加头文件。仿照上述 c 文件建立的过程，建立头文件 stm32f10x.h，如图 1-15 所示。头文件的内容主要为寄存器映射以及必要的预编译指令，具体内容将在后面进行介绍。

图 1-14　工程建立完毕界面

① 读者可以双击工程中的启动文件，不难发现其有相当一部分代码由汇编语言编写，这也印证了本节开头对汇编语言与 C 语言的介绍。

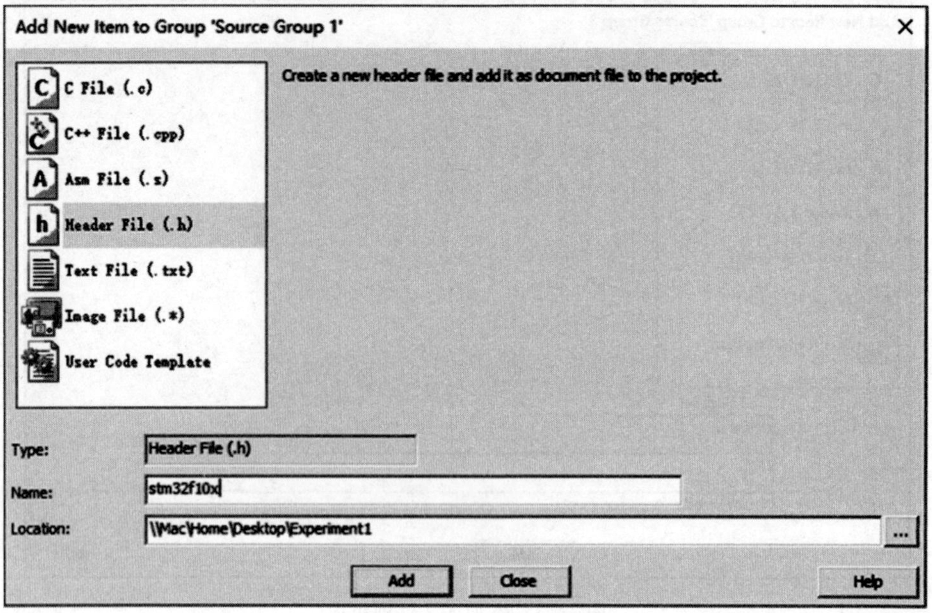


图 1-15　添加头文件

完成上述内容后，需要在新建立的工程文件中编写程序代码。本实验具体的编程内容及流程如下：

(1)头文件的编写。打开头文件 stm32f10x.h，在其中对寄存器地址进行映射，具体代码如下：

```
/* 片上外设基地址 */
#define PERIPH_BASE          ((unsigned int)0x40000000)

/* 总线基地址 */
#define APB2PERIPH_BASE       (PERIPH_BASE + 0x10000)

/* GPIO 外设基地址 */
#define GPIOA_BASE           (APB2PERIPH_BASE + 0x0800)

/* GPIO 寄存器地址 */
#define GPIOA_ODR_Addr     (GPIOA_BASE+12) //0x4001080C

/* 位带操作相关定义 */
#define BITBAND(addr, bitnum) ((addr & 0xF0000000)+0x2000000+((addr
&0xFFFFF)<<5)+(bitnum<<2))
#define MEM_ADDR(addr)  *((volatile unsigned long  *)(addr))
 /* 根据位带操作定义 LED0，方便主函数调用 */
#define LED0  MEM_ADDR(BITBAND(GPIOA_ODR_Addr,8))
```

```
/* 时钟结构体定义 */
typedef struct
{
    volatile unsigned int CR;
    volatile unsigned int CFGR;
    volatile unsigned int CIR;
    volatile unsigned int APB2RSTR;
    volatile unsigned int APB1RSTR;
    volatile unsigned int AHBENR;
    volatile unsigned int APB2ENR;
    volatile unsigned int APB1ENR;
    volatile unsigned int BDCR;
    volatile unsigned int CSR;
}RCC_TypeDef;

#define RCC ((RCC_TypeDef *)0x40021000)

/* GPIO 结构体定义 */
typedef struct
{
    volatile unsigned int CRL;
    volatile unsigned int CRH;
    volatile unsigned int IDR;
    volatile unsigned int ODR;
    volatile unsigned int BSRR;
    volatile unsigned int BRR;
    volatile unsigned int LCKR;
}GPIO_TypeDef;

#define GPIOA ((GPIO_TypeDef *)GPIOA_BASE)
```

在这里,程序中采用位带操作对寄存器进行了定义。另外,此处也可以不使用位带操作,而直接对寄存器地址进行定义。在此需要注意时钟结构体的定义。无论采用何种开发方式,都应当开启时钟。

(2)编写主函数。在主程序文件 LED.c 中需要编写功能性代码,即实现所需具体功能的程序,具体代码如下:

```
#include "stm32f10x.h"
/* 将编写的头文件包含入主程序中 */
void LED_Init(void)
{
    RCC->APB2ENR |= 1<<2; //GPIOA 时钟开启
    GPIOA->CRH &= 0XFFFFFFF0;
    GPIOA->CRH |= 0X00000003;
}
```

```
/* 粗略延时函数 */
void Delay_ms(volatile unsigned int t)
{
    unsigned int i,n;
    for(n = 0; n < t; n++){
        for(i = 0; i < 800; i++){
        }
    }
}

/* 主函数，实现 LED 的初始化与闪烁功能 */
int main(void)
{
    LED_Init();
    while(1)
    {
        LED0 = 0;
        Delay_ms(500);
        LED0 = 1;
        Delay_ms(500);
    }
}
```

至此，工程的软件部分编写完毕。

(二)主程序的组成

工程的软件部分编写中，需要注意的是，主程序中一般来说应包含如下几部分：

1.初始化

初始化是嵌入式软件编程必备的步骤，目的是消除硬件相关端口的不定态，这一点在诸多硬件描述语言(HDL)中也常常可以见到。此处的初始化函数一般应当包含以下内容：使能 I/O 口时钟；初始化 I/O 口模式；操作 I/O 口输出高低电平。

2.主函数

主函数是实现硬件系统具体功能的主要程序代码，具体包括以下两个方面：

(1)初始化。这一部分可以直接调用前面编写的初始化函数。

(2)编写相应的功能代码。这一步常常在死循环(用 while(1){}实现)内编写实现。

3.必要的子函数

对一些需要多次调用或者本身代码较为庞大的函数模块，常常通过编写子函数，再在主函数中调用的方式实现，比如延时函数、ASCII 码转换函数等。

(三)工程的仿真与调试

程序编写完成后，一般不会直接烧录进入硬件，而是先进行工程文件的软件仿真与调试，具体步骤如下：

(1)在工程界面单击图标,弹出 Target 选项卡,如图 1-16 所示为进行仿真的相关设置。此处主要检查芯片型号和晶振频率,其余内容一般默认即可。

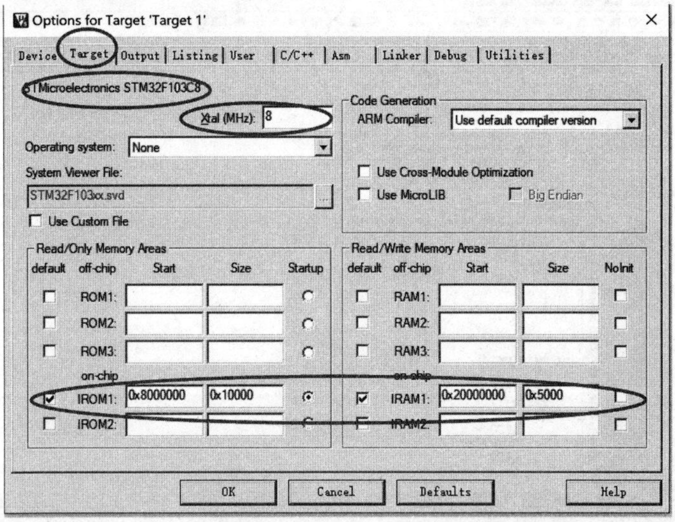


图 1-16 更改 Target 标签页中的参数

(2)设置 Debug 参数。在图 1-16 所示的对话框中选择"Debug"选项卡,根据图 1-17 所示进行设置。应当注意的是,由于此处进行软件仿真,因此需要将 Dialog DLL 和 Parameter中的内容分别更改为 DARMSTM.DLL 和-pSTM32F103RC。同时,右侧的硬件仿真设置也需要更改,将 Dialog DLL 与 Parameter 分别设置为 TARMSTM.DLL 与-pSTM32F103RC。

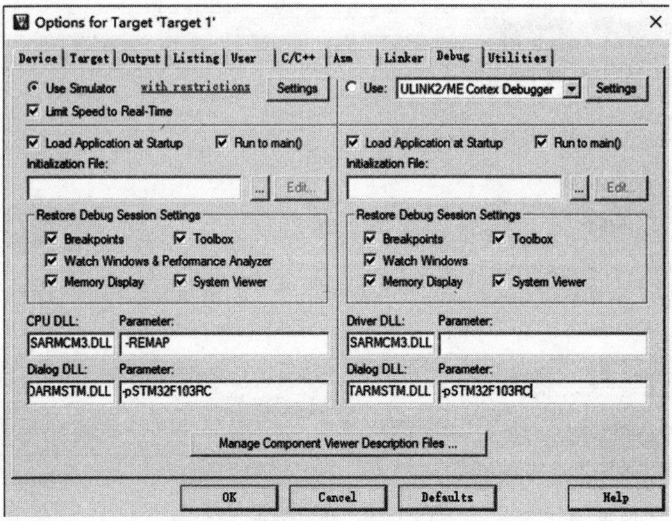


图 1-17 更改 Debug 标签页中的参数

(3)编译代码并进入仿真界面。如图 1-18 所示,依次单击界面左侧的"translate"与

“build”进行编译，检查界面下方的“Build Output”是否有报错或警告信息。确认无误后，单击“Debug”进入仿真界面。仿真界面如图 1-19 所示。

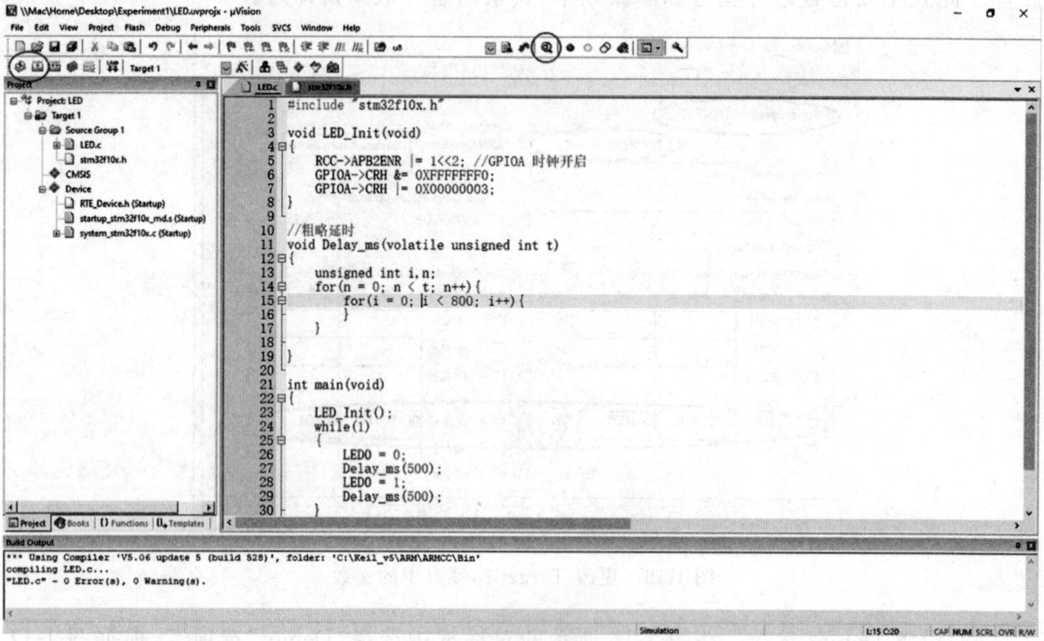


图 1-18　编译代码并进入仿真界面

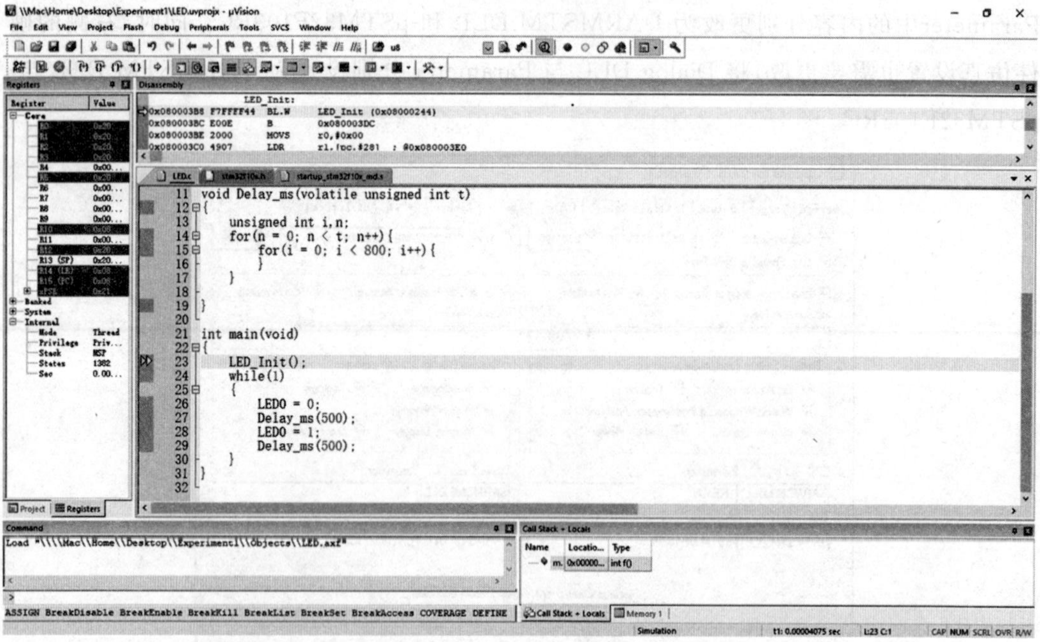


图 1-19　仿真界面

(4)对程序进行软件仿真。首先打开 GPIOA 监视器，如图 1-20 所示，此时将在界面右侧出现 GPIOA 各个寄存器的监视窗口。单击“运行”，可以通过输出数据寄存器 8（ODR 寄存器 8）观察到 PA8 引脚的高低电平交替变化的过程，说明实现了预期的功能。

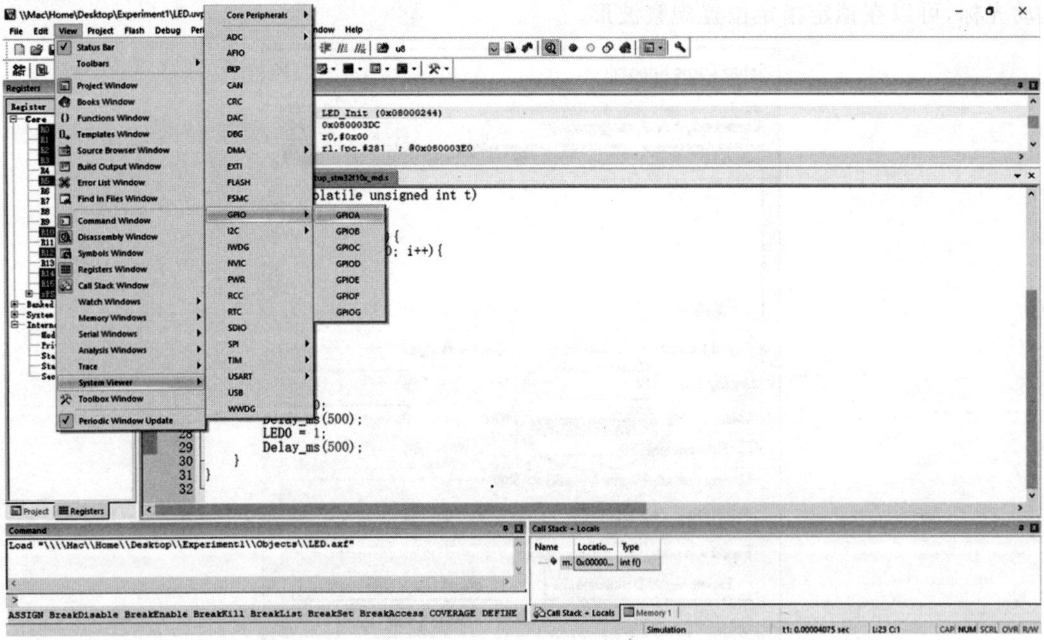


图 1-20　打开 GPIOA 监视器

（5）查看仿真波形。首先确保程序已经终止并复位，然后在“Debug”界面单击虚拟示波器图标，出现虚拟示波器（逻辑分析仪）界面，如图 1-21 所示。

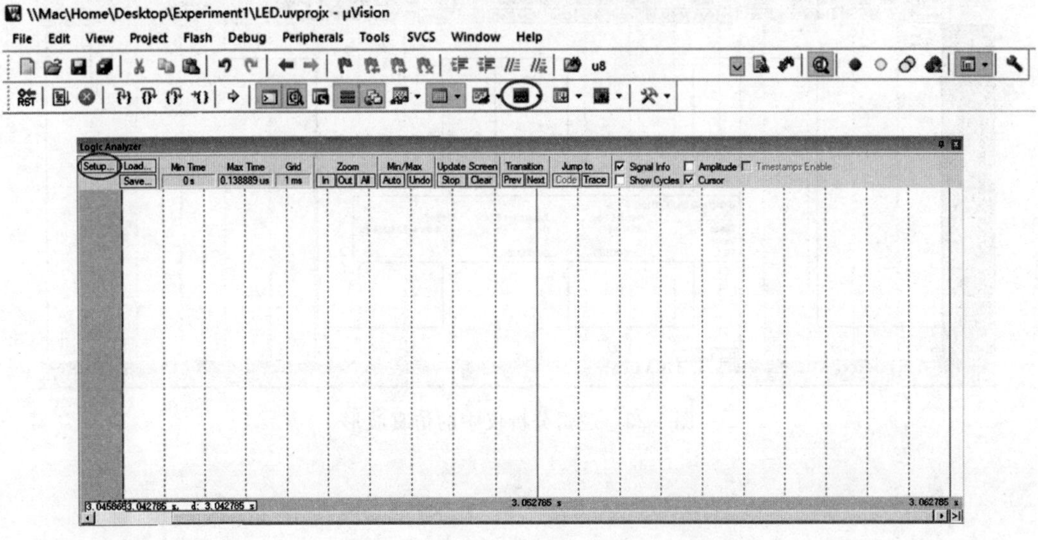


图 1-21　虚拟示波器（逻辑分析仪）界面

单击虚拟示波器界面左上角的“Setup Logic Analyzer”，进入示波器设置界面。新建信号，并定义为 PORTA.8。设置完成后，单击空白处会切换为如图 1-22 所示的状态，说明信号建立完毕。Display Type 的设置显示类型为 Bit，单击“Close”关闭。在 Zoom 界面选择“All”，并运行仿真，可以在虚拟示波器界面观察到仿真波形，如图 1-23 所示。移动光标，可以在锁定指定位置观察波形。

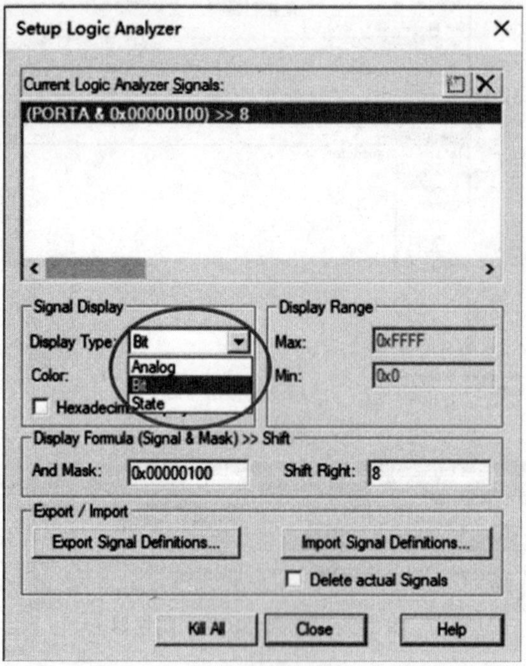


图 1-22　逻辑分析仪界面

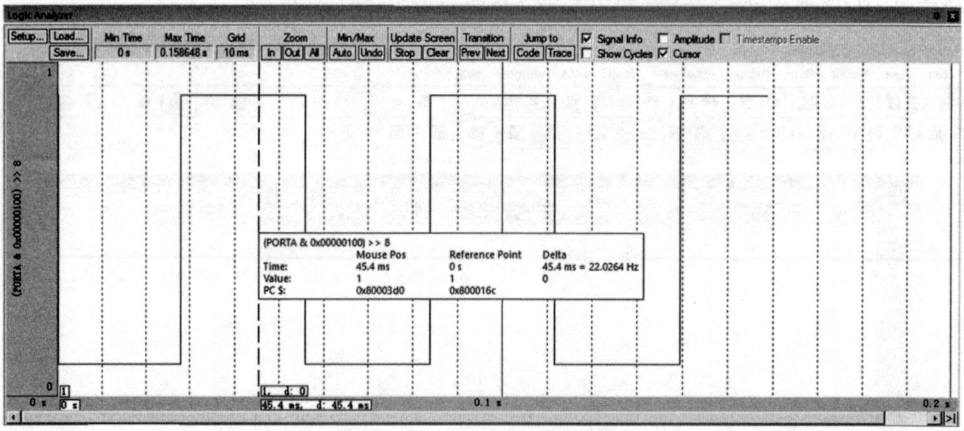


图 1-23　逻辑分析仪中的仿真波形

# 第三节　基于汇编语言的嵌入式开发

上一节我们利用C语言完成了LED闪烁实验，本节将简要介绍使用汇编语言完成嵌入式系统软件设计的开发流程。在此假定读者对汇编语言有一定的了解，并熟悉一般汇编语言的编写方法。

首先仿照上一节的步骤建立工程文件，并在工程文件中添加汇编程序文件，如图1-24所示。注意此处启动文件将在汇编文件中编写，因此不需要设置环境，直接退出即可，如图1-25所示。

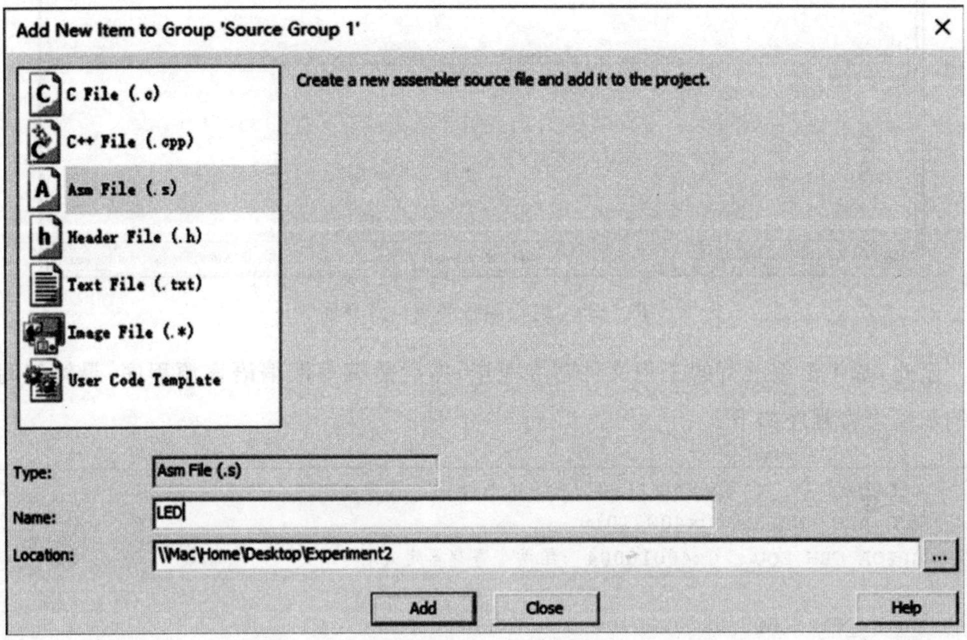


图1-24　添加汇编语言文件(Asm File)到工程中

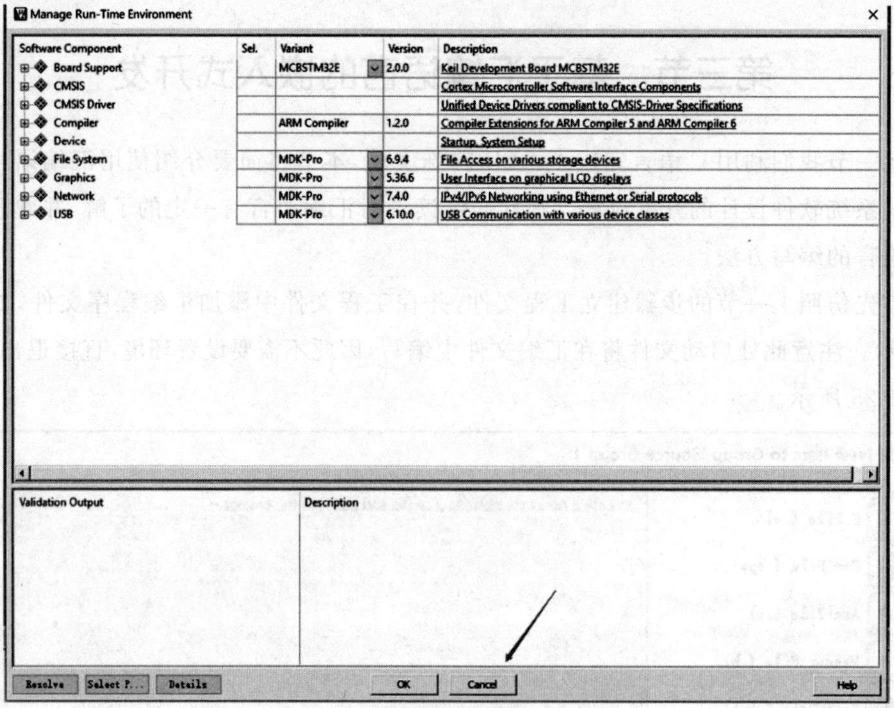


图 1-25　退出编程环境设置界面

至此，基于汇编语言的工程文件建立完毕，然后是编写汇编语言源程序，最终编写完成的汇编语言程序如下：

```
LED0 EQU        0x422101a0 ;PA8 的 Bit-Bond 地址
RCC_APB2ENR EQU 0x40021018
GPIOA_CRH EQU   0x40010804 ;给两个寄存器定义名字

Stack_Size EQU 0x00000400

    AREA STACK, NOINIT, READWRITE, ALIGN=3
Stack_Mem SPACE  Stack_Size ;保留一个用零填充的存储器块
__initial_sp
    ;摘自启动文件，分配一个 STACK 段且该段不初始化，可读写，按 8 字节对齐
    ;分配一个大小为 stack_size 的存储空间，并使栈顶的地址为__initial_sp

    AREA RESET, DATA, READONLY

__Vectors DCD __initial_sp      ;Top of Stack
            DCD Reset_Handler     ;Reset Handler
                                  ;分配向量表

    AREA |.text|, CODE, READONLY ;通知汇编器，开始代码段
```

```
    THUMB
    REQUIRE8 ;指令指定当前文件要求堆栈 8 字节对齐
    PRESERVE8 ;指令指定当前文件保持堆栈 8 字节对齐
    ;ARMv6 版本之前如果使用 LDRD 或 STRD 要求 8 字节对齐，如果没有 PRESERRVE8
会报错，v6 中不再要求 8 字节对齐而是 4 字节
    ENTRY     ;程式入口
Reset_Handler
    BL LED_Init
    ;带链接跳转，当前地址（PC）自动送入 LR 寄存器，跳转到 LED_Init 段
MainLoop  BL LED_ON
          BL Delay
          BL LED_OFF
          BL Delay
          B MainLoop          ;无条件跳转

LED_Init
          PUSH {R0,R1, LR}     ;将 R0,R1,LR 中的值放入堆栈
          LDR R0,=RCC_APB2ENR ;将 RCC_APB2ENR 的地址送入 R0
          ORR R0,R0,#0x04      ;将 R0 的第二位置 1，再将结果送入 R0 中
        LDR R1,=RCC_APB2ENR ;将 RCC_APB2ENR 的地址送入 R1
        STR R0,[R1]
          ;将 R0 的值送给 R1 中的值所指向的地址中，也就是 RCC_APB2ENR 的地址
        LDR R0,=GPIOA_CRH
        BIC R0,R0,#0x0F
        LDR R1,=GPIOA_CRH
        STR R0,[R1]

        LDR R0,=GPIOA_CRH
        ORR R0,R0,#0x03
        LDR R1,=GPIOA_CRH
        STR R0,[R1]     ;两段同上

        MOV R0,#1       ;把立即数 1 送入 R0
        LDR R1,=LED0    ;将 PA8 bit-bond 的地址送入 R1
        STR R0,[R1]


        POP {R0,R1,PC} ;将栈中之前存的 R0,R1,LR 的值返还给 R0,R1,PC

LED_ON
        PUSH {R0,R1, LR}
        MOV R0,#0
        LDR R1,=LED0
        STR R0,[R1]
```

```
            POP {R0,R1,PC}

    LED_OFF
            PUSH {R0,R1, LR}
            MOV R0,#1
            LDR R1,=LED0
            STR R0,[R1]
            POP {R0,R1,PC}

    Delay
            PUSH {R0,R1, LR}
            MOVS R0,#0
            MOVS R1,#0
            MOVS R2,#0

       END
```

下面简要分析上述程序的具体编写步骤：

(1)预定义。预定义的代码如下：

```
LED0     EQU 0x422101a0
RCC_APB2ENR EQU 0x40021018
GPIOA_CRH   EQU 0x40010804
```

一般地，为方便操作，需要给每个所需要的寄存器地址定义一个名字，类似于C语言的#define。PA8的Bit-Bond地址的计算方法可参照C代码的计算。后面的两个地址是固定的，可从STM32的手册中查询得到，或者从ST官方的库文件中查找计算。

(2)分配栈空间。分配栈空间的代码如下：

```
Stack_Size EQU 0x00000400
   AREA STACK, NOINIT, READWRITE, ALIGN=3
Stack_Mem SPACE Stack_Size
__initial_sp
```

这一段代码摘自启动文件。要想读懂这段代码，首先要了解两个命令：AREA命令和SPACE命令。

AREA命令是指示汇编器汇编一个新的代码段或数据段，段是独立的、指定的、不可见的代码或数据块，它们由链接器处理，格式如下：

```
AREA 段名,段属性1,段属性2,段属性3…
```

其中，段属性NOINIT代表不初始化(NO Init)，READWRITE代表可读写，ALIGN代表对齐方式，ALIGN=3代表8字节($2^3=8$)对齐。

SPACE命令是保留一个用零填充的存储器块，所以整段代码的意思是分配一个

STACK 段,该段不初始化,可读写,按 8 字节对齐;分配一个大小为 Stack_Size 的存储空间,并使栈顶的地址为__initial_sp。

(3)分配向量表。分配向量表的代码如下:

```
            AREA RESET, DATA, READONLY
        __Vectors DCD __initial_sp
                  DCD Reset_Handler
```

(4)开始代码段。开始代码段的代码如下:

```
            AREA |.text|, CODE, READONLY
            THUMB
            REQUIRE8
            PRESERVE8
```

这段代码的意思是,汇编器支持 THUMB 指令,代码段按 8 字节对齐。此处 ENTRY 命令声明整个程式的入口点,注意入口点有且仅有一个。

(5)程序正式开始:后面的程序均用标准的 THUMB2 汇编指令,下面简要介绍上述代码中所用到的部分汇编语言指令:

BL:带链接的跳转指令。当使用该指令跳转时,当前地址(PC)会自动送入 LR 寄存器。

B:无条件跳转指令。

PUSH 和 POP:入栈出栈指令。可以看到,所有的子程序都是由 PUSH 和 POP 包起来的。

LDR 和 STR:寄存器的装载和存储指令。LDR 是把地址装载到寄存器中(比如 R0),STR 是把值存储到寄存器所指的地址中。

ORR 和 BIC:ORR 为按位或操作,BIC 则是先把立即数取反,再按位与。

CMP 和 BCC:CMP 是比较两个数,相等或大于则将标志位 C 置位,否则将 C 清零。BCC 为组合指令,实际为 B+CC,意思是如果 C=0 则发生跳转。

**注意:**

程序中 PUSH {R0, R1, LR}的意思是将 R0,R1,LR 中的值放入堆栈中。由于主程式中使用 BL 跳转指令,所以 LR 中的值实际上就是当前 PC 的值。而 POP {R0,R1,PC}的意思是将栈中之前存的 R0,R1,LR 的值返还给 R0,R1,PC,这样就完成了子程序的返回。

另外,程序中 ORR R0, R0, #0x04 的意思是将 R0 中的数与 0x04 做按位或运算,再将结果送往 R0 中。由于 0x04 只有第二位为 1,其余位均为 0,因此这段代码的实际意思是将 R0 的第二位置 1,其他位保持不变。这种置位的方法在嵌入式开发中较为常用。

完成了汇编语言源程序的编写之后，程序的编译仿真以及波形分析可以参考上一小节的内容进行，在此不再赘述。

应当说明，汇编语言一般用于嵌入式底层代码的编写（如启动文件），一般不用于主要代码的设计。通过上述分析也不难看出，汇编程序的编写过程涉及很多底层硬件的知识，而对于一般的嵌入式软件开发，读者只需要了解其中最常用的若干内容即可。因此，这里使用汇编语言编写整个程序的情形在实际的工程应用中并不被提倡，读者只需要了解嵌入式软件开发中汇编语言的使用方法即可。

## 第四节　C 语言与汇编语言的混编

前面两节分别介绍了基于 C 语言与汇编语言的嵌入式软件程序的编写。在实际工程场景中，也可能会涉及两种语言的混合使用，其中较为常用的就是延时函数的编写。C 语言在使用过程中，函数的调用需要占用一定时间，而在上文中 C 语言的延时函数就是通过 for 循环的累加而大概计算循环所占用的时间，从而实现粗略的延时。在某些情形下，对延时的精度要求较高，对此可以在延时函数中使用汇编代码，以实现较为精确的延时。

C 语言与汇编语言之间的混编遵循的规则称为 ATPCS①，后者规定了一些子程序之间调用的基本规则，包括调用过程中寄存器的使用规则、数据栈的使用规则以及参数传递的规则等。C 语言与汇编语言的混编通常有两种常用的方式，即 C 语言调用汇编语言和汇编语言调用 C 语言。这里仅就 C 语言调用汇编语言的方式进行简要介绍。

第一种方法，由于默认频率是 8 MHz，因此如果配合库函数使用，一般使用 PLL（锁相环）倍频至 72 MHz，再进行分频。一个 nop 延时代表一个运行周期，也就是 $1/f$。如果使用 8 MHz，则需要 8 个 nop 代表 1 $\mu$s，通过函数的 t 形参设置循环次数，从而设置延时时间。如果使用 72 MHz，则需要 72 个 nop。对于 8 MHz，延时函数代码可进行如下更改：

```
void Delay_ms(volatile unsigned int t)
{
    int i = 0;
    for(i = 0; i < t * 1000; i++){
        __nop(); __nop(); __nop(); __nop();
        __nop(); __nop(); __nop(); __nop();
    }
}
```

① 确切来说，ATPCS 是 ARM 子程序和 THUMB 子程序相互调用的基本规则。

第二种方法，可以采用内嵌汇编的方式，通过 C 语言调用汇编子程序，其基本语法为：

```
__asm
{
    汇编指令 ；注释
};
```

其中，asm 将信息从编译器传递给 ARM 汇编程序 armasm。该关键词的确切作用取决于其使用方式。仿照上述语法，可以将延时函数改写如下：

```
void Delay_ms(volatile unsigned int t)
{
    int i = 0;
    for(i = 0; i < t * 1000; i++){
        __asm
        {
            NOP
            NOP
            NOP
            NOP
            NOP
            NOP
```

# 第五节　本章小结

本章介绍了嵌入式软件开发平台 Keil MDK，并简要介绍了在该软件平台上搭建嵌入式工程的三种方法，即 C 语言编程、汇编语言编程以及 C 语言与汇编语言混编。这三种编程方式具有各自的特点，读者可以根据需要灵活地做出选择。简单来说，汇编语言编程的效率一般不如 C 语言编程，但前者的运行效率却优于后者。就本书而言，大部分内容都是基于 C 语言编程，仅有极少数代码采用汇编语言编程。本章刻意简化了实验本身的难度，目的是更加突出工程建立的方法以及不同编程语言开发的特点及对比。

**☞本章参考资料**

[1]刘火良，杨森.STM32 库开发实战指南：基于 STM32F103[M].2 版.北京：机械工业出版社，2017.

[2]姚文祥.ARM Cortex-M3 权威指南[M].宋岩，译.北京：北京航空航天大学出版社，2009.

[3] STMicroelectronics. Reference manual of STM32F101xx，STM32F102xx，STM32F103xx，STM32F105xx and STM32F107xx advanced ARM-based 32-bit

MCUs,2010.

[4]STMicroelectronics.The high-density STM32F103xx datasheet,2011.

[5]严海蓉,李达,杭天昊,等.嵌入式微处理器原理与应用——基于 ARM Cortex-M3 微控制器(STM32 系列)[M].2 版.北京:清华大学出版社,2019.

# 第2章　标准库开发初步——脉宽调制输出实验

在上一章中，我们已经介绍了嵌入式软件编程的相关技术，同时介绍了嵌入式软件编程的三种方式，即汇编语言编程、C语言编程以及二者的混编。在这三种方式中，C语言编程以其巨大的优势而迅速成为嵌入式软件编程的主流开发方式。在第一章中，读者不难看出，虽然只是完成了一个极为简单的工程，但软件开发所耗费的时间却较为漫长。例如，仅仅为了完成初始化，就需要查阅大量的数据手册，研究各种底层寄存器的作用与使用方法。对于更加复杂的嵌入式软件开发，这样的方式显然远远不能满足要求。一种很自然的想法是，嵌入式软件开发人员在设计嵌入式系统时，如果能够脱离硬件的底层构造，直接对更顶层的“软件层”进行操作，将大大提高开发效率。受此启发，ST公司先后推出了标准库与HAL库两种开放方式，大大减少了嵌入式软件工程师的工作量，推动了嵌入式软件编程技术的发展。

本章将介绍基于C语言的STM32单片机嵌入式开发的三种方式，并以呼吸信号灯实验为例，着重介绍STM32单片机的标准库开发方式，以期读者能够快速掌握标准库开发的基本流程与技术要点。

## 第一节　脉宽调制概述

脉冲宽度调制(pulse width modulation，PWM)简称“脉宽调制”，是一种利用微处理器的数字输出对模拟电路进行控制的技术。图2-1为简易的PWM原理示意图。假定定时器工作在向上计数PWM模式，且当CNT＜CCRx时，输出为0，否则输出为1。当CNT增加到ARR时，CNT重新归零并向上计数，开始下一周期的循环。不难看出，PWM输出占空比由CCRx决定，输出频率由ARR决定。

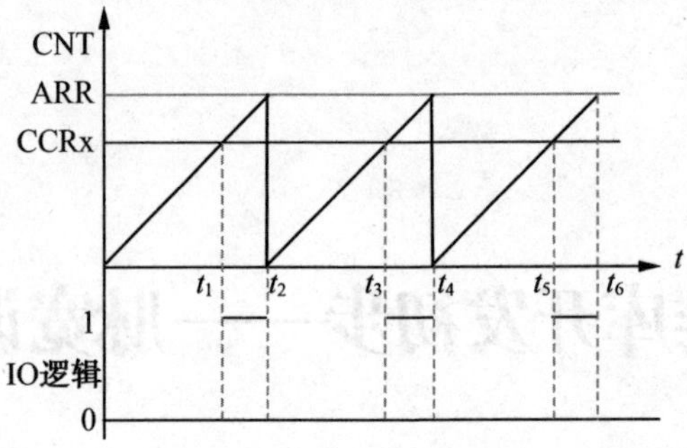


图 2-1　PWM 原理图

本章将 PWM 输出接入 LED,以实现呼吸信号灯的效果。此处利用了 LED 亮度可以由其闪烁频率调节的原理。注意,如果闪烁频率过低,LED 的闪烁将肉眼可见,因此 PWM 输出的频率波动始终保持在较高的频率范围内。

## 第二节　基于 STM32 的嵌入式工程创建

### 一、STM32 工程创建的三种方式

目前,基于 C 语言的 STM32 嵌入式开发有三种方式,分别为直接调用寄存器开发、标准库开发与 HAL 库开发。下面对这三种方式进行简要介绍。

直接调用寄存器开发是指通过直接调用底层寄存器而对 STM32 进行编程的方法。这种开发方法常见于早期 STM32 嵌入式系统的开发,近年来逐渐被标准库与 HAL 库取代。直接调用寄存器开发方法由于直接对寄存器进行操作,因此更接近 STM32 底层,也具备更高的执行效率。但是,由于 STM32 的寄存器数目庞大、功能复杂且难以记忆,因此开发人员在调用寄存器时,常常需要参考手册,设置时极易出错,从而大大降低了开发效率,提高了开发难度与维护成本,这一点与汇编语言开发与高级语言开发的优劣对比颇为类似,读者可以自行比较一下。

标准库是指 ST 公司针对 STM32 提供的函数接口(application program interface, API),使用标准库开发极大地解决了直接调用寄存器开发的种种弊端。简而言之,标准库对每款芯片的常用寄存器(如 GPIO、时钟等)进行了封装,并对常用地址进行了宏定义。因此,用户在开发时只要将相关标准库文件添加至工程中,即可实现通过设置结构体成员变量的方式来直接设置相应的寄存器,进而实现不同的功能。因此,开发人员不需要了解寄存器底层操作即可完成对寄存器的设置。标准库开发与直接调用寄存器开发的关系如图 2-2 所示。不难看出,标准库开发方式大大降低了开发难度与维护成本,因而获得了比直接调用寄存器开发方式更加广泛的应用。本章将着重介绍标准库开发的

流程与方法。

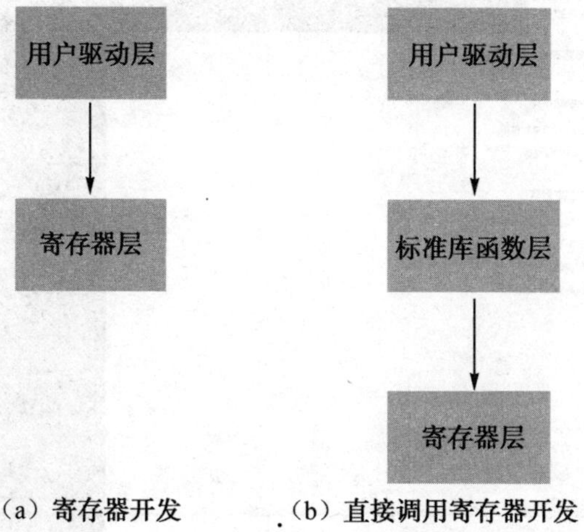


图 2-2　寄存器开发(a)与直接调用寄存器开发(b)的对比

HAL 库(hardware abstraction layer,HAL)即抽象印象层,是较为高级的一种开发方式。HAL 库的出现晚于标准库,是对标准库的进一步发展。标准库实现的是对某些寄存器的集成,而 HAL 库实现的则是对某些具体功能的集成,因此 HAL 库的集成度更高。对于开发而言,实现同一功能,采用直接调用寄存器开发的方式,用户需要编写数量庞大的代码;采用标准库开发的方式,用户编写的代码量明显减少;而使用 HAL 库开发的方式,用户只需要编写一两行代码即可。此外,HAL 库开发方式很好地解决了程序移植的问题。对于标准库而言,不同型号的芯片需要不同的标准库;而对于 HAL 库而言,不同型号的芯片只需要外设基本相同,则使用 HAL 库编写的程序基本可以完全照搬。在后面的章节中,笔者将会介绍使用 STM32CubeMX 软件对 HAL 库开发进行图形化编程的方式,这种方式极大地降低了开发的时间成本,使开发难度显著降低。但是,较高程度的封装也会导致 HAL 库开发的执行效率比直接调用寄存器开发和标准库开发有较为明显的降低,因此在实际使用时,读者可以根据自身的需要及工程特点,灵活地选择开发方式。

**二、标准库的获取**

首先介绍标准库的获取,具体步骤如下:

首先进入 ST 公司的官方网站①,单击“工具与软件”→“嵌入式软件”,选择“微控制器软件”栏下的“STM32 微控制器软件”并进入,如图 2-3 所示。

---

① ST 公司的官方网站可访问 https://www.st.com/content/st_com/zh.html.

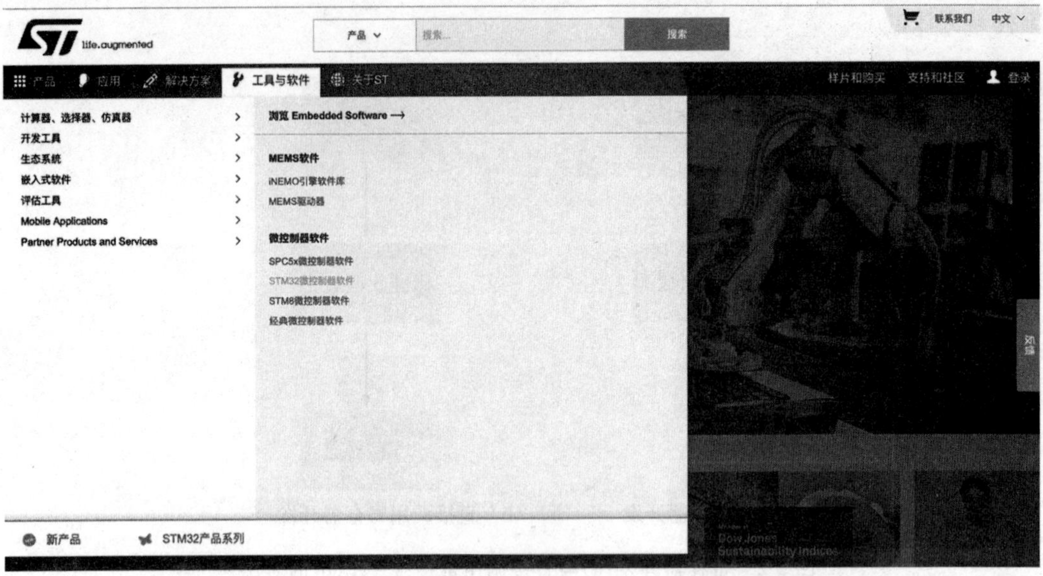


图 2-3　在 ST 公司的官方网站中定位到“STM32 微控制器软件”

然后，如图 2-4 所示，单击“STM32 标准外设软件库”，进入标准库选择界面。选择 F1 系列，在获取软件处单击下载即可，如图 2-5 所示。注意，本书采用的标准库文件为 3.5.0 版本，因此所下载的官方标准库文件夹名称为 STM32F10x_StdPeriph_Lib_V3.5.0。

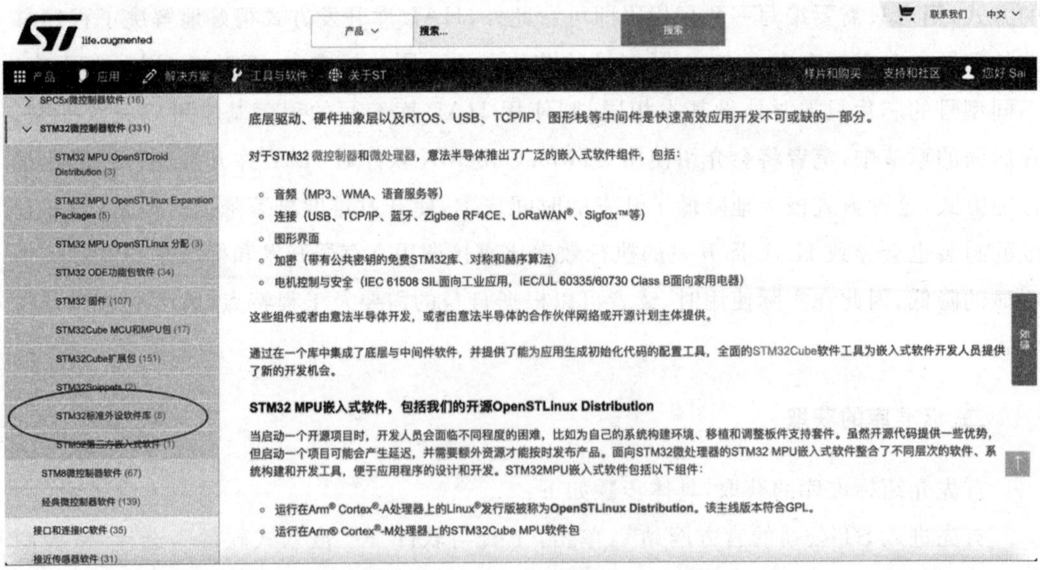


图 2-4　进入 STM32 标准外设软件库

图 2-5　选择 F1 系列并下载

下面简要介绍标准库中各个文件的内容。打开标准库文件夹，其中包含 5 个子文件夹，分别为_htmresc、Libraries、project、Utilities、stm32f10x_stdperiph_lib_um.chm 以及一个网页文件 Release_Notes.html。对本实验所需的 3 个子文件夹简介如下：

(1)Libraries：驱动库源代码及启动文件，标准库就在该文件夹中。

(2)project：工程事例与工程模板，可以作为标准库的使用参考范例。

(3)stm32f10x_stdperiph_lib_um.chm：标准库英文帮助文档，详细介绍了各个外设标准库的使用方法以及说明，是使用标准库开发时的重要参考手册。

本实验将重点使用 Libraries 文件夹，具体使用方法将在下节介绍。

## 三、基于库函数版本的工程建立

在确保标准库已经成功下载的前提下，可以着手建立基于标准库的工程，具体步骤如下：

(1)首先在 Keil 中新建工程。打开 Keil MDK 5，单击“project”→“new uvision project”，建立文件夹 Experiment3，并将工程命名为 PWM。这一步仿照第一章中的相关内容进行操作即可。

(2)选择芯片型号为 STM32F103C8，如图 2-6 所示。

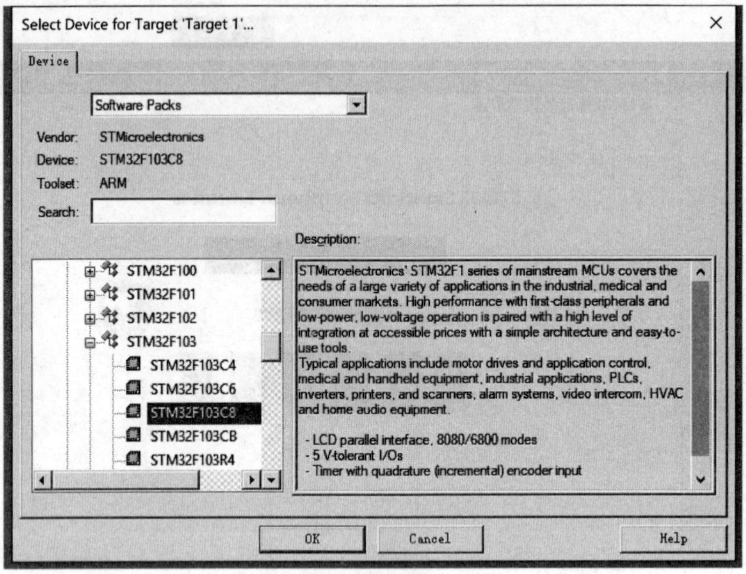

图 2-6　选择芯片型号

(3)单击“Cancel”直接退出，如图 2-7 所示。至此，完成了对工程文件框架的建立。后续还需要添加启动代码以及 C 程序文件等。

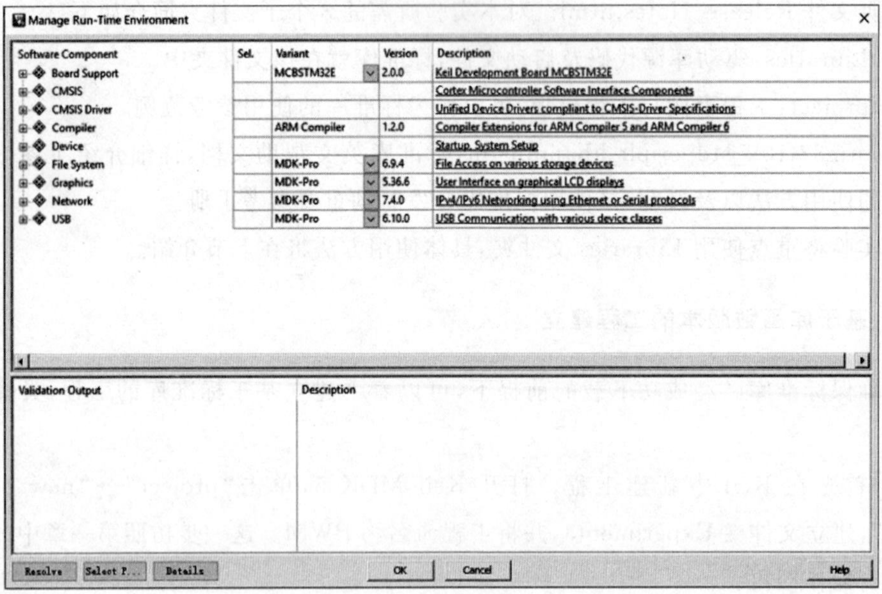

图 2-7　此处不需要设置环境，单击“Cancel”直接退出即可

完成对工程文件框架的建立后，打开 Experiment3 文件夹，可以发现其中有 4 个文件，分别为 Listings 文件夹、Objects 文件夹、PWM.uvoptx 文件与 PWM.uvprojx 文件。需要注意的是，PWM.uvprojx 是工程文件，不能轻易删除。Listings 文件夹和 Objects 文件夹是 MDK 自动生成的文件夹，用于存放编译过程产生的中间文件。为了与较早的

Keil 版本兼容，此处将 Listings 文件夹与 Objects 文件夹删除，然后在 Experiment3 文件夹中新建以下文件夹：

CORE：用于存放核心文件 core_cm3.c 和启动文件 startup_stm32f10x_hd.s。

OBJ：用于存放编译过程文件以及 hex 文件。

STM32F10x_FWLib：用于存放标准库文件。

USER：用于存放主函数 main.c 以及其他包括 system_stm32f10x.c 在内的文件等。

HARDWARE：用于存放工程所需的硬件外设相关 C 程序文件及头文件。

README：用于存放工程文档说明 readme.txt。

新建完成后，将官方标准库中的相关源码文件复制到相应的工程目录文件下，具体路径如表 2-1 所示。同时，在 HARDWARE 文件夹中新建 pwm.c 与 pwm.h 两个空文件，在 README 文件夹中新建文本文档 readme.txt。

**表 2-1 文件内容及存放路径**

| 被复制文件路径 | 文件(夹)名称 | 目标文件夹 |
|---|---|---|
| STM32F10x_StdPeriph_Lib_V3.5.0\Libraries\STM32F10x_StdPeriph_Driver | src | STM32F10x_FWLib |
| | inc | |
| STM32F10x_StdPeriph_Lib_V3.5.0\Libraries\CMSIS\CM3\CoreSupport | core_cm3.c | CORE |
| | core_cm3.h | |
| STM32F10x_StdPeriph_Lib_V3.5.0\Libraries\CMSIS\CM3\DeviceSupport\ST\STM32F10x\startup\arm | startup_stm32f10x_hd.s① | CORE |
| STM32F10x_StdPeriph_Lib_V3.5.0\Libraries\CMSIS\CM3\DeviceSupport\ST\STM32F10x | stm32f10x.h | USER |
| | system_stm32f10x.c | |
| | system_stm32f10x.h | |
| STM32F10x_StdPeriph_Lib_V3.5.0\Project\STM32F10x_StdPeriph_Template | main.c② | USER |
| | stm32f10x_conf.h | |
| | stm32f10x_it.c | |
| | stm32f10x_it.h | |

(4)将所需的标准库相关文件加入工程。右击“Target1”，选择“Manage Project Items”，如图 2-8 所示。在弹出的对话框中定位至“Project Targets”一栏，并将 Project

① 注意此处为大容量芯片。不同容量芯片的启动文件并不相同。

② 此处主程序也可以自行新建空文件。

Targets 的名称修改为工程名 PWM。在 Groups 栏删除 Source Group1，分别建立 5 个组，即 USER、CORE、FWLIB、HARDWARE 与 README，如图 2-9 所示。

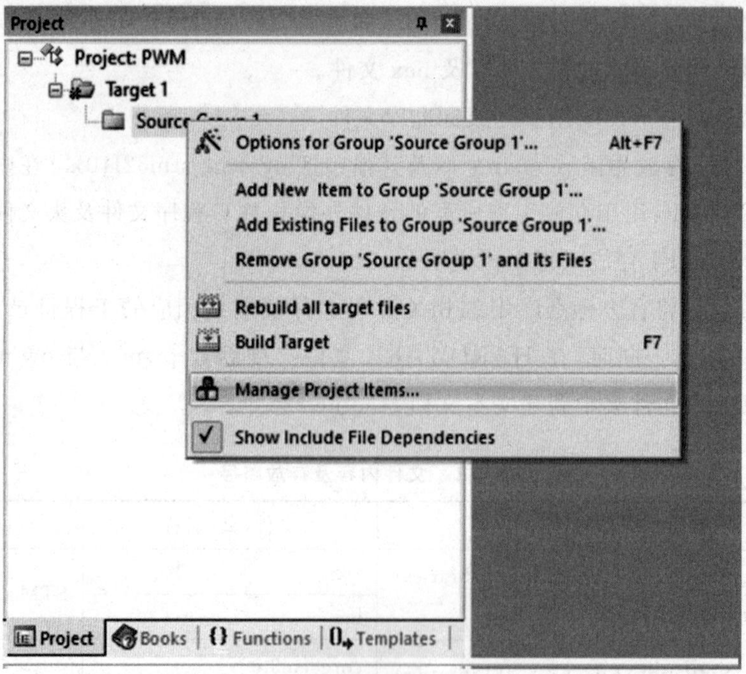


图 2-8　进入组管理界面

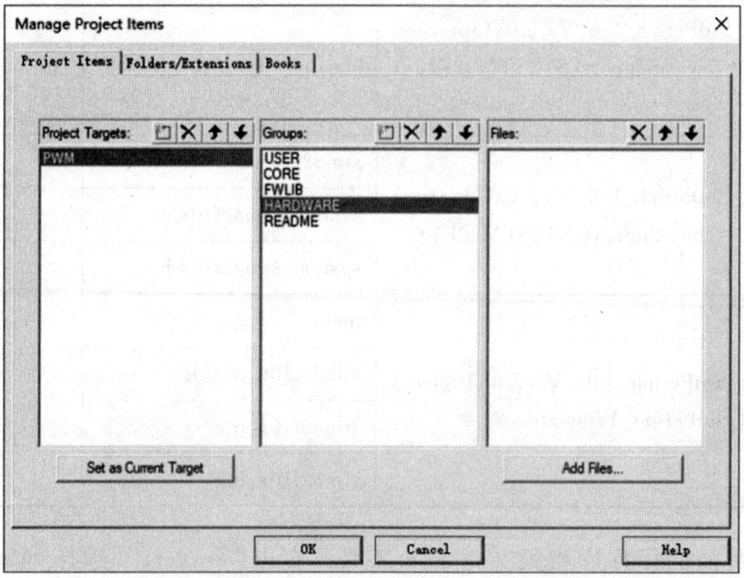


图 2-9　在组内添加相应的成员

(5)在 Groups 中添加所需的文件。选择需要添加文件的 Groups，单击右侧的“Add Files”，添加指定文件，具体添加的文件内容参见表 2-2。单击“Add”即可添加，随后单击

"Close"关闭，可以看到 Files 列表下已经包含有所添加的文件。单击"OK"完成文件添加，并回到工程主界面。

**表 2-2 组内包含文件**

| Groups | Files |
| --- | --- |
| USER | main.c |
| | stm32f10x_it.c |
| | system_stm32f10x.c |
| CORE | core_cm3.c |
| | startup_stm32f10x_hd.s |
| FWLIB | FWLIB 下 src 文件夹内的所有文件① |
| HARDWARE | pwm.c |
| | pwm.h |
| README | readme.txt |

需要说明的是，此处 FWLIB 中只需要添加工程中所需外设的库文件，其余文件均可以不添加到工程中。但考虑到全部添加便于修改工程文件，当工程改动时不需要额外增加库文件，因此没有对库文件进行筛选。不过，这也会造成工程文件冗余，编译速度变慢。

(6)选择编译过程中产生中间文件的存放目录。单击形如魔术棒的图标，在"Output"选项下的"Select Folder for Objects…"中选择 OBJ 目录，如图 2-10 所示。注意，如果此处不设置 Output 路径，默认的编译中间文件存放目录就是 MDK 自动生成的 Objects 目录和 Listings 目录(已删除)。如果需要生成 hex 文件，则应当勾选"Create HEX File"。

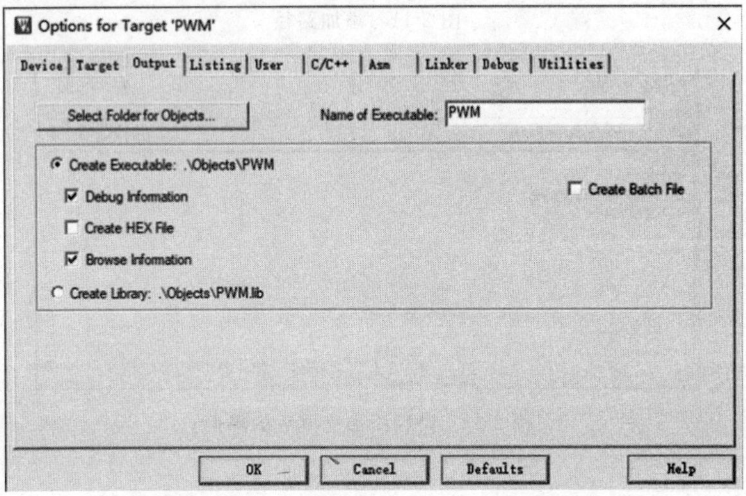


图 2-10 选择编译过程中间文件的存放路径

① 可以通过快捷键 Crtl＋A 全部选中，再单击 Add 添加。

(7)设定头文件目录[①]并设置全局宏定义变量。首先设定头文件目录，单击魔术棒图标，在弹出的对话框中选择“C/C++”选项卡，单击选项卡中“Include Paths”右侧的按钮以添加路径，如图 2-11 所示。在弹出的对话框中单击“New(Insert)”添加 4 个目录：USER、CORE、HARDWARE 以及 inc，完成后单击“OK”，完成后的界面如图 2-12 所示，注意此处路径应定位到最后一级子目录。然后设置全局宏定义变量，在“Define”输入框中填写“STM32F10X_MD，USE_STDPERIPH_DRIVER”[②]，如图 2-13 所示，最后单击“OK”完成设置。

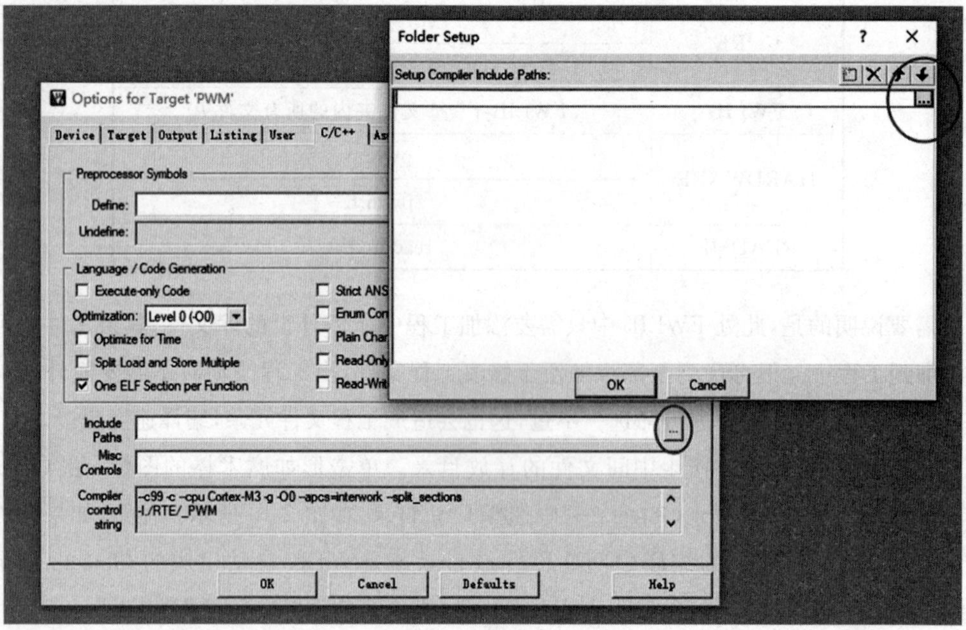


图 2-11　添加路径

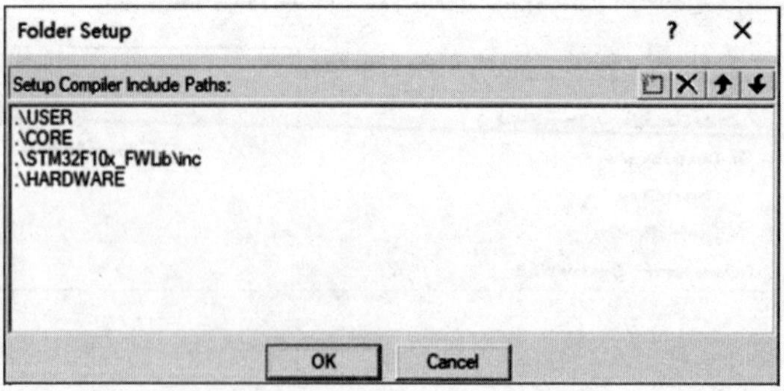


图 2-12　路径添加完成后的界面

① 对于任何一个工程而言，均应包含所需所有头文件的路径。

② 此处以大容量芯片为例。对于小容量芯片，应当填写“STM32F10X_LD，USE_STDPERIPH_DRIVER”

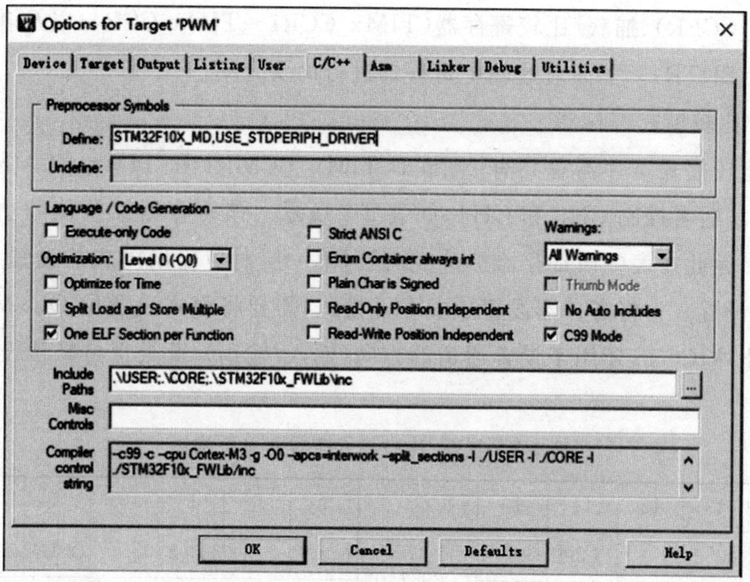


图 2-13 设置全局宏定义变量

(8)返回工程界面,打开 main.c 并将其中的内容删去。添加如下代码并编译,检查是否存在报错信息:

```
#include "stm32f10x.h"

int main(void)
{
    while(1){
    }
}
```

至此,基于标准库的工程新建完成。

# 第三节 PWM 输出实验

## 一、相关寄存器简介

STM32 的定时器中,除了 TIM6 和 TIM7,其余定时器均可用于 PWM 输出的产生,其中高级定时器 TIM1 和 TIM8 可以同时产生 7 路 PWM 输出,通用定时器也可以同时产生 4 路 PWM 输出。因此,STM32 最多可以同时产生 30 路 PWM 输出。本实验中仅使用 TIM1 的 CH1 通道产生一路 PWM 输出。

为使高级定时器 TIM1 产生 PWM 输出,除上述所涉及的寄存器外,还需使用 4 个寄存器,分别为捕获/比较模式寄存器(TIMx_CCMR1/TIMx_CCMR2)、捕获/比较使能寄存器(TIMx_CCER)、捕获/比较寄存器(TIMx_CCR1～TIMx_CCR4)以及刹车和死区寄存器(TIMx_BDTR)。下面对这四个寄存器进行简要介绍。

1.捕获/比较模式寄存器

捕获/比较模式寄存器总共有 2 个,即 TIMx_CCMR1 和 TIMx_CCMR2,前者控制 CH1 和 CH2,后者控制 CH3 和 CH4,如表 2-3 所示。该寄存器某些位的功能与所设定的模式有关,因此在表中该寄存器被分成两层,第一层对应输出模式的设置,第二层对应输入模式的设置。为将寄存器设置成 PWM 模式,需要将模式设置位 OCxM 更改成 110 或 111。[①] 此外,CCxS 还用于设置通道的方向(输入/输出),此处保持默认设置为 0,即输出方向。

**表 2-3　捕获/比较模式寄存器各位描述**

<table>
<tr><td>15</td><td>14</td><td>13</td><td>12</td><td>11</td><td>10</td><td>9</td><td>8</td><td>7</td><td>6</td><td>5</td><td>4</td><td>3</td><td>2</td><td>1</td><td>0</td></tr>
<tr><td>OC2CE</td><td colspan="3">OC2M[2:0]</td><td>OC2PE</td><td>OC2FE</td><td colspan="2" rowspan="2">CC2S[1:0]</td><td>OC1CE</td><td colspan="3">OC1M[2:0]</td><td>OC1PE</td><td>OC1FE</td><td colspan="2" rowspan="2">CC1S[1:0]</td></tr>
<tr><td colspan="4">IC2F[3:0]</td><td colspan="2">IC2PSC[1:0]</td><td colspan="4">IC1F[3:0]</td><td colspan="2">IC1PSC[1:0]</td></tr>
<tr><td>rw</td><td>rw</td><td>rw</td><td>rw</td><td>rw</td><td>rw</td><td>rw</td><td>rw</td><td>rw</td><td>rw</td><td>rw</td><td>rw</td><td>rw</td><td>rw</td><td>rw</td><td>rw</td></tr>
</table>

2.捕获/比较使能寄存器

捕获/比较使能寄存器用于控制各个输入输出通道的开关,对其各位的描述如表 2-4 所示。对于该寄存器,本实验重点关注 CC1E 位,该位是输入/捕获 1 的输出使能位,为使 PWM 从 I/O 口输出,CC1E 位应当设置为 1。

**表 2-4　捕获/比较使能寄存器各位描述**

<table>
<tr><td>15</td><td>14</td><td>13</td><td>12</td><td>11</td><td>10</td><td>9</td><td>8</td><td>7</td><td>6</td><td>5</td><td>4</td><td>3</td><td>2</td><td>1</td><td>0</td></tr>
<tr><td colspan="2">保留</td><td>CC4P</td><td>CC4E</td><td colspan="2">保留</td><td>CC3P</td><td>CC3E</td><td colspan="2">保留</td><td>CC2P</td><td>CC2E</td><td colspan="2">保留</td><td>CC1P</td><td>CC1E</td></tr>
<tr><td></td><td></td><td>rw</td><td>rw</td><td></td><td></td><td>rw</td><td>rw</td><td></td><td></td><td>rw</td><td>rw</td><td></td><td></td><td>rw</td><td>rw</td></tr>
</table>

3.捕获/比较寄存器

捕获/比较寄存器总共有 4 个,对应 4 个输入/输出通道 CH1～CH4。以 TIMx_CCR1 为例,参考 STM32 官方手册,可知该寄存器的各位描述如表 2-5 所示。通过前述 PWM 的原理可知,在输出模式下,通过改变该寄存器的值,可以实现对 PWM 的输出脉宽的控制。本实验将使用 TIM1 的通道 1(CH1),因此需要对 TIM1_CCR1 进行相应的修改,以控制 PWM 的输出脉宽,进而实现对 LED 亮度的控制。

---

① 二者的区别仅在于输出电平的极性。

**表 2-5　捕获/比较寄存器各位描述**

| 15 | 14 | 13 | 12 | 11 | 10 | 9 | 8 | 7 | 6 | 5 | 4 | 3 | 2 | 1 | 0 |
|---|---|---|---|---|---|---|---|---|---|---|---|---|---|---|---|
| CCR1[15:0] | | | | | | | | | | | | | | | |
| rw | rw | rw | rw | rw | rw | rw | rw | rw | rw | rw | rw | rw | rw | rw | rw |

| | |
|---|---|
| 位 15:0 | CCR1[15:0]:捕获/比较 1 的值<br>若 CC1 通道设置为输出:<br>(1)CCR1 包含了装入当前捕获/比较 1 寄存器的值(预装载值)<br>(2)如果在 TIMx_CCMR1 寄存器(OC1PE 位)中未选择预装载特性,写入的数值会立即传输至当前寄存器中;否则,只有当更新的事件发生时,此预装载值才会传输至当前捕获/比较 1 寄存器中<br>(3)当前捕获/比较寄存器参与同计数器 TIMx_CNT 的比较,并在 OC1 端口上产生输出信号<br>若 CC1 通道设置为输入:<br>CCR1 包含了由上一次输入捕获 1 事件(IC1)传输的计数器值 |

4.刹车和死区寄存器

刹车和死区寄存器[①]各位的描述如表 2-6 所示。[②] 为使高级定时器的 PWM 正常输出,必须设置最高位 MOE 为 1,否则将无法输出。

**表 2-6　刹车和死区寄存器各位描述**

| 15 | 14 | 13 | 12 | 11 | 10 | 9 | 8 | 7 | 6 | 5 | 4 | 3 | 2 | 1 | 0 |
|---|---|---|---|---|---|---|---|---|---|---|---|---|---|---|---|
| MOE | AOE | BKP | BKE | OSSR | OSSI | LOCK[1:0] | | DTG[7:0] | | | | | | | |
| rw | rw | rw | rw | rw | rw | rw | rw | rw | rw | rw | rw | rw | rw | rw | rw |

| | |
|---|---|
| 位 15 | MOE:主输出使能(main output enable)<br>一旦刹车输入有效,该位被硬件异步清‘0’。根据 AOE 位的设置值,该位可以由软件清‘0’或自动置 1。其仅对设置为输出的通道有效<br>0:禁止 OC 和 OCN 输出或强制为空闲状态<br>1:如果设置了相应的使能位(TIMx_CCER 寄存器的 CCxE、CCxNE 位),则开启 OC 和 OCN 输出 |

① 应当指出的是,对于通用寄存器而言,不需要使用该寄存器,因此读者可以根据实际需要选择合适的寄存器资源。

② 这部分具体内容可以参考中文版的《STM32F10X 参考手册》,此处仅就本实验涉及的内容进行简要介绍。

## 二、PWM 呼吸信号灯实验

本实验将利用 PWM 输出控制 LED 亮度，以实现呼吸信号灯的效果。具体来说，即通过定时器输出 PWM，通过不同频率的高频脉冲控制 A8 端口处 LED 的亮度。

首先打开 pwm.c 文件，在其中编写初始化相关代码，包括以下内容：

(1)初始化 GPIOA8 端口。编写 GPIO 初始化函数如下，初始化时，直接在主函数中调用该函数即可。后面将要介绍的各个初始化函数的使用方法与此相同。

```
void A8_Init(void)
{
    /* 定义一个 GPIO_InitTypeDef 类型的结构体 */
    GPIO_InitTypeDef GPIO_InitStructure;

    /* 开启 GPIO 外设时钟 */
    RCC_APB2PeriphClockCmd(RCC_APB2Periph_GPIOA , ENABLE);

    /* 对寄存器 GPIOA 进行初始化 */
    /* 设置该引脚为复用输出功能,输出TIM1 CH1的PWM脉冲波形 */
    /* 选择要控制的引脚 */
    GPIO_InitStructure.GPIO_Pin = GPIO_Pin_8; //TIM_CH1
    /* 设置引脚模式为复用推挽输出 */
    GPIO_InitStructure.GPIO_Mode = GPIO_Mode_AF_PP;
    /* 设置引脚速率为50MHz */
    GPIO_InitStructure.GPIO_Speed = GPIO_Speed_50MHz;
    /* 调用库函数，初始化GPIOB */
    GPIO_Init(GPIOA, &GPIO_InitStructure);
    /* 初始化关闭LED */
    GPIO_SetBits(GPIOA,GPIO_Pin_8);
}
```

**注意：**

GPIO 的初始化一般包括如下内容：

(1)使能 I/O 口时钟，可以通过调用函数 RCC_APB2PeriphClockCmd(…)实现。①

(2)初始化 I/O 口模式，可以通过调用函数 GPIO_Init()实现。②

(3)操作 I/O 口，输出高低电平，可以通过函数 GPIO_SetBits(…)设置高电平，通过函数 GPIO_ResetBits(…)设置低电平。

以上内容在不同标准库的工程开发中基本固定，因此读者在标准库开发时，可以仿照此处的代码对 GPIO 进行初始化，使用时注意更改相应的端口及模式即可。

---

① 不同 I/O 组，调用的时钟使能函数也不同。

② 该函数的自变量为结构体，因此在调用该函数之前应当先定义相关结构体，并对结构体各成员变量赋值，最后调用初始化函数。

(2)初始化定时器 TIM1。首先设置 TIM1 的自动重载值 $ARR$ 与预分频系数 $PSC$ 。定时器分频后的周期 $T$ 由下面的式 2-1 得出：

$$T=\frac{(ARR+1)\times(PSC+1)}{TIM\_CLK} \tag{2-1}$$

式中，$TIM\_CLK$ 为分频前时钟周期，单位为赫兹(Hz)。注意，若时钟周期太慢，将导致 PWM 输出频率过低(低于 50 Hz)，从而使 LED 的闪烁现象变得很明显，因此 PWM 周期不宜过小。编写定时器初始化函数如下：

```
void TIM1_Init(uint16_t arr, uint16_t psc)
{
    /* 定义 TIM_TimeBaseInitTypeDef 类型的初始化结构体变量 */
    TIM_TimeBaseInitTypeDef TIM_TimeBaseStructure;

    /* 开启定时器TIM1的时钟 */
    RCC_APB2PeriphClockCmd(RCC_APB2Periph_TIM1, ENABLE);

    /* 设置自动重装载值 */
    TIM_TimeBaseStructure.TIM_Period = arr;
    /* 设置预分频值 */
    TIM_TimeBaseStructure.TIM_Prescaler = psc;
    /* 设置时钟分割 TDTS = Tck_tim */
    TIM_TimeBaseStructure.TIM_ClockDivision = 0;
    /* 向上计数模式 */
    TIM_TimeBaseStructure.TIM_CounterMode = TIM_CounterMode_Up;
    /* 调用库函数，初始化 TIMx */
    TIM_TimeBaseInit(TIM1, &TIM_TimeBaseStructure);
    /* 使能定时器 */
    TIM_Cmd(TIM1, ENABLE);
}
```

(3)PWM 初始化函数。PWM 设置主要包括如下几个方面：

首先设置 TIM1_CH1 为 PWM 模式，可以通过将结构体变量 TIM_OCInitStructure 中的成员变量 TIM_OCMode 赋值为 TIM_OCMode_PWM2 来实现。

其次，由于定时器通过比较确定是否重载，因此需要使能比较输出。可以通过将上述结构体变量中的成员变量 TIM_OutputState 赋值为 TIM_OutputState_Enable 来实现。

再次，通过查阅开发板硬件手册可知，开发板 LED 为共阳极接入，因此 LED 在低电平时发光。通过 PWM 原理可知，当 CCR1 较小时，PWM 输出脉冲宽度大，LED 较暗；反之，CCR1 较大时，LED 较亮。因此，需要设置输出极性为“高”，应当将结构体成员变量 TIM_OCPolarity 赋值为 TIM_OCPolarity_High。

最后，调用库函数初始化 TIM1_OC1。此外，由于实验中涉及定时器参数的修改，为保证定时器工作的同步性，在当前时钟周期结束前不应修改 ARR 与 CCR1 的值。因此，还应使能相应的预装载寄存器以保证二者能够暂时寄存，待时钟周期结束后再载入定时器。整合以上内容，得到 PWM 初始化函数：

```
void PWM_Init(void)
{
    /* 定义 TIM_OCInitTypeDef 类型的初始化结构体变量 */
    TIM_OCInitTypeDef TIM_OCInitStructure;

    /* 设定PWM2模式 */
    TIM_OCInitStructure.TIM_OCMode = TIM_OCMode_PWM2;
    /* 比较输出使能 */
    TIM_OCInitStructure.TIM_OutputState = TIM_OutputState_Enable;
    /* 输出极性设定为高 */
    TIM_OCInitStructure.TIM_OCPolarity = TIM_OCPolarity_High;
    /* 调用库函数初始化 TIM1_OC1 */
    TIM_OC1Init(TIM1, &TIM_OCInitStructure);
    /* 使能 PWM 输出 */
    TIM_CtrlPWMOutputs(TIM1,ENABLE);

    /* 使能预装载寄存器 */
    TIM_ARRPreloadConfig(TIM1, ENABLE);
    TIM_OC1PreloadConfig(TIM1, TIM_OCPreload_Enable);
}
```

得到 PWM 初始化函数后，打开 pwm.h 文件，在其中声明实验所需的相关初始化函数。通过前述分析可知，本实验总共需要三个初始化函数，分别是 GPIO 的初始化函数、定时器初始化函数以及 PWM 初始化函数。因此，在头文件中应写入如下内容：

```
#include "stm32f10x.h"

void A8_Init(void);
void TIM1_Init(uint16_t arr, uint16_t psc);
void PWM_Init(void);
```

写入上述代码后，打开主程序 main.c，开始编写主函数代码。呼吸信号灯的实现需要反复更改 PWM 的比较值来实现，如此则可以改变占空比以实现亮度调控。为实现这一意图，可设定比较值 cmp 从 0 到 300，再从 300 到 0 变化。如此，则可以实现灯的明暗交替变化。据此编写主程序代码如下：

```
#include "stm32f10x.h"
#include "pwm.h"

/* 延时函数，可参照第一章相关内容 */
void delay_ms(volatile unsigned int t)
{
    int i = 0;
```

```
        for(i = 0; i < t * 1000; i++){
            __nop(); __nop(); __nop(); __nop();
            __nop(); __nop(); __nop(); __nop();
        }
    }

    int main(void)
    {
        uint16_t cmp = 0;//比较值
        uint8_t flag = 1;//标志位，标志 cmp 是否到达 0 或 300
        A8_Init();
        PWM_Init();
        TIM1_Init(99, 0);//设定分频前 8MHz 频率，故初始化定时器频率为 80kHz
        while(1)
        {
            delay_ms(10);
            if(flag){
                cmp++;
            }else{
                cmp--;
            }
            if(cmp > 300){
                flag = 0;
            }
            if(!cmp){
                flag = 1;
            }
            TIM_SetCompare1(TIM1,cmp); //调用库函数更改 TIM1_CCR1 占空比
        }
    }
```

下面进行代码的仿真，注意仿真前先按照第一章的内容完成仿真设置。可以观察到如图 2-14 所示的波形①。不难看出，矩形脉冲的占空比不断发生周期性变化，实现了通过 PWM 输出调控占空比的实验效果。

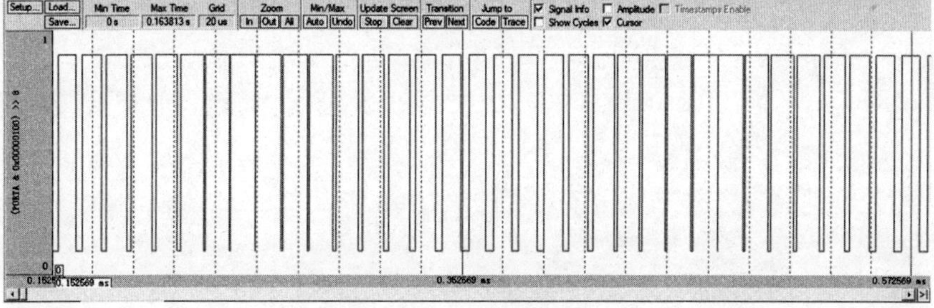

图 2-14 仿真波形结果

① 为更容易观察到波形，可以将主函数中的延时函数注释掉。注意注释后需要重新编译再进入仿真。

更改设置，将上述代码烧录至硬件开发板中，可以观察到呼吸信号灯的效果。

## 第四节 本章小结

基于C语言进行嵌入式软件程序设计时，有直接调用寄存器开发、标准库开发与HAL库开发三种方式。标准库架设在用户驱动层与寄存器层之间，相比于直接调用寄存器开发的方式，使用标准库开发更加方便，开发效率与调试效率也大大提高。不过，使用标准库开发时，需要查阅官方提供的库函数手册，以获得函数的信息与调用方法。PWM是一种利用微控制器数字输出对模拟电路进行控制的技术，可以应用于相关嵌入式通信系统的开发之中。本章实验中的PWM呼吸信号灯常常作为通信系统的指示灯或者信号灯使用，在后续的实验中，读者可以灵活应用，以实现不同的功能。

**☞本章参考资料**

[1] STMicroelectronics. Reference manual of STM32F101xx, STM32F102xx, STM32F103xx, STM32F105xx and STM32F107xx advanced ARM-based 32-bit MCUs,2010.

[2]STMicroelectronics.STM32F10x Standard Peripherals Library Manual,2011.

[3]STMicroelectronics.STM32F10x_StdPeriph_Driver 固件库手册 3.5.0.

# 第 3 章　中断与串口通信

前面章节的实验有一个明显的特征，即程序的运行与外部影响无关。具有这一特点的程序往往功能简单，实时性较差，不易应用于功能更复杂的嵌入式系统。尤其是对于通信导航类应用情景而言，由于通信双方收发消息的时刻常常是随机的，或者是对导航数据的采集与获取与外部影响有关，因而导致无法实时响应外部请求的系统不能实现通信等涉及系统内外实时信息交互的功能。究其原因，是因为系统不具有“中断”当前程序而响应、处理内核外意外状况的能力。为了解决这一问题，Cortex-M3 架构引入了“系统中断”的概念，大大提高了系统的实时性与可靠性，同时使中央处理器（CPU）诸外设并行工作成为可能。此外，由于中断较好地解决了快速 CPU 与慢速外设的关系，因此嵌入式系统的工作效率也大大提升。

本章将以 Cortex-M3 为例，介绍嵌入式中断技术，并以此为基础，基于 STM32F103RB 芯片完成嵌入式系统与上位机之间的串口通信，以期读者能够利用中断的相关知识，完成后续章节中关于通信、导航的各类实验。

## 第一节　串口通信简介

串口通信是指按位发送并接收字节的通信方式。由于 CPU 以并行的方式接收数据，因此串口通信常常借助串行接口，后者可以实现将 CPU 收发的并行数据转换成串行数据。在串口通信中，由于数据按位传输，因此串口通信的速度相对于并口通信来说要更慢一些，但由于串行通信所需架设的线路更短，因此更适用于远距离传输。

在嵌入式系统中，串口作为微控制单元（MCU）的重要外部接口，同时也是软件开发中重要的调试手段，占有重要的地位。本章将主要从标准库开发的角度介绍串口设置方法，以达到最基本的通信功能。具体来说，本实验将实现利用串口 1 连续传送接收到的信息至上位机的功能。串口设置的大致步骤如下：

（1）串口初始化。

（2）GPIO 初始化。

（3）开启中断并且初始化 NVIC。

(4)使能串口。

(5)编写中断服务函数。

在下一节介绍完“中断”的基本概念后，将从实际操作的角度对上述过程进行讲解。

## 第二节　嵌入式系统的中断

### 一、中断的概念

(一)中断简介

所谓“中断”，其英文为“interrupt request”，是指在计算机运行过程中，出现某些需要干预的意外情况时，机器自动停止当前运行的程序并转入处理新情况的程序，且在后者处理完毕后返回原程序继续运行的过程。其中，实现中断功能的部件称为中断系统；请示 CPU 中断的请求源称为中断源；CPU 因中断申请而暂停当前工作，转去处理中断源事件的过程称为中断响应；对整个中断事件的处理过程称为中断服务；事件处理完毕后，CPU 返回断点称为中断返回。

从硬件的角度来看，中断依靠堆栈来实现，后者使系统便于返回调用前的程序段，以便继续运行原来的程序。中断的实现有两个重要过程，分别是保护现场和恢复现场。保护现场是指进入子程序或中断处理程序后，保护寄存器中的值；恢复现场是指子程序返回或中断处理返回前，获得寄存器的值。这两个过程保证了中断前后系统的运行能够有条不紊。中断的具体过程如下：首先，程序将现场条件(即寄存器的值)推入堆栈保存；然后，使用这些寄存器完成中断服务；最后，在返回主程序前弹出寄存器的值，完成现场恢复。

(二)中断的嵌套

中断的嵌套是指处理中断服务例程时，收到了优先级更高的中断请求。根据中断系统是否存在嵌套，可以将中断系统分为多级中断系统与单级中断系统。

(三)概念对比

需要区分中断与调用子程序和异常的区别。

(1)中断与调用子程序的区别：调用的子程序在系统中已经事先设定好，因此靠系统自动实现，而且子程序的入口地址由程序编排；而中断的产生时刻是随机的，中断的处理程序入口地址由计算机硬件确定，用户无法改变。

(2)中断与异常的区别：对内核来说，中断是突发事件，请求信号来源于外部；而异常由内核产生，是在执行指令或存取的过程中产生的。

### 二、引入中断的优点

中断不仅可以及时处理控制系统中许多随机发生的事件，而且较好地解决了快速CPU与慢速外设之间的矛盾，可以使CPU与外设并行工作。同时，中断的引入使系统具备了处理故障的能力，提高了系统自身的可靠性。

### 三、中断的优先级与分类

(一)中断的优先级

中断的优先级是指中断被响应的优先次序，一般来说，优先级数值越小，优先级越高。优先级不仅会影响中断能否被响应，而且会影响中断被响应的时刻。原则上，Cortex-M3支持3个固定的高优先级与256级可编程优先级，但实际上系统会裁掉表达优先级的几个低端有效位，因而支持的优先级会少于256个。Cortex-M3允许设置的优先级最小位数为3，即至少支持8个优先级。

(二)中断的分类

在Cortex-M3中，中断可分为系统中断与外部中断。系统中断编号为1～15，可进一步区分为可编程优先级与不可编程优先级，其中不可编程优先级有三类，分别为复位(优先级为－3)、不可屏蔽中断(NMI，优先级为－2)与Hard Fault(优先级为－1)；外部中断编号为16～255，均可以编程的方式自行设置。

## 第三节　串口通信实验

### 一、实验软件设计

第一步，编写GPIO初始化函数。读者可以仿照第二章中介绍的方法，编写GPIO初始化函数，注意USART1_TX位于GPIOA的PIN9处，而USART1_RX位于GPIOA的PIN10处。前者为串口发送端，后者为串口接收端。编写的GPIO初始化函数如下：

```
void GPIOA_Init(void)
{
    /* 定义 GPIO_InitTypeDef 类型的初始化结构体变量 */
    GPIO_InitTypeDef GPIO_InitStructure;
    RCC_APB2PeriphClockCmd(RCC_APB2Periph_GPIOA, ENABLE);
```

```
    /* GPIOA_Pin9 的初始化 */
    /* 将 USART_TX 对应的 GPIOA_Pin9 配置为推挽复用模式 */
    GPIO_InitStructure.GPIO_Pin = GPIO_Pin_9;
    GPIO_InitStructure.GPIO_Speed = GPIO_Speed_50MHz;
    GPIO_InitStructure.GPIO_Mode = GPIO_Mode_AF_PP;
    GPIO_Init(GPIOA, &GPIO_InitStructure);
    /* GPIOA_Pin10 的初始化 */
    /* 将 USART_TX 对应的 GPIOA_Pin10 配置为输入浮空模式 */
    GPIO_InitStructure.GPIO_Pin = GPIO_Pin_10;
    GPIO_InitStructure.GPIO_Mode = GPIO_Mode_IN_FLOATING;
    GPIO_Init(GPIOA, &GPIO_InitStructure);
}
```

第二步，编写串口初始化函数 usart_Init()，该函数应当包括以下内容：

(1)定义串口初始化结构体，该结构体内各成员变量可以在 stm32f10x_usart.c 中查阅到，其代码如下：

```
USART_InitTypeDef USART_InitStructure;
```

(2)串口时钟使能，其代码如下：

```
RCC_APB2PeriphClockCmd(RCC_APB2Periph_USART1);
```

(3)串口初始化设置。串口初始化需要设置的参数为波特率、字长、停止位、奇偶校验位、硬件数据流控制以及收发模式，其代码如下：

```
USART_InitStructure.USART_BaudRate            =            baud;
USART_InitStructure.USART_WordLength = USART_WordLength_8b;
USART_InitStructure.USART_StopBits = USART_StopBits_1;
USART_InitStructure.USART_Parity = USART_Parity_No;
USART_InitStructure.USART_HardwareFlowControl              =
USART_HardwareFlowControl_None;
USART_InitStructure.USART_Mode = USART_Mode_Rx | USART_Mode_Tx;
USART_Init(USART1, &USART_InitStructure);
```

(4)串口参数初始化，初始化函数定义如下：

```
void    USART_Init(USART_TypeDef*    USARTx,    USART_InitTypeDef*
USART_InitStruct);
```

函数的第一个入口参数指定初始化的串口标号，第二个入口参数是 USART_InitTypeDef 类型的结构体指针，该结构体指针的成员变量可设置串口参数，其代码如下：

```
USART_Init(USART1, &USART_InitStructure);
```

(5)开启串口响应中断，使能串口中断的函数定义为：

```
void  USART_ITConfig(USART_TypeDef*  USARTx,  uint16_t  USART_IT,
FunctionalState NewState);
```

函数的第一个入口参数指定串口,第二个入口参数标示使能串口类型。如果接收数据时产生中断,则开启中断可以使用,其代码如下:

```
USART_ITConfig(USART1, USART_IT_RXNE, ENABLE);
```

如果发送数据结束时产生中断,则可以使用如下代码:

```
USART_ITConfig(USART1, USART_IT_TC, ENABLE);
```

(6)串口使能。串口使能是通过函数 USART_Cmd()来实现的,这个很容易理解,使用的代码是:

```
USART_Cmd(USART1, ENABLE);
```

将上述各部分综合起来,即得到串口初始化函数:

```
void USART1_Init(uint32_t baud)
{
    USART_InitTypeDef USART_InitStructure;
    RCC_APB2PeriphClockCmd(RCC_APB2Periph_USART1, ENABLE);

    USART_InitStructure.USART_BaudRate = baud;
    USART_InitStructure.USART_WordLength = USART_WordLength_8b;
    USART_InitStructure.USART_StopBits = USART_StopBits_1;
    USART_InitStructure.USART_Parity = USART_Parity_No;
    USART_InitStructure.USART_HardwareFlowControl                    =
USART_HardwareFlowControl_None;
    USART_InitStructure.USART_Mode = USART_Mode_Rx | USART_Mode_Tx;

    USART_Init(USART1, &USART_InitStructure);
    USART_ITConfig(USART1, USART_IT_RXNE, ENABLE);
    //USART_ITConfig(USART1, USART_IT_TC, ENABLE);
    USART_Cmd(USART1, ENABLE);
}
```

第三步,编写中断初始化函数。

(1)定义中断初始化结构体,其代码如下:

```
NVIC_InitTypeDef NVIC_InitStructure;
```

(2)选择嵌套向量中断优先级分组,其代码如下:

```
NVIC_PriorityGroupConfig(NVIC_PriorityGroup_2);
```

(3)中断初始化配置，其代码如下：

```
/* 配置USART1为中断源 */
NVIC_InitStructure.NVIC_IRQChannel = USART1_IRQn;
/* 配置抢占优先级为3 */
NVIC_InitStructure.NVIC_IRQChannelPreemptionPriority = 3;
/* 配置子优先级为3 */
NVIC_InitStructure.NVIC_IRQChannelSubPriority = 3;
/* 使能中断 */
NVIC_InitStructure.NVIC_IRQChannelCmd = ENABLE;
/* 中断初始化 */
NVIC_Init(&NVIC_InitStructure);
```

将以上内容综合成 NVIC 中断初始化函数，得到如下代码：

```
void USART1_NVIC_Init(void)
{
    /* 定义 NVIC_InitTypeDef 类型初始化结构体变量 */
    NVIC_InitTypeDef NVIC_InitStructure;
    /* NVIC控制器分组选择 */
    NVIC_PriorityGroupConfig(NVIC_PriorityGroup_2);
    /* 配置USART1为中断源 */
    NVIC_InitStructure.NVIC_IRQChannel = USART1_IRQn;
    /* 配置抢占优先级为3 */
    NVIC_InitStructure.NVIC_IRQChannelPreemptionPriority = 3;
    /* 配置子优先级为3 */
    NVIC_InitStructure.NVIC_IRQChannelSubPriority = 3;
    /* 使能中断 */
    NVIC_InitStructure.NVIC_IRQChannelCmd = ENABLE;
    /* 中断初始化 */
    NVIC_Init(&NVIC_InitStructure);
}
```

第四步，编写串口字符发送与字符串发送函数。串口发送前，需要确定串口的数据发送是否完成，即需要确定串口状态。串口状态可以通过状态寄存器 USART_SR 读取，其各位描述如表 3-1 所示。此处需要重点关注 RXNE 和 TC。

**表 3-1　USART_SR 的各位描述**

| 31 | 30 | 29 | 28 | 27 | 26 | 25 | 24 | 23 | 22 | 21 | 20 | 19 | 18 | 17 | 16 |
|---|---|---|---|---|---|---|---|---|---|---|---|---|---|---|---|
| 保留 | | | | | | | | | | | | | | | |
| 15 | 14 | 13 | 12 | 11 | 10 | 9 | 8 | 7 | 6 | 5 | 4 | 3 | 2 | 1 | 0 |
| 保留 | | | | | | CTS | LBD | TXE | TC | RXNE | IDLE | ORE | NE | FE | PE |
| r | r | r | r | | | rc | w0 | rc | w0 | r | rc | w0 | rc | w0 | r |

表 3-1 中,RXNE 即读数据寄存器非空,若该位为 1,说明已有数据被成功接收;TC 即发送完成,若该位为 1,则串口内的数据已发送完成。在标准库中,读取串口状态的函数如下:

```
FlagStatus  USART_GetFlagStatus(USART_TypeDef*  USARTx,  uint16_t
USART_FLAG);
```

该函数的第二个入口参数表示被查看串口的状态,如 RXNE、TC 等。如果要判断读寄存器是否非空,可以通过如下代码来实现:

```
USART_GetFlagStatus(USART1, USART_FLAG_RXNE);
```

判断发送是否完成的代码为:

```
USART_GetFlagStatus(USART1, USART_FLAG_TC);
```

由此得到串口的字符发送与字符串发送函数如下:

```
void usart_transbyte(USART_TypeDef *USARTx, uint8_t ch)
{
   USART_SendData(USARTx, ch);
   while(USART_GetFlagStatus(USARTx, USART_FLAG_TXE) == RESET);
}
void usart_transtring(USART_TypeDef *USARTx, char *str)
{
   unsigned int k = 0;
   do{
      usart_transbyte(USARTx, *(str + k));
      k++;
   }while(*(str + k) != '\0');
   while(USART_GetFlagStatus(USARTx, USART_FLAG_TC) == RESET);
}
```

第五步,将上述三个函数写入 usart.c 文件中,并在文件开头处包含头文件 usart.h 与 stm32f10x.h。

第六步,编写 usart.h 文件,将上述函数头部在该文件中声明即可。同时注意,函数声明中使用了 uint32_t 类型,因此需要在头文件开始处包含 stm32f10x.h 头文件。

第七步,编写主程序。打开 main.c 文件,在其中根据以下步骤编写代码:

(1)头文件中包含以下代码:

```
#include "stm32f10x.h"
#include "usart.h"
```

(2)延时函数仿照第一章的内容编写即可，其代码如下：

```
void delay_ms(volatile unsigned int t)
{
    int i = 0;
    for(i = 0; i < t * 1000; i++){
        __nop(); __nop(); __nop(); __nop();
        __nop(); __nop(); __nop(); __nop();
    }
}
```

(3)编写中断服务函数。中断服务函数就是中断过程中执行中断服务的函数，当主程序响应中断请求后，就会调用中断服务程序执行中断任务，其代码如下：

```
#define USART_REC_LEN 200
char USART_RX_BUF[USART_REC_LEN];
uint16_t USART_RX_STA=0;
void USART1_IRQHandler(void)
{
    uint8_t Res;
    if(USART_GetITStatus(USART1, USART_IT_RXNE) != RESET){
        Res = USART_ReceiveData(USART1);
        if((USART_RX_STA & 0x8000) == 0){
            if(USART_RX_STA & 0x4000){
                if(Res != 0x0a){
                    USART_RX_STA = 0;
                }else{
                    USART_RX_STA |= 0x8000;
                }
            }else{
                if(Res == 0x0d){
                    USART_RX_STA |= 0x4000;
                }else{
                    USART_RX_BUF[USART_RX_STA & 0X3FFF] = Res;
                    USART_RX_STA++;
                    if(USART_RX_STA > (USART_REC_LEN - 1)){
                        USART_RX_STA=0;
                    }
                }
            }
        }
    }
}
```

(4)编写主函数,其代码如下:

```
int main(void)
{
    uint16_t times = 0;

    GPIOA_Init();
    USART1_Init(9600);
    USART1_NVIC_Init();

    while(1)
    {
        if(USART_RX_STA & 0x8000){
            usart_transtring(USART1, "\r\n您发送的消息为:\r\n");
            usart_transtring(USART1, USART_RX_BUF);
            usart_transtring(USART1, "\r\n\r\n");//插入换行
            USART_RX_STA = 0;
        }else{
            times++;
            if(times % 2000 == 0)
            {
                usart_transtring(USART1, "\r\n串口实验\r\n");
                usart_transtring(USART1, "山东大学微电子学院
\r\n\r\n\r\n");
            }
            if(times%200 == 0){
                usart_transtring(USART1, "请输入数据,以回车键结束
\r\n");}
            delay_ms(10);
        }
    }
}
```

至此,软件部分编写完毕。

## 二、程序仿真

首先下载 VSPD 软件,如图 3-1 所示。下载完毕 VSPD 软件后打开,单击"Add pair"添加对,如图 3-2 所示。

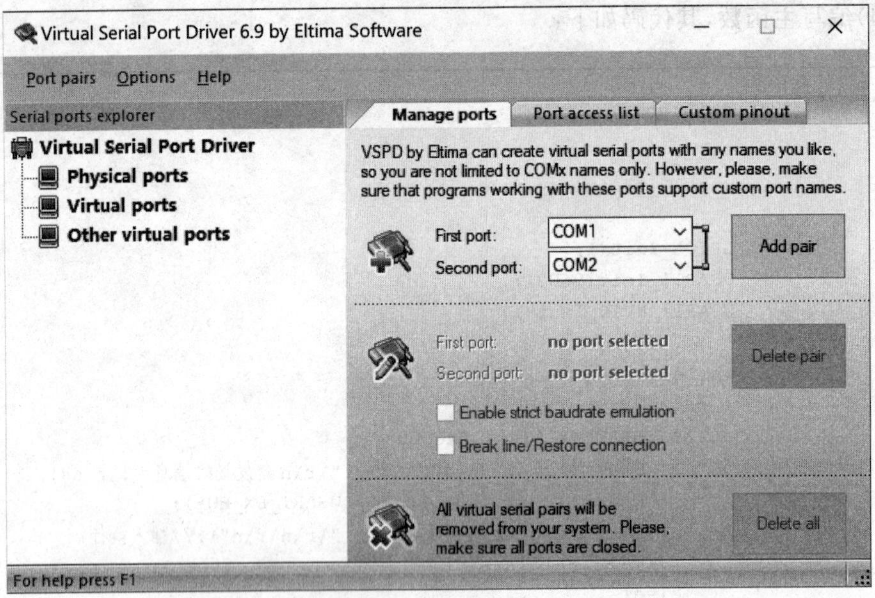


图 3-1　VSPD 软件界面

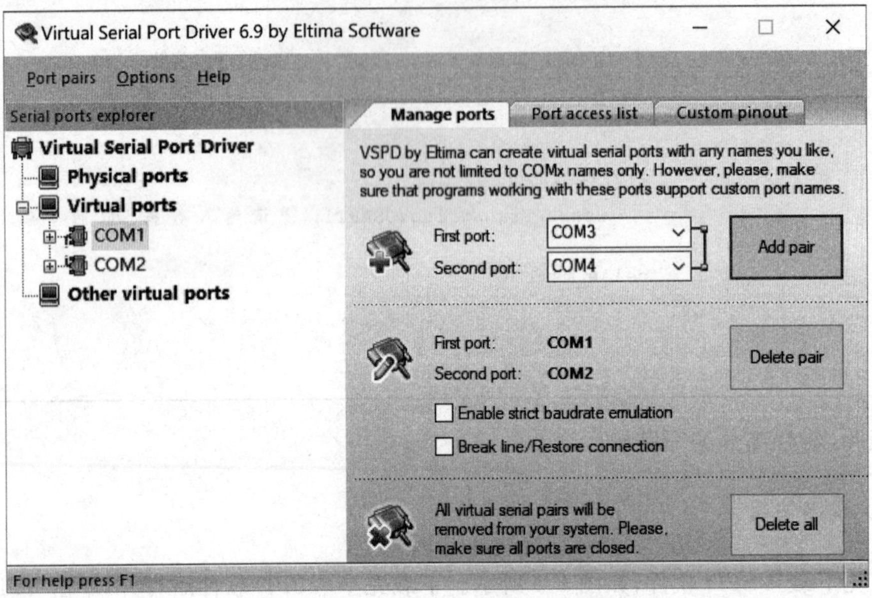


图 3-2　单击“Add pair”建立连接

然后，仿照第一章的内容，在具有魔术棒图标的页面进行仿真设置并进入仿真界面。通过命令行输入以下命令，回车后完成设置，如图 3-3 所示。[①]

① 注意，每次进入仿真界面时，都需要重新输入命令。

```
MODE COM1 9600,0,8,1  //改变 com 口模式
ASSIGN COM1 <S1IN>S1OUT //将单片机(仿真虚拟软件)串口(Sx)映射(<SxIN>Sxout)
到计算机 COM 口上
```

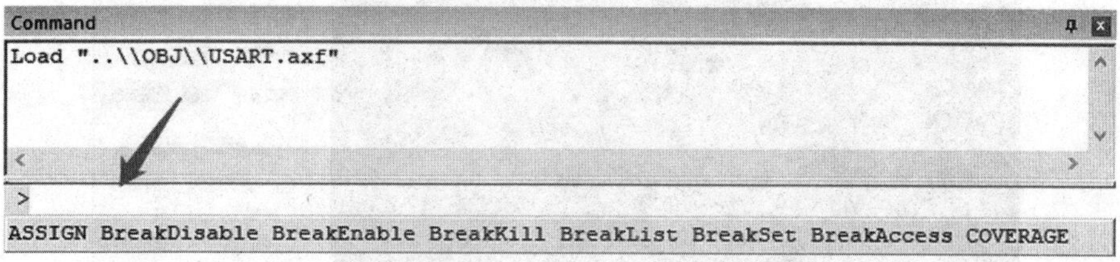


图 3-3　在仿真界面命令行输入命令

将以上两个命令分别输入后,打开串口助手[①],确认串口成功连接并打开串口,如图 3-4 所示。若无法连接串口,则需要在串口选择栏重新选择串口[②],在串口操作一栏处打开串口。

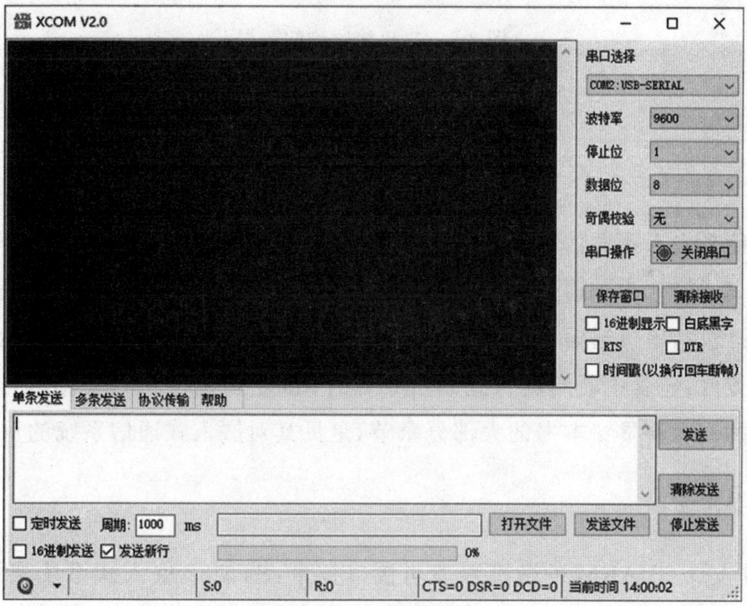


图 3-4　选择串口并打开

运行程序,可以发现串口已经在发送数据。在串口助手中的编辑栏内输入内容,可以在串口上方窗口处观察到串口接收到的数据,如图 3-5 所示。

① 此处的串口助手可以通过访问开源电子网 http://www.openedv.com 下载。

② 此处需要注意,不同计算机的串口号可能与图 3-4 所示的有所区别,读者可根据实际情况选择串口。

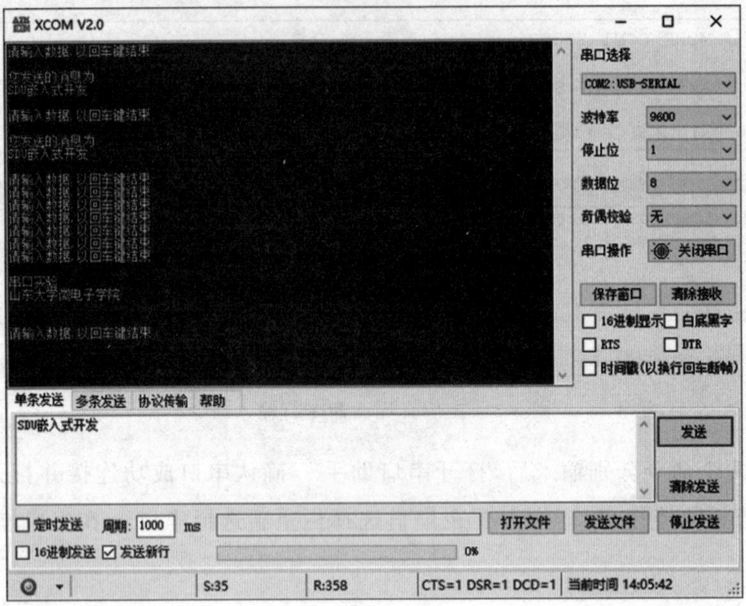


图 3-5　串口接收到的数据

# 第四节　本章小结

串口通信是嵌入式通信系统的一种常见通信方式，与并行通信相比，串口通信更适合用于远距离通信。由于通信双方收发信息的时刻是随机的，因此需要使用"系统中断"的概念来设计包括串口通信系统在内的各类嵌入式通信系统。除一般系统设计所必需的初始化设置外，包含中断的嵌入式系统在设计时，还应包含执行中断程序的中断服务函数。中断的概念将贯穿本书的大部分章节，足见其对嵌入式通信系统的重要性。

**☞本章参考资料**

[1]陈桂友.基于 ARM 的微机原理与接口技术：STM32 嵌入式系统架构、编程与应用[M].北京：清华大学出版社，2020.

[2] STMicroelectronics. Reference manual of STM32F101xx, STM32F102xx, STM32F103xx, STM32F105xx and STM32F107xx advanced ARM-based 32-bit MCUs，2010.

[3]刘火良，杨森.STM32 库开发实战指南：基于 STM32F103[M].2 版.北京：机械工业出版社，2017.

[4]正点原子.STM32 不完全手册_库函数版本_V3.3，2020.

# 第 4 章　导航中内存管理的应用实验

所谓“内存管理”，是指软件运行时让计算机合理分配和使用内存资源的技术。内存管理最主要的目的是实现高效、快速的内存分配，并且在适当的时候释放并回收内存资源。在导航系统中，由于要处理大量的数据，因此常常需要进行合适、高效的内存分配，以实现动态的内存管理，从而高效利用内存。

本章将对内存管理的基本概念以及原理进行初步讨论，并通过实际开发一个内存管理的单片机系统，帮助读者理解在导航系统中进行内存管理的方法，从而实现高效的导航系统开发。

## 第一节　内存管理概述

### 一、内存管理的方式

内存管理的方式主要为分块式内存管理。分块式内存管理由内存池和内存管理表两部分组成。其中，内存池被分为 $n$ 块，这 $n$ 块大小相等，按照“顶→底”的方向来分配资源(即首先从最末端开始寻找空内存，这在实验结果部分会被验证)。内存管理表与内存池一一对应，当内存管理表的项值为 0 时，表示对应的内存池未被占用；而内存管理表的项值不为 0 时，其数值代表被连续占用的内存块数目(例如某项值为 5，表示包括本项对应的内存块在内，总共分配了 5 个内存块给外部的某个指针)。内存块的分配方式如图 4-1 所示。

**内存池：　内存块1　内存块2　内存块3 ……　内存块$n$**

|　　|　　|　　|　　|

**内存管理表：第1项　　第2项　　第3项　……　第$n$项**

**←内存分配方向（自项向底）**

图 4-1　内存块的分配方式

### 二、内存分配的原理

当指针 p 调用 malloc 函数申请内存的时候，先判断指针 p 要分配的内存块数 $m$，然

后从第 $n$ 项开始向下查找，直到找到 $m$ 块连续的空内存块，然后将该 $m$ 块空内存块对应的内存管理表值设置为 $m$（标记该连续的 $m$ 块已被占用）；最后，将末尾的空内存块的地址返回给指针 p，完成一次分配。注意，当内存不够时，返回 NULL 给指针 p，表示为找不到连续的 $m$ 块空内存，分配失败。

### 三、内存释放的原理

当指针 p 申请的内存用完，需要释放的时候，调用 free 函数实现。free 函数首先判断 p 指向的内存地址所对应的内存块，然后找到对应的内存管理表项目，得到 p 所占用的内存块数目，将该 $m$ 个内存管理表项目的值都清零（标记释放），完成一次内存释放。

## 第二节　实验目的及硬件设计

本实验的目的是让实验者掌握如何实现高效、快速的分配，并且能够在适当的时候释放和回收内存资源。理解内存管理的实现方法有很多种，但其本质上都是通过 malloc 和 free 函数来实现的，其中 malloc 函数用于内存申请，free 函数用于内存释放。

本章实验所要实现的功能为：开机后显示提示信息，用 KEY0/KEY1/KEY_UP 三个按键进行外部输入，实现内存的分配、释放，并理解“内存泄漏”的原因。

硬件设计方面，本实验用 STM32F1 精英版来实现内存管理，所要用到的硬件设备及功能如下：

(1)指示灯 DS0：用于指示程序运行状态。

(2)KEY0/KEY1/KEY_UP 三个按键：KEY0 用于每次申请 2 K 的内存，KEY1 用于释放内存，KEY_UP 用于在申请的内存中写入数据。

(3)串口：采用串行通信方式的扩展接口。

(4)TFTLCD 模块：薄膜晶体管液晶显示器，用于显示输出。

硬件连接方式如图 4-2 所示。

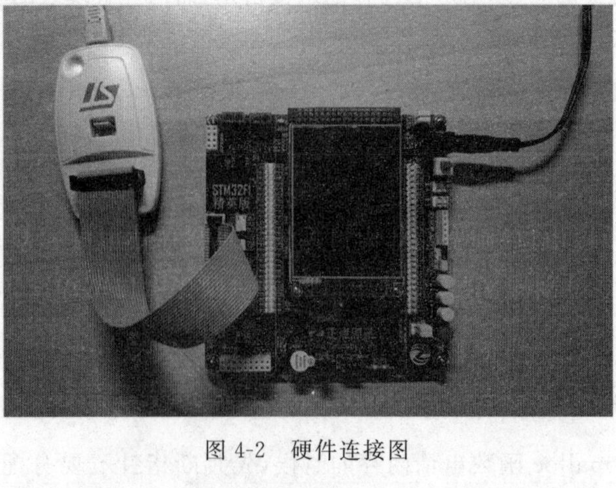

图 4-2　硬件连接图

# 第三节 软件设计

软件设计可分为以下步骤：

第一步，定义 32 字节对齐的内部 SRAM 内存池和外部 SRAM 内存池，具体的代码如下：

```
__align(32) u8 mem1base[MEM1_MAX_SIZE];
__align(32) u8 mem2base[MEM2_MAX_SIZE]
__attribute__((at(0X68000000)));
```

第二步，定义内部 SRAM 内存池和外部 SRAM 内存池分别对应的内存管理表，具体的代码如下：

```
u16 mem1mapbase[MEM1_ALLOC_TABLE_SIZE];
u16 mem2mapbase[MEM2_ALLOC_TABLE_SIZE]
__attribute__((at(0X68000000+MEM2_MAX_SIZE)));
```

第三步，定义内存管理参数(内存表大小、内存分块大小、内存总大小)，具体的代码如下：

```
const u32
memtblsize[SRAMBANK]={MEM1_ALLOC_TABLE_SIZE,MEM2_ALLOC_TABLE_SIZE}
;
const u32 memblksize[SRAMBANK]={MEM1_BLOCK_SIZE,MEM2_BLOCK_SIZE};
const u32 memsize[SRAMBANK]={MEM1_MAX_SIZE,MEM2_MAX_SIZE};
```

第四步，定义内存管理控制器，具体的代码如下：

```
struct _m_mallco_dev mallco_dev=
{
my_mem_init,                    //将内存初始化
my_mem_perused,                 //用于表示内存的使用率
mem1base,mem2base,              //定义内存池
mem1mapbase,mem2mapbase,        //内存管理状态表
0,0,                            //表明内存管理未就绪
};
```

第五步，复制内存函数，* des 为目的地址，* src 为源地址，n 为需要复制的内存长度，具体的代码如下：

```
void mymemcpy(void *des,void *src,u32 n)
{
u8 *xdes=des;
u8 *xsrc=src;
while(n--)*xdes++=*xsrc++;
}
```

第六步，设置内存，*s 为内存首地址，c 为要设置的值，count 为需要设置的内存大小，具体的代码如下：

```
void mymemset(void *s,u8 c,u32 count)
{
u8 *xs = s;
while(count--)*xs++=c;
}
```

第七步，内存管理初始化，memx 代表所属内存块，具体的代码如下：

```
void my_mem_init(u8 memx)
{
mymemset(mallco_dev.memmap[memx], 0,memtblsize[memx]*2);
mymemset(mallco_dev.membase[memx], 0,memsize[memx]);
mallco_dev.memrdy[memx]=1;
}
```

第八步，获取内存使用率，memx 为所属内存块，返回值为使用率(0～100)，具体的代码如下：

```
u8 my_mem_perused(u8 memx)
{
u32 used=0;
u32 i;
for(i=0;i<memtblsize[memx];i++)
{
if(mallco_dev.memmap[memx][i])used++;
}
return (used*100)/(memtblsize[memx]);
}
```

第九步，内存分配(采用内部调用)，memx 为所属内存块；size 为要分配的内存大小(字节)；返回值 0XFFFFFFFF 代表错误，其他值代表内存偏移地址，具体的代码如下：

```
u32 my_mem_malloc(u8 memx,u32 size)
{
signed long offset=0;
u32 nmemb;     //需要的内存块数
u32 cmemb=0;//连续空内存块数
u32 i;
if(!mallco_dev.memrdy[memx])mallco_dev.init(memx);//未初始化,先执行初
始化
if(size==0)return 0XFFFFFFFF;//不需要分配
nmemb=size/memblksize[memx];  //获取需要分配的连续内存块数
if(size%memblksize[memx])nmemb++;
for(offset=memtblsize[memx]-1;offset>=0;offset--) //搜索整个内存控制区
{
```

```
if(!mallco_dev.memmap[memx][offset])cmemb++;//连续空内存块数增加
else cmemb=0;                          //连续内存块清零
if(cmemb==nmemb)                       //找到连续nmemb个空内存块
{
for(i=0;i<nmemb;i++)                           //标注内存块非空
{
mallco_dev.memmap[memx][offset+i]=nmemb;
}
return (offset*memblksize[memx]);//返回偏移地址
}
}
return 0XFFFFFFFF;   //未找到符合分配条件的内存块
}
```

第十步，释放内存(采用内部调用)，memx 为所属内存块；offset 代表内存地址偏移；返回值 0 代表释放成功，1 代表释放失败，具体的代码如下：

```
u8 my_mem_free(u8 memx,u32 offset)
{
int i;
if(!mallco_dev.memrdy[memx]) //未初始化，先执行初始化
{
mallco_dev.init(memx);
return 1;  //未初始化
}
if(offset<memsize[memx]) //偏移在内存池内
{
int index=offset/memblksize[memx];                  //偏移所在内存块号码
int nmemb=mallco_dev.memmap[memx][index];  //内存块数量
for(i=0;i<nmemb;i++)                              //内存块清零
{
mallco_dev.memmap[memx][index+i]=0;
}
return 0;
}else return 2;//偏移超区
}
```

第十一步，释放内存(采用外部调用)，memx 为所属内存块，ptr 为内存首地址，具体的代码如下：

```
void myfree(u8 memx,void *ptr){
u32 offset;
if(ptr==NULL)   return;         //地址为0
offset=(u32)ptr-(u32)mallco_dev.membase[memx];
my_mem_free(memx,offset); //释放内存
}
```

第十二步，分配内存（采用外部调用），memx 为所属内存块，size 为内存大小（以字节为单位），返回值为分配到的内存首地址，具体的代码如下：

```
void *mymalloc(u8 memx,u32 size)  {
u32 offset;
offset=my_mem_malloc(memx,size);
if(offset==0XFFFFFFFF)return NULL;
else return  (void*)((u32)mallco_dev.membase[memx]+offset);
}
```

第十三步，重新分配调用（采用外部调用）：memx 为所属内存块，* ptr 为旧内存地址，size 为要分配的内存大小（以字节为单位），返回值为新分配到的内存首地址，具体的代码如下：

```
void *myrealloc(u8 memx,void *ptr,u32 size)
{
u32 offset;
offset=my_mem_malloc(memx,size);
if(offset==0XFFFFFFFF)return NULL;
else
{
mymemcpy((void*)((u32)mallco_dev.membase[memx]+offset),ptr,size);
   //拷贝旧内存到新内存
myfree(memx,ptr);                                   //释放旧内存
return  (void*)((u32)mallco_dev.membase[memx]+offset);        //返回
新内存首地址
}
}
```

## 第四节　实验结果

在 Keil 中编译代码并下载到 STM32F1 精英版中，得到如图 4-3 所示的界面，此时尚未申请内存，显示的内存占有率为 0%。

图 4-3　尚未申请内存时的显示界面

按下“KEY0”键申请内存（根据程序，每次申请的内存为 2 K），可见内存占有率变为

5%,而且可以看到被分配的内存地址为 0X20009AC0,得到如图 4-4 所示的界面,此时显示内存占用率为 5%。

图 4-4　申请 2 K 内存后显示的界面

继续按下"KEY0"键,申请大小为 2 K 的内存,可见内存占有率变为 10%,而且可以看到被分配的内存地址为 0X200092C0(通过对比可以看出,内存地址逐渐减小,表明是从顶部开始分配内存的),得到如图 4-5 所示的界面,此时显示内存占用率为 10%。

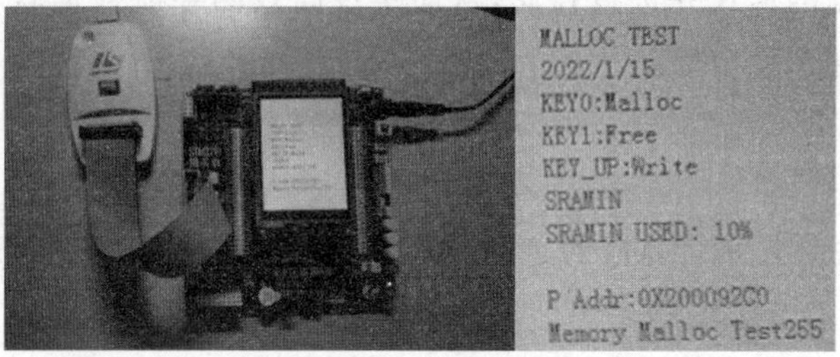


图 4-5　再申请 2 K 内存后显示的界面

此时如果再按下"KEY1"键释放内存,可以发现内存使用率又降低了 5%;但是如果再按"KEY1"键,内存使用率将不再降低,说明发生了"内存泄露",即在对同一个指针多次申请分配内存且未释放之前申请的内存的情况下,造成了内存浪费的情况,如图 4-6 所示。

图 4-6　内存浪费显示界面

## 第五节　本章小结

本章介绍了 STM32 单片机内存管理的方式，读者可以根据本章内容，导入导航电文数据，通过查看管理内存的指令来查看单片机内存的状态，从而充分利用内存，存储导航电文等导航相关数据。尤其是在经过授时的情况下，导航数据的分类高效存储显得尤为重要。关于授时的内容，本书在第 9 章“低功耗 RTC 芯片的精准授时”中有所介绍。虽然本书第 9 章的实验采用的是 FPGA（现场可编程门阵列）系统，但是在开发方法上，读者可以将这两套系统结合起来，比如当下 SOPC（可编程片上系统）是非常热门的研发领域，它结合了 cortex 系列微处理器的实时控制性和 FPGA 逻辑资源丰富、高并行数据通量的优点，可以进行更高效的软/硬件协同开发。此外，在开发内容上，读者可以根据本书所涉及的导航数据及存储相关内容，设计简单的导航数据管理实验，增加导航数据的维度，丰富导航数据的形式并进行存储，从而实现高效的导航数据软/硬件管理，提高导航的准确度、连续性和稳定性。

☞**本章参考资料**

[1]姚文祥.ARM Cortex-M3 权威指南[M].宋岩，译.北京：北京航空航天大学出版社，2009.

[2]刘火良，杨森.STM32 库开发实战指南：基于 STM32F103[M].2 版.北京：机械工业出版社，2017.

# 第 5 章　基于 ZigBee 的无线通信实验

根据传输介质的不同,通信方式可以分为有线通信与无线通信两种。有线通信是指借助电缆、电线等有形介质传送信息的通信方式,前面章节所介绍的串口通信就是有线通信的一种。在某些情形下,架设电缆等传输媒介并不现实,或者耗费巨大、成本过高,因此有线通信虽然性能优越,但依然有其局限性。在这种情况下,无线通信逐渐得到了越来越多的重视,成为通信领域一个重要的研究课题。与有线通信相比,无线通信通过电磁波传输信息,并不需要像有线通信那样借助电缆等实体介质,因此更适用于手机等便携式移动通信设备的通信。虽然目前无线通信的容量与传输质量与有线通信相比还存在一定的差距,但不可否认的是,无线通信具有巨大的发展空间与应用价值,而且随着技术的不断进步,无线通信必将发挥更大的作用。

本章将介绍一种嵌入式系统中常见的无线通信方式——ZigBee 技术,同时借助前面章节中的系统中断等知识,完成简单的无线通信实验,以便从实验开发的角度帮助读者理解无线通信的相关内容,并进一步巩固“系统中断”等概念。

## 第一节　ZigBee 无线通信实验

ZigBee 技术(也称“紫蜂技术”)是一种通信覆盖范围较小、传输速率较低的无线通信技术,可工作在 2.4 GHz、868 MHz 和 951 MHz 三个频段上,分别具有最高 250 kps、20 kps和 40 kps 的传输速率,传输范围一般为 10 ~ 75 m。ZigBee 技术具有功耗小、成本低、时延短、安全可靠等特性,被广泛应用于智能电网、智能交通、智能家居、金融、遥感勘测等领域,用于传输控制命令或传感器采集的数据等。

### 一、实验目的

本次实验的目的是用 ZigBee 技术实现 STM32f103ZET6 与电脑(PC 机)之间的通信。本次实验将两个 ZigBee 模块分别连接到电脑与单片机上,以电脑为主机,单片机为从机,利用 ZigBee 的透传功能,将电脑发送的信息传输到单片机上,并且在 LCD 显示屏上显示所发送的信息,从而初步验证 ZigBee 的无线通信功能。

## 二、硬件设计

本实验所要用到的硬件主要是两个 ZigBee DL-20 无线串口模块和 USB 转 TTL 串口，如图 5-1 和图 5-2 所示。

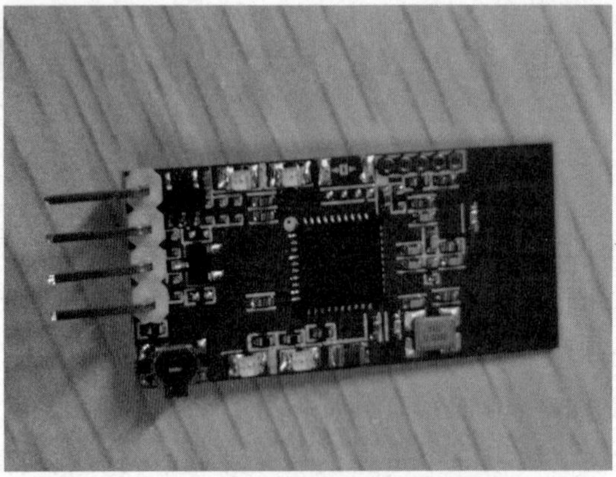

图 5-1　ZigBee DL-20 无线串口模块

图 5-2　USB 转 TTL 串口

DL-20 无线串口模块为串口转 2.4 G 无线模块，可以通过电磁波将两个或多个串口连接起来。串口发给模块的数据会被模块使用电磁波发出，收到无线数据的模块会将该数据使用串口发出。在这两个设备上，使用模块就像将它们用串口连接起来一样。

在使用之前，要先进行模块设置，具体的设置步骤如下：

(1)进入设置模式。将两个 ZigBee DL-20 无线串口模块分别与 USB 转 TTL 串口模块连接，GND 连接 GND，3.3 V 连接 Vcc，USB 接至电脑上，进行模式设置。首先确认 ZigBee 亮灯，没有损坏，接着给 ZigBee 模块断电，按住按键不松手，再给模块供电，模块的四个 LED 灯会旋转闪烁，此时释放按键，LED 灯停止循环闪烁，进入设置模式。

(2)设置波特率。完成第一步后，短按按键可以切换波特率，LED 灯与波特率的对应关系如图 5-3 所示。将两个 ZigBee 的波特率均设置为 9600。

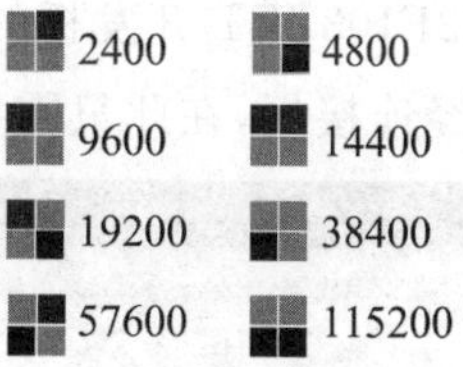


图 5-3　LED 灯与波特率的对应关系

(3)设置频道。长按按键,直至 LED 灯循环闪烁,释放按键进入频道设置,短按按键可以切换到下一个频道。对于一对一通信而言,可以先将第一个 ZigBee 模块的频道设置为任意状态,记住 LED 灯的闪烁情况,在设置第二个模块时设置为相同的情况即可。

(4)设置模式。长按按键,直至 LED 灯循环闪烁,释放按键进入模式设置,短按按键可以切换到下一个模式。在此阶段,LED 灯有三种情况,分别对应三种模式(见图 5-4)。

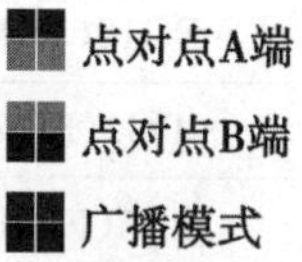


图 5-4　LED 灯与三种模式的对应关系

在一对一通信中,其中一个 ZigBee 模块设置为点对点 A 端,另一个要设置成点对点 B 端,切记不要设置错误。

(5)确认设置。完成设置主/从机后,长按按键,直至 LED 灯循环闪烁,释放按键,所有的 LED 灯长亮 2 s,之后便可以进入正常工作模式。

本实验所要用到的硬件除了两个 ZigBee DL-20 无线串口模块和 USB 转 TTL 串口外,还有一块 STM32F103ZET 开发板,如图 5-5 所示。

图 5-5　STM32F103ZET 开发板

STM32F103ZET 开发板需要搭配 TFTLCD 模块使用,其中 STM32F103ZET 开发板的 LCD 接口和 ALIENTEK TFTLCD 模块可以直接对插,连接关系如图 5-6 所示。在硬件方面，TFTLCD 模块与 STM32F103ZET 开发板的 IO 口的对应关系如表 5-1 所示。对于具体的布线，在开发板内部已经连接好，在此只需要将 TFTLCD 模块插上即可。

图 5-6　TFTLCD 模块电路

**表 5-1　TFTLCD 模块与 STM32F103ZET 开发板的 IO 口的对应关系**

| TFTLCD 模块的 IO 口 | STM32F103ZET 开发板的 IO 口 |
|---|---|
| LCD(背光控制) | PB0 |
| LCD_CS | PG12(FSMC_NE4) |
| LCD_RS | PG0(FSMC_A10) |
| LCD_WR | PD5(FSMC_NEW) |
| LCD_RD | PD4(FSMC_NOE) |
| LCD_D[15:0] | FSMC_D15～FSMC_D0 |

然后进行硬件连接。首先将 USB 转 TTL 端口与 ZigBee 连接，连接方式如表 5-2 所示。连接完成后，将 STM32F103ZET 开发板与 ZigBee 连接，连接方式如表 5-3 所示。最终得到的连接实物图如图 5-7 所示。

**表 5-2　USB 转 TTL 端口与 ZigBee 的连接方式**

| USB 转 TTL 串口 | ZigBee |
|---|---|
| GND | GND |
| 3.3V | VCC |
| TXD | RXD |
| RXD | TXD |

**表 5-3　STM32F103ZET 开发板与 ZigBee 的连接方式**

| STM32 | ZigBee |
|---|---|
| GND | GND |
| 3.3V | VCC |
| PA2 | RXD |
| PA3 | TXD |

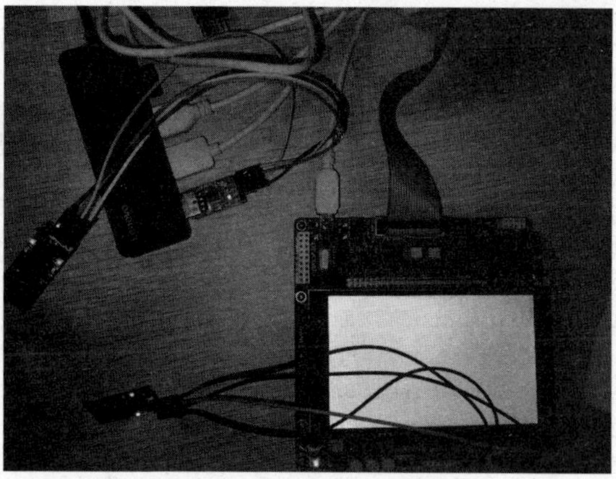

图 5-7　连接实物图

## 三、软件设计

程序部分就是通过设置串口 1 来实现对数据的采集，下面给出串口 1 设置函数，通过该函数的设置，可以在串口 2 输出从 ZigBee 传输来的数据。

```
void uart_init(uint32_t baud)
{
    //GPIO 端口设置
    GPIO_InitTypeDef GPIO_InitStructure;
    USART_InitTypeDef USART_InitStructure;
    NVIC_InitTypeDef NVIC_InitStructure;

    RCC_APB2PeriphClockCmd(RCC_APB2Periph_USART1|RCC_APB2Periph_GP
IOA, ENABLE);//使能 USART1, GPIOA 时钟

    //USART1_TX   GPIOA.9
    GPIO_InitStructure.GPIO_Pin = GPIO_Pin_9; //PA.9
    GPIO_InitStructure.GPIO_Speed = GPIO_Speed_50MHz;
    GPIO_InitStructure.GPIO_Mode = GPIO_Mode_AF_PP;//复用推挽输出
    GPIO_Init(GPIOA, &GPIO_InitStructure);//初始化 GPIOA.9

    //USART1_RX   GPIOA.10
    GPIO_InitStructure.GPIO_Pin = GPIO_Pin_10; //PA.9
    GPIO_InitStructure.GPIO_Mode = GPIO_Mode_IN_FLOATING;//浮空输入
    GPIO_Init(GPIOA, &GPIO_InitStructure);//初始化 GPIOA.10

    //USART1 NVIC 配置
    NVIC_InitStructure.NVIC_IRQChannel = USART1_IRQn;
    NVIC_InitStructure.NVIC_IRQChannelPreemptionPriority = 3;
    //抢占优先级为 3
    NVIC_InitStructure.NVIC_IRQChannelSubPriority = 3;
    //子优先级为 3
    NVIC_InitStructure.NVIC_IRQChannelCmd = ENABLE;//IRQ 通道使能
```

```
    NVIC_Init(&NVIC_InitStructure);//根据指定参数初始化 NVIC

    //USART 初始化设置
    USART_InitStructure.USART_BaudRate = baud;//串口波特率
    USART_InitStructure.WordLength = USART_WordLength_8b;
    //字长为 8 位数据格式
    USART_InitStructure.StopBits = USART_StopBits_1;//一个停止位
    USART_InitStructure.USART_Parity_No;//无奇偶校验位
    USART_InitStructure.HardwareFlowControl =
HardwareFlowControl_None;//无硬件数据流控制
    USART_InitStructure.USART_Mode = USART_Mode_Rx |
USART_Mode_Tx;//收发模式

    USART_Init(USART1, &USART_InitStructure);//初始化串口 1
    USART_ITConfig(USART1, USART_IT_RXNE, ENABLE);//开启串口接收中断
    USART_Cmd(USART1, ENABLE);//使能串口 1
}
```

串口中断服务程序如下：

```
#define USART_REC_LEN 200
char USART_RX_BUF[USART_REC_LEN];
uint16_t USART_RX_STA=0;
void USART1_IRQHandler(void)
{
    uint8_t Res;
    if(USART_GetITStatus(USART1, USART_IT_RXNE) != RESET){
    //接收中断接收数据必须为 0x0d、0x0a 结尾
        Res = USART_ReceiveData(USART1);//读取接收到的数据
        if((USART_RX_STA & 0x8000) == 0){//接收未完成
            if(USART_RX_STA & 0x4000){//接收到了 0x0d
                if(Res != 0x0a){
                    USART_RX_STA = 0;//接收错误，重新开始
                }else{
                    USART_RX_STA |= 0x8000;//接收完成
                }
            }else{//未收到 0x0d
                if(Res == 0x0d){
                    USART_RX_STA |= 0x4000;
                }else{
                    USART_RX_BUF[USART_RX_STA & 0X3FFF] = Res;
                    USART_RX_STA++;
                    if(USART_RX_STA > (USART_REC_LEN - 1)){
                        USART_RX_STA=0;//接收数据错误，重新接收
                    }
                }
            }
        }
    }
}
```

ZigBee 部分代码如下：

main.c 中的文件包含如下命令：

main.c 中的代码如下：

## 四、实验结果

打开 XCOM，选择 USB 转 TTL 的端口，如图 5-8 所示。设置波特率为 9600，如图 5-9 所示。完成设置后，在串口输入栏中输入“hello world”并单击右侧的“发送”，如图 5-10 所示。发送完成后，可以看到发送信息的 ZigBee 按键同侧 LED 红灯闪烁，LCD 屏显示发送的信息，如图 5-11 所示。

图 5-8　选择 USB 转 TTL 的端口

图 5-9　设置波特率为 9600

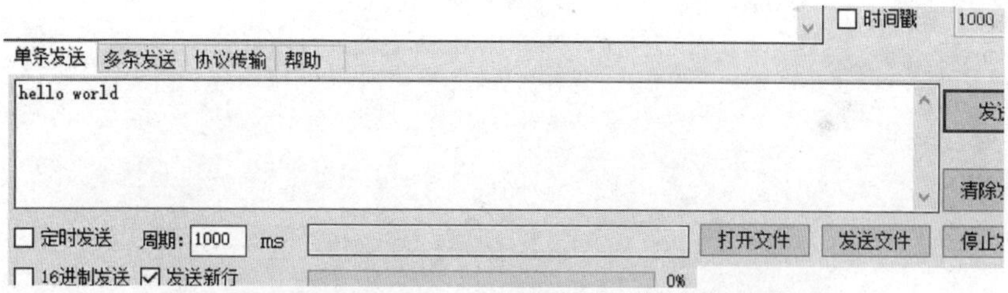


图 5-10　输入“hello world”并单击右侧的“发送”

图 5-11　LCD 屏显示发送的信息

## 第二节　本章小结

本章介绍了嵌入式通信系统中常用的无线通信方式，即 ZigBee 通信，其本质上是一种新型无线通信技术，适用于传输距离短、数据传输速率要求低的一系列电子元器件设备之间的数据传输。通过前述分析不难看出，本实验的软件程序设计过程依然需要中断技术，因此代码的大致编写思路与串口中断实验相仿。同时，本实验还涉及硬件系统的连接与设置，这是嵌入式系统设计中不可忽视的重要一环。由于本章中使用的硬件设备为现成产品，因此连接和设置方式相对单一，实验者只需要确定连接是否正确、稳固即可。但是，如果需要从零开始设计一套嵌入式系统，则需要考虑更多硬件方面的因素。

**☞本章参考资料**

[1]正点原子.STM32 不完全手册_库函数版本_V3.3，2020.

[2]刘黎明，陈天喜，陈凯.ZigBee 无线通信技术及其应用研究[J].工业技术创新，2016，3(3)：431-434.

# 第6章 ADC初步——模数转换与数字带通传输系统

自然界中实际存在的诸多物理量几乎都以模拟信号的形式存在，如电磁信号、光照强度等，因而模拟信号一直以来都被认为是对现实物理世界的最直观反映。在离散信号处理的基础理论发展完善并得到广泛应用之前，在通信系统等电子电路系统中，大多数信号都是采用模拟信号的形式进行传输与处理的，并由此形成了种类繁多、构造精妙的模拟系统。但随着实际应用场景变得越来越多样化与复杂化，单纯对模拟信号进行处理已经难以满足许多实际工程的需要。20世纪80年代中期以来，微电子学与集成电路技术逐渐发展到了一个新的高度，并且出现了较为可靠且高效的微处理器及大规模存储器，这也进一步推动了离散时间信号处理（DSP）技术的应用与发展。同时，DSP技术与微电子技术、光纤传输技术的结合，也使通信技术发生了革命性的变化，DSP技术也因此成了通信领域中一个重要的研究方向。在此背景下，ADC（模数转换器）作为连接现实物理世界与数字系统的桥梁，一直以来都是嵌入式系统、通信系统乃至集成电路领域的研究热点与难点。

本章就ADC的基本概念以及原理进行了初步讨论，并通过实际开发一个简单的嵌入式ADC系统，帮助读者理解ADC技术，以便读者能够进一步应用ADC进行嵌入式系统以及简单通信系统的开发。

## 第一节 ADC原理概述

ADC（analog to digital converter）即“模数转换器”的英文缩写，它是一类将模拟信号转换成数字信号的电子电路或电子元件，其主要作用是通过采样、量化及编码等过程①，将时间与幅值均连续的模拟信号转化成时间与幅值均离散的数字信号，从而更好地对信号进行处理。采样是指抽取原模拟信号上等时间间隔点上的数据组成时间离散的序列，

① 在实际的电路系统中，这些步骤可能会同时进行，但一般都会按照“采样→量化→编码”的顺序进行处理。

量化则是利用有限个离散的幅度值(一般是等间隔的幅度)量化采样得到离散序列,即得到幅度取值为有限数量的离散序列。编码则是按照一定的规律,将量化后的值用二进制数组成的序列表示,并转换成多进制数字信号流,用于卫星、电缆等数字通信线路中。

例如,对于一个 12 位的 ADC,其能够表示的数据个数为 4096 个,即从 0000 0000 0000 到 1111 1111 1111,因此该 ADC 在进行量化时,可以提供 4096 个离散的幅度值。如果被采集的模拟电压范围为 0～3.3 V,则 ADC 处理得到的相邻两个幅值所代表的电压就是:

$$\Delta V=\frac{V_{\max}-V_{\min}}{n-1}=\frac{3.3\ \text{V}}{4096-1}\approx 0.806\ \text{mV}$$

不难看出,如果事先不知道模拟信号的数据范围,则无法获知关于 ADC 输出数据的实际意义。因此,ADC 处理得到的只是模拟信号的相对大小,任何一个 ADC 都需要一个模拟相对参考量作为转换的标准。一般来说,ADC 位数越多,其转换精度(即分辨率)就越高。如果原模拟信号的变化幅度不大,则 AD 转换的分辨率应适当提高;如果模拟信号存在微小扰动,而这些扰动不需要在系统中出现,则 AD 转换的分辨率应适当降低以消除这些扰动的影响。图 6-1 所示为某次 AD 转换前后的波形示意图,从图中可以看出,在约 0.055 s 后,模拟信号的波动较为微小,基本不会引起 AD 转换结果的变化,说明 AD 转换的分辨率对转换结果有较大影响。因此,应当根据实际的应用场景,选择合适的分辨率。

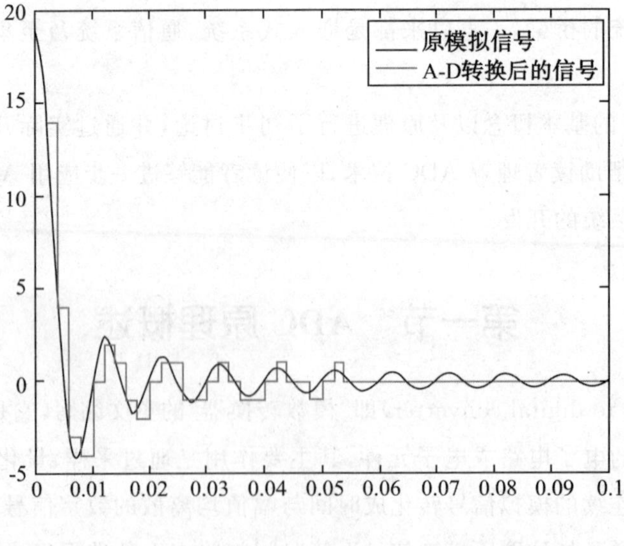


图 6-1　AD 转换前后的波形示意图

本章第三节将对上述过程进行简要的数学推导与分析。对 ADC 更深入的讨论已经超出了本书的范围,读者只需要了解 ADC 的基本功能以及处理过程即可。如果需要深入了解这方面的知识，可以参考其他专业书籍。

## 第二节　嵌入式 ADC 设计——模拟电压采集

### 一、硬件平台简介

本实验所使用的硬件平台为基于 STM32F103R 系列单片机的任何一款开发板。STM32F103R 系列单片机为意法半导体(STMicroelectronics)公司推出的 32 位 ARM 微控制器，属于常用的增强型系列微控制器，多用于全球定位系统(GPS)平台、手持设备以及视频对讲等领域相关嵌入式设备的开发。STM32F103R 系列单片机的芯片内核基于 32 位 ARM 的 Cortex-M3 开发，具有最高 72 MHz 的工作频率，同时集成了定时器、CAN、ADC、SPI、UART 等多种外设功能。

本实验采用 STM32F103RBT 单片机进行开发。STM32F103RBT 单片机拥有两个既可以独立使用，也可以使用双重模式的 ADC，此 ADC 是 12 位逐次逼近型的模数转换器，最大转换速率为 1 MHz。

### 二、软件平台简介

本实验所使用的软件平台主要为 Keil MDK5 与 STM32CubeMX。Keil MDK 在前面的章节中已经介绍过，在此不再赘述。这里仅对 STM32CubeMX 软件进行一些基本的介绍。

STM32CubeMX 是一款针对 32 位 ARM Cortex STM32 微控制器的图形工具，其既可以作为独立的应用程序使用，也可以作为集成开发环境中的插件使用。使用 STM32CubeMX 可以在整个 STM32 系列微控制器的硬件平台上进行嵌入式开发，并且可以进行简单的性能分析。

通过 STM32CubeMX，开发人员可以非常方便地完成简单的微控制器配置，包括引脚分配、时钟树设置、外设以及中间件配置等，并生成相应的初始化 C 代码与配置报告。同时，软件还支持将之前保存的配置导入新的 MCU 项目，从而轻松地切换到另一款微控制器平台上进行开发。因此，STM32CubeMX 软件的出现大大简化了传统的嵌入式开发流程，提高了开发效率，极大地减轻了开发人员的负担。

本实验采取 STM32CubeMX 与 Keil MDK5 联合开发的方法，即首先利用 STM32CubeMX 完成基本的配置，并生成基于 Keil MDK5 平台的嵌入式工程，进而在该工程的基础上完成 ADC 程序的编写，最后烧录到硬件开发平台上，完成对相关功能的实现。本实验的开发流程如图 6-2 所示。

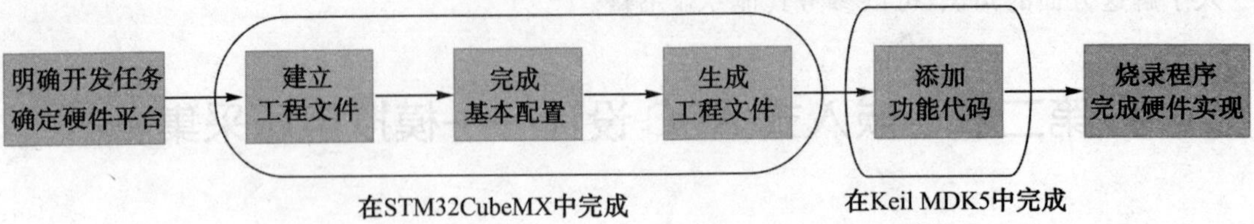


图 6-2　本实验的开发流程

## 三、实验内容与实验思路

本实验将基于 STM32F103RB，利用 MCU 内置 ADC 进行模拟电压采集，并通过串口发送至上位机显示。总体的实验过程如下：

首先，由定时器触发中断，进而执行中断回调函数。在中断回调函数内读取 ADC 的数值，并将读取的 ADC 数值通过串口发送至上位机。注意，串口发送函数应当写到 ADC 的回调函数中，以便使开发板能够不断地向上位机发送数据。在此需要指出的是，上位机将开发板向串口发送的数据看作 ASCII 码的形式，因此若要在上位机显示数据，需要在程序中将相关的数据转换成 ASCII 码。定时器的作用是触发中断，因此在配置过程中需要使能定时器中断，并根据需要设定中断优先级。此外，还需使能 ADC 模块，实现 ADC 数据的采集。其余步骤包括 RCC 的配置等，可以在 STM32CubeMX 上通过图形工具实现，不需要额外编写代码。实验程序流程可以参考图 6-3。

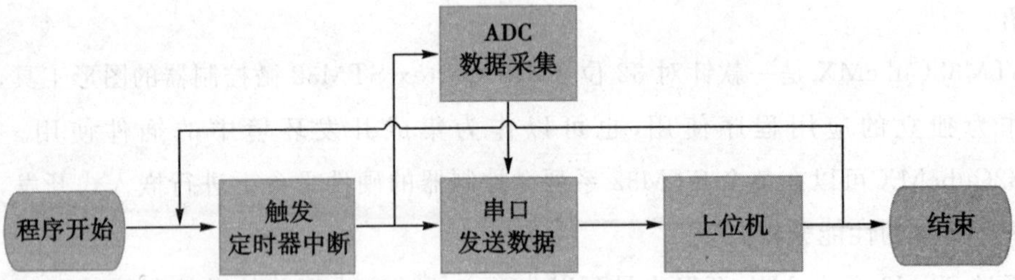


图 6-3　实验程序流程

应当强调的是，本实验只涉及软件程序的编写，而不涉及开发板硬件的配置。部分厂商研制的开发板对 MCU 的硬件外设有不同的处理方式，具体的硬件配置应当参考厂商提供的硬件说明。

## 四、实验设计

首先在 STM32CubeMX 平台上建立工程，包括创建工程、完成基本配置与生成工程文件，具体步骤如下：

第一步，选择“ACCESS TO MCU SELECTOR”，即基于 MCU 建立工程，如图 6-4 所示。

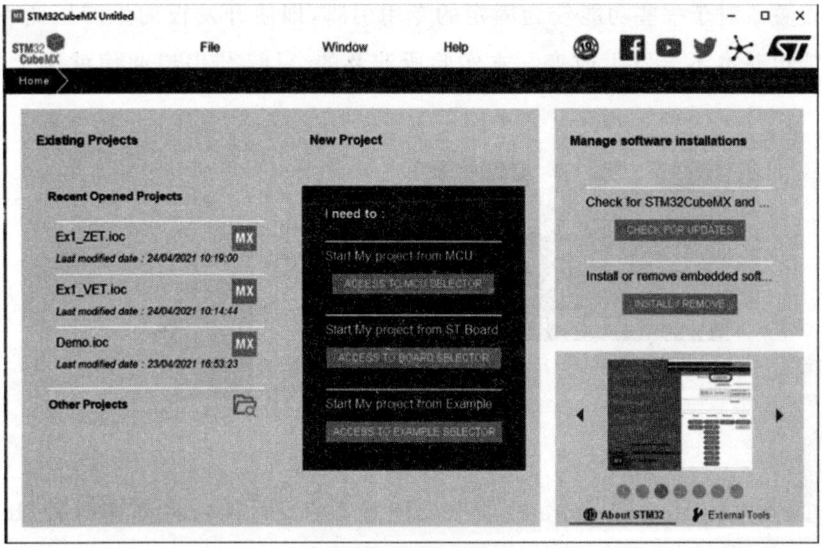


图 6-4　建立工程

第二步，选择芯片类型为 STM32F103RBTx，如图 6-5 所示。双击相应的芯片名称，即可进入配置界面。对于常用的芯片类型，还可以对其进行收藏标注(单击表格左侧的星号即可)。

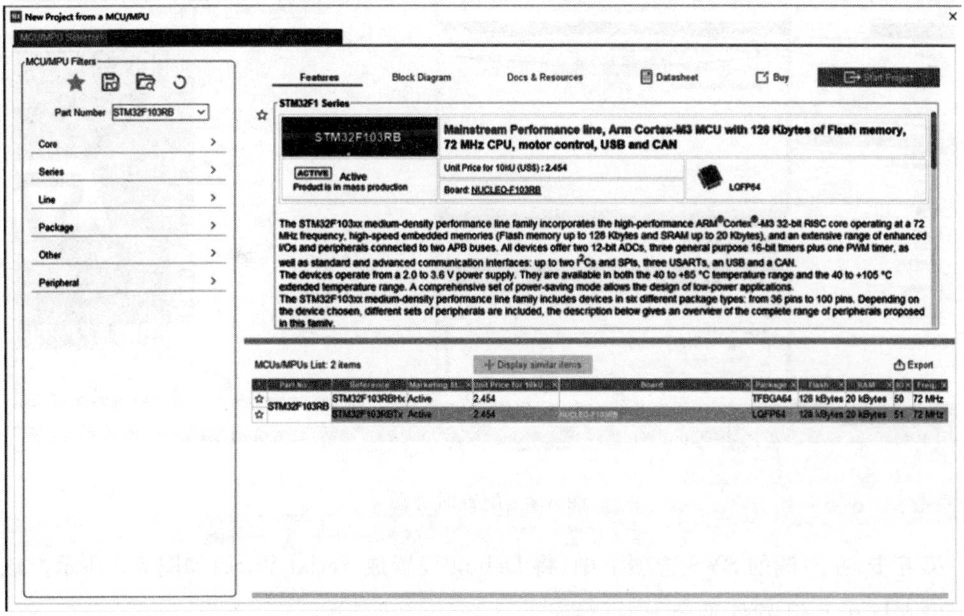


图 6-5　选择芯片类型

第三步，根据引脚分配图选择引脚配置。此处需要配置的引脚有 ADC 引脚与串口通信引脚，配置如图 6-6 所示。注意，对于不同厂商的开发板，引脚分配一般不同，因此厂商都会提供本厂各型号开发板的引脚分配表，在此应当根据实际使用的开发板进行引脚的分配与设置。对于一些功能较为固定的专用引脚，即使开发板的生产厂商不同，这些引脚的功能也基本不会发生改变。本实验所涉及的 ADC 与串口通信就属于这种引脚类型。

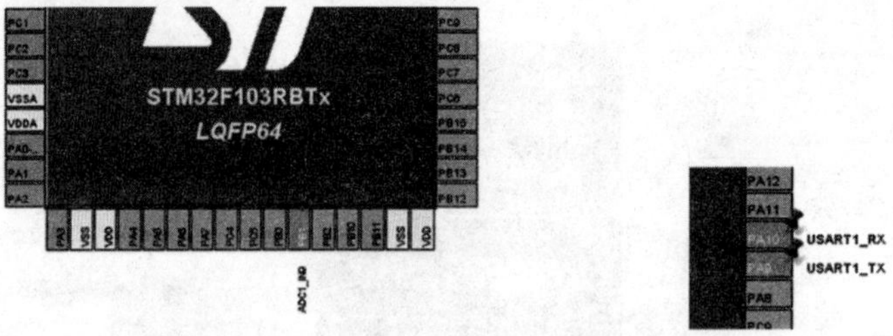


图 6-6　配置引脚

第四步，在左侧 System Core 选项卡中配置 RCC(时钟)，将高速时钟(high speed clock，HSE)配置为外部晶振①，如图 6-7 所示。可以看出，右侧芯片视图中的 PD0 与 PD1 引脚已经自动配置了相应的引脚模式。

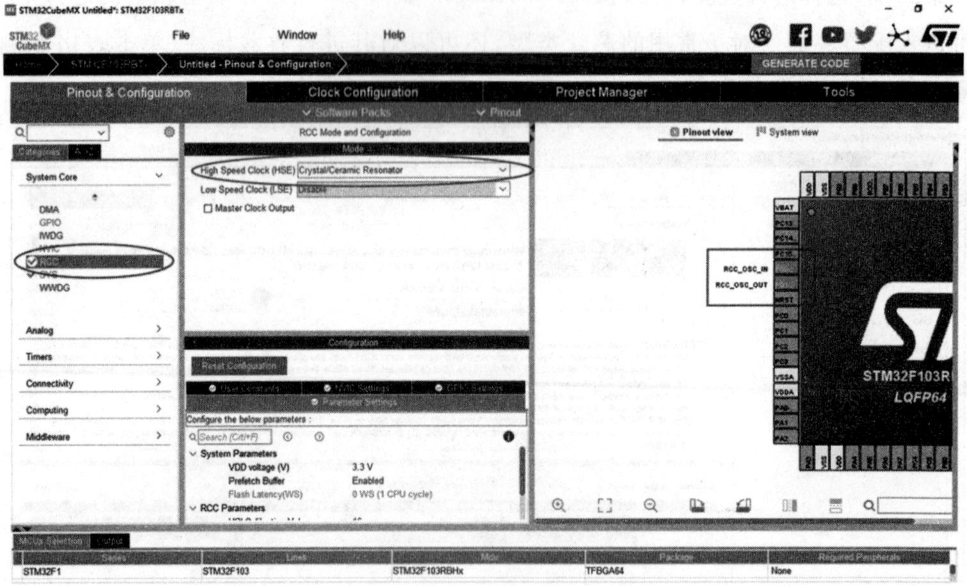


图 6-7　配置时钟源

第五步，在左侧的 SYS 选项卡中，将 Debug 设置成 Serial Wire，如图 6-8 所示。该设置可以支持在 Keil 软件平台上的仿真。

① 外部晶振可以为 MCU 提供稳定的时钟源。

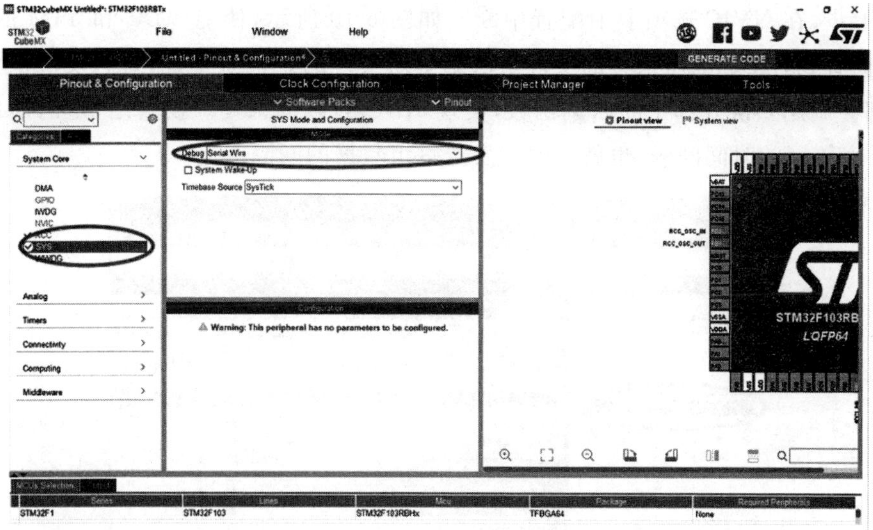


图 6-8　设置 SYS 选项

第六步,对定时器进行设置,使定时器定时时间为 1 s。如图 6-9 所示,设置时钟源为内部时钟,并配置预分频系数 Prescaler(PSC - 16 bits value)为 7199,自动重载值 Counter Period(AutoReload Register - 16 bits value)为 4999,同时使能 auto-reload preload。定时器中断的定时时间由第 2 章中的式 2-1 给出,注意此处的 *TIM_CLK* 为分频前的初始时钟频率,为 72 MHz。

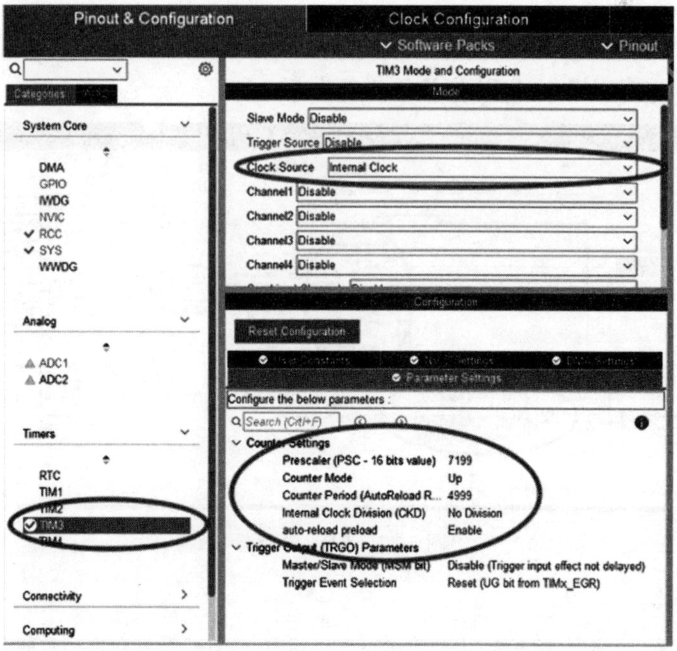


图 6-9　定时器配置

第七步，在 NVIC 选项卡中配置中断。如图 6-10 所示，使能 ADC 和 TIM 的中断。后面将会看到，ADC 电压采集的实现是依靠中断实现的。也就是说，每触发一次定时器中断，都会调用一次外部中断回调函数，实现 ADC 的数据采集。换言之，定时时间就是 ADC 采集数据的时间间隔，也就是串口发送每组数据的间隔。①

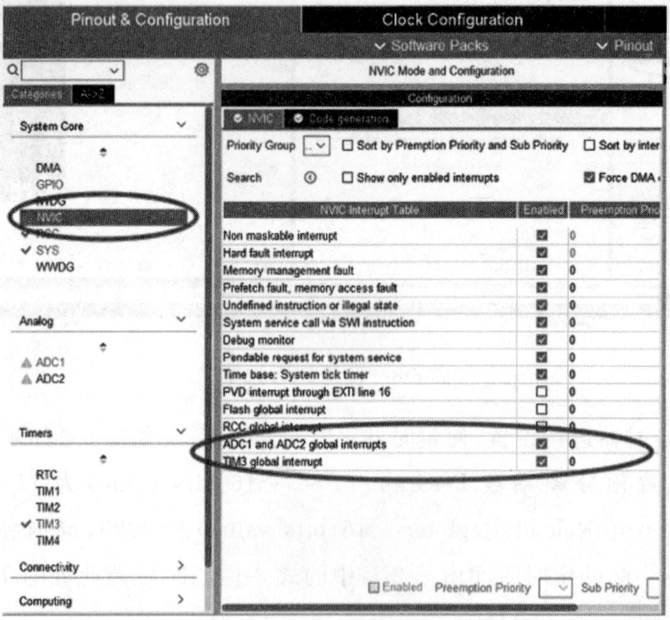


图 6-10　中断配置

第八步，在 Clock Configuration 选项卡中进行时钟树配置，如图 6-11 所示。将时钟源选择为 HSE，并使用锁相环 PLLCLK 进行分频。

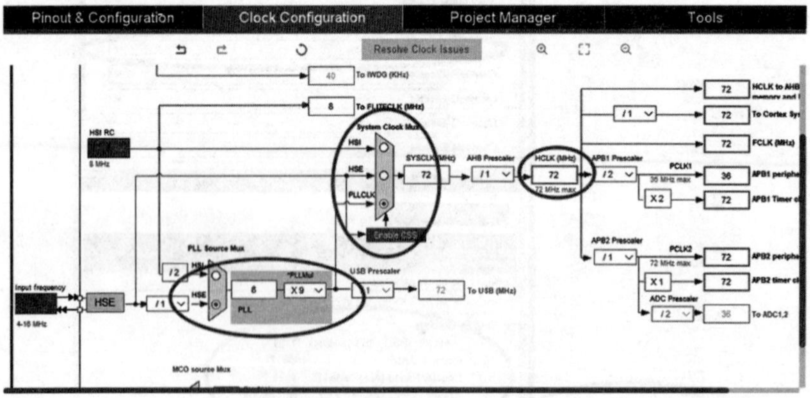


图 6-11　时钟树配置

① 由于此处采用一个中断系统，因此将串口发送函数与 ADC 数据获取函数的调用写入一个中断回调函数中。读者也可以设定两个中断，实现不同频率的串口发送与数据读取，但这样会使 ADC 采集频率与串口发送频率不一致，导致接收到的数据相对于采集到的数据出现延迟。

第九步，在 Project Manager 选项卡中进行工程文件相关参数的设置。将工程命名为 ADC，并选择保存工程的路径；同时，设置 IDE(集成开发环境)为 MDK-ARM，并选择相应的软件版本号，如图 6-12 所示。最后，单击“GENERATE CODE”生成代码与工程文件，至此工程已经建立完毕，并且已经完成了基本的配置环节。

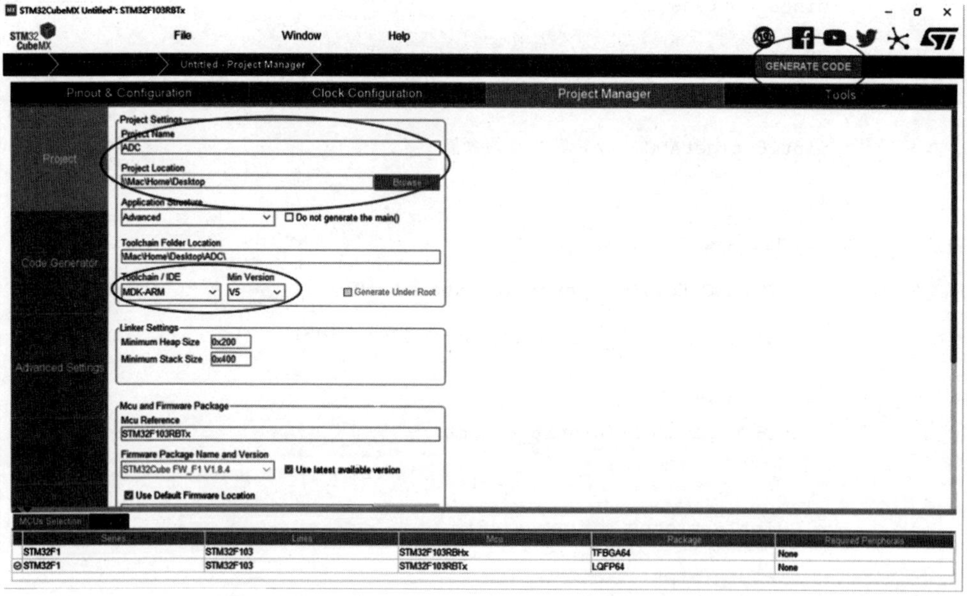


图 6-12　设置工程文件

完成上述步骤后，打开工程文件，可以看到在工程文件中已经存在若干代码，并且有相当数量的注释，以便用户在适当的位置添加代码。下面展示如何在主函数中添加代码，以实现 ADC 电压采集功能①，读者可以通过注释找到相应的位置，修改或添加程序代码。

(1)进行 ADC 校准的代码如下：

```
/* USER CODE BEGIN ADC1_Init 2 */
  HAL_ADCEx_Calibration_Start(&hadc1);
/* USER CODE END ADC1_Init 2 */
```

(2)开启定时器中断的代码如下：

```
/* USER CODE BEGIN TIM3_Init 2 */
  HAL_TIM_Base_Start_IT(&htim3);
/* USER CODE END TIM3_Init 2 */
```

① 本实验中采集的模拟电压量范围为 0～3.3 V，读者在编写程序进行换算时，应当根据实际测量的模拟量范围，更改代码中的相关数据。

(3)编写 ADC 数据获取函数、定时器中断回调函数以及串口回调函数并声明相关变量，包括向上位机发送的数组以及数组相关内容的定义赋值的代码如下：

```
/* USER CODE BEGIN 4 */
uint8_t trans[23];
volatile float vol;//声明换算之后的实际电压值
uint16_t value;
uint16_t getADC()//获取 ADC 的数值
{
    HAL_ADC_Start(&hadc1);
    HAL_ADC_PollForConversion(&hadc1,10);
    return (uint16_t)HAL_ADC_GetValue(&hadc1);
}
uint16_t getASCII(uint16_t inpt)
{
    uint16_t otpt = inpt + 48;
    return otpt;
}//ASCII 码转换函数
void HAL_TIM_PeriodElapsedCallback(TIM_HandleTypeDef *htim)
{
    if(htim == &htim3)
    {
        value = getADC();
        vol = value * 3.3 / 4095;//换算得到真实电压值 vol
        trans[0] = 84;       //T
        trans[1] = 104;      //h
        trans[2] = 101;      //e
        trans[3] = 32;       //
        trans[4] = 118;      //v
        trans[5] = 111;      //o
        trans[6] = 108;      //l
        trans[7] = 116;      //t
```

```
        trans[8] = 97;        //a
        trans[9] = 103;       //g
        trans[10] = 101;      //e
        trans[11] = 32;       //
        trans[12] = 105;      //i
        trans[13] = 115;      //s
        trans[14] = 32;       //
    /*以下内容为依次取出电压值 vol 的各个项，并将其分别赋值给 trans 的各个位*,
        trans[15] = getASCII((uint16_t)vol);//取出电压 vol 的最高位并
值
        vol *= 10;
        trans[16] = 46;//小数点
        trans[17] = getASCII((uint16_t)vol % 10);
        vol *= 10;
        trans[18] = getASCII((uint16_t)vol % 10);
        vol *= 10;
        trans[19] = getASCII((uint16_t)vol % 10);
        trans[20] = 86;//V
        trans[21] = 13;//换行
        trans[22] = 10;//换行
        HAL_UART_Transmit_IT(&huart1,(uint8_t*)trans,sizeof(trans));
    }
}
/* USER CODE END 4 */
```

**注意:**

上位机默认接收到的数据是 ASCII 码的形式，因此在显示之前需要进行更改。可以编写上述 ASCII 码转换函数，显示串口数据。

最后，将工程烧录进开发板中，注意这一步操作应当在 Keil MDK 的工程文件中进行，并确保开发板与上位机之间的稳定连接，同时调配好相关的硬件参数。

### 五、实验结果

本实验设定发送任意一个字符，触发串口中断，开发板向上位机发送一次 ADC 的值。串口发送回来的数据如图 6-13 所示。[①] 可以看出，由于设定定时器中断时间为 1 s，因此串口每隔 1 s 就会发送一次数据进行显示。同时，由于 ADC 的采集频率也是 1 s，因此采集到的电压数据是实时的，不存在延迟。

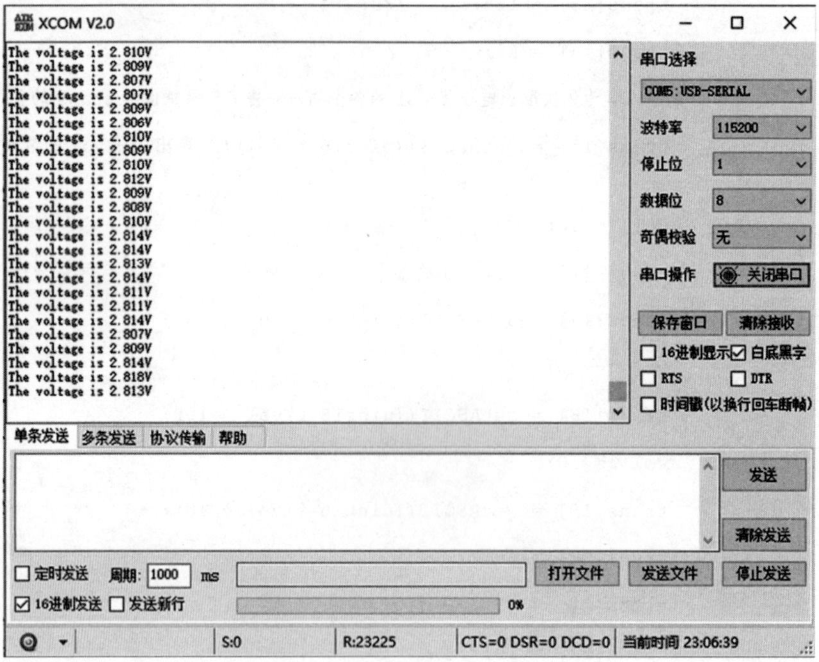


图 6-13　串口发送至上位机的结果

## 第三节　ADC 应用——数字基带信号的产生与调制

前述各小节就 ADC 的基本原理进行了介绍，并基于 Keil MDK 平台实现了基本的 ADC 功能，完成了简单模拟电压量的采集。读者将来在进行通信系统设计时，如果需要利用 ADC，可根据实际需求借鉴或直接调用前述模块，完成相应的功能。需要指出的是，本章第二节所涉及的被采集模拟电压可以是来源于通信系统中任意类型的模拟量。本节将基于前述的基本原理，介绍 ADC 在数字通信系统中的应用，以正弦模拟信号作为模拟信号源，在 MATLAB 平台上将模拟信号通过 ADC 转换成数字基带信号，最后进行 MASK(多进制振幅键控)调制的通信系统仿真实验设计。

① 此处若用到串口助手，可以从开源电子网 http://www.openedv.com 上获得。

## 一、MASK 简介

所谓“数字调制”，是指将数字基带信号变换为数字带通信号的过程，包括振幅键控(ASK)、频移键控(FSK)与相移键控(PSK)三种主要的调制方式。其中，ASK 是指利用基带信号对载波(一般为正弦信号)的幅度进行调制，若基带信号有 $M$ 种取值，则载波的幅度受到调制后也有 $M$ 种状态，此时可以将该调制方式称为“多进制振幅键控”，英文缩写为 MASK。

设单极性非归零基带信号的时域表达式为：

$$s(t) = \sum_n a_n g(t - nT_B) \tag{6-1}$$

式中，$T_B$ 为码元持续时间，$g(t)$ 为宽度为 $T_B$、高度为 1 的矩形脉冲，$a_n$ 为第 $n$ 个数字序列的取值。对于 MASK，$a_n$ 有 $M$ 种取值，即：

$$a_n = \begin{cases} 0 & \text{概率为 } P_0 \\ 1 & \text{概率为 } P_1 \\ 2 & \text{概率为 } P_2 \\ & \cdots \\ M-1 & \text{概率为 } P_{M-1} \end{cases} \tag{6-2}$$

由此构成的 MASK 信号的时域表达式为：

$$e_{\text{MASK}}(t) = s(t)\cos\omega_c t = \left[\sum_n a_n g(t - nT_B)\right]\cos\omega_c t \tag{6-3}$$

以 4ASK 为例，其波形调制原理如图 6-14 所示，其中基带信号序列 $\{a_n\}$ 取值为 $\{2,0,1,3,\cdots\}$。

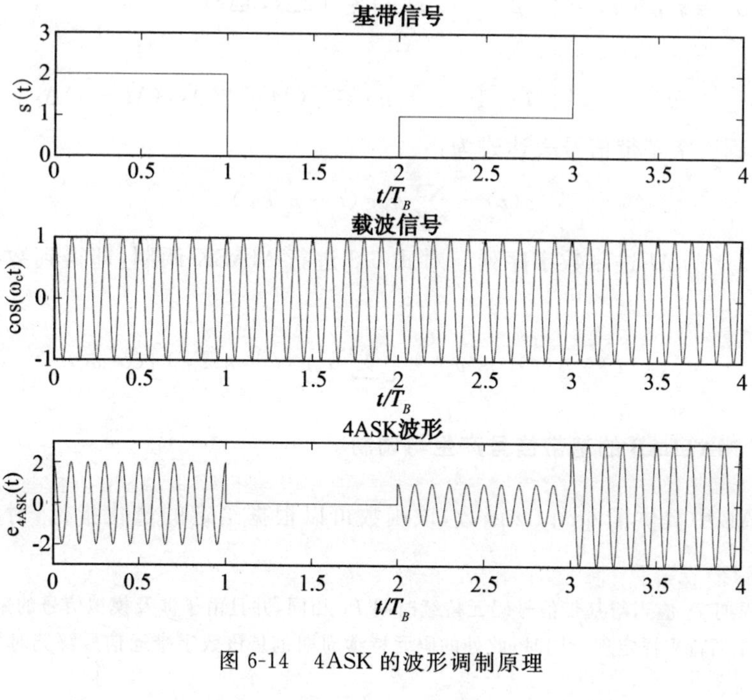


图 6-14　4ASK 的波形调制原理

从图 6-14 中可以看出，MASK 在正半轴的包络可以反映出基带信号的大小，这也是其称为“振幅键控”的原因。

## 二、数字基带信号的产生与调制

本章第一节介绍了 ADC 的基本原理，即通过采样、量化、编码等过程将模拟信号转换成数字信号。本节将以数字通信系统中常用的数字带通传输系统为例，从数学的角度进一步讨论 ADC 的基本原理与过程，以便读者理解后续的 MATLAB 操作。

为便于读者理解 MATLAB 的编程思路，有必要对 AD 转换过程进行数学化描述。首先进行模拟信号的采样，设模拟信号为 $s_a(t)$ ，采样周期①为 $T_B$ ，则采样信号为：

$$s_a(t)\,\delta_T(t)=s_a(t)\sum_{n=-\infty}^{\infty}\delta(t-nT_B)=\sum_{n=-\infty}^{\infty}s_a(nT_B)\delta(t-nT_B) \tag{6-4}$$

进而得到如下的采样序列：

$$s(n)=s_a(nT_B) \tag{6-5}$$

然后进行量化，令 ADC 位数为 $N$ ，则 ADC 精度为：

$$\Delta s=\frac{\max\{s(n)\}-\min\{s(n)\}}{2^N-1}=\frac{\max\{s(n)\}-\min\{s(n)\}}{M-1} \tag{6-6}$$

式中，$M=2^N$ 。进而得到模拟信号经 AD 转换后的 $M$ 进制基带序列表达式如下：

$$a_n=s_{ADC}(n)=\begin{cases}0 & s(n)\in[0,\Delta s)\\ 1 & s(n)\in[\Delta s,2\Delta s)\\ 2 & s(n)\in[2\Delta s,3\Delta s)\\ & \cdots\\ M-1 & s(n)\in[(M-2)\Delta s,(M-1)\Delta s]\end{cases} \tag{6-7}$$

整理，得到数字基带信号表达式为：

$$s(t)=\sum_{n}a_n g(t-nT_B) \tag{6-8}$$

式中，$\{a_n\}$ 为 $M$ 进制数字序列。对式 6-8 进行 MASK 调制，即得到数字带通信号表达式为：

$$e_{\text{MASK}}(t)=s(t)\cos\omega_c t=\Big[\sum_{n}a_n g(t-nT_B)\Big]\cos\omega_c t \tag{6-9}$$

## 三、基于 MATLAB 的基带信号产生与调制

MATLAB 中提供了 quantiz 函数，该函数可以根据给定的量化指标，对输入的数据

---

① 采样周期 $T_s$ 应当与基带信号码元持续时间 $T_B$ 相同，并且由于涉及模拟信号的采样，因此该周期还应满足奈奎斯特采样定理。同时，此处的码元持续周期也是该数字带通信号解调时抽样判决的时钟周期。

进行量化，具体语法如下：

```
[index, quants] = quantiz(sig, partition, codebook)
```

其中，sig 为输入的待量化模拟信号，partition 为量化区间，codebook 为各量化区间的取值编码。该函数将返回 index 与 quants 两个矢量，分别为量化的水平与量化结果。

参考上一小节的分析，编写 MATLAB 程序如下。这里设定原模拟信号为 $x(t)=4\cos(0.04\pi t)$，采样周期 $T_B=1$。

```
L = 50;% 采样点个数
TB = 1;% 码元持续时间（采样周期）
n = 0 : TB : (L - 1);% 时域横轴数列
x = 4 * cos(2 * pi * 0.02 * n);% 采样后的信号
bit = 4;% ADC位数
range = 2^bit;% AD转换后的状态数
subplot(3, 1, 1);
plot(x);% 绘制模拟信号波形
hold on
stem(x, ".");% 绘制采样信号波形
title("模拟信号及其采样信号");
xlabel("t");
ylabel("s_a(t)");
legend("原模拟信号","采样信号");
set(gca, 'ytickmode', 'manual', 'ytick', partition);
grid on
interval = (max(x) - min(x))/(range-1);
% 计算转换参考值（精度）
partition = min(x) : interval : max(x);
% partition为幅值量化区间
codebook = 0 : 1 : range;
% codebook为各幅值区间的转换值，此处从0开始向上取值
[index, quants]= quantiz(x, partition, codebook);
% AD转换（量化）
subplot(3, 1, 2);
stairs(n, quants);% 绘制基带信号（AD转换后的信号）
title("量化后的信号（单极性非归零基带信号）");
xlabel("t");
ylabel("s(t)");
set(gca, 'ytickmode', 'manual', 'ytick', 0 : 1 : max(quants));
grid on
subplot(3, 1, 3);
dt = 0.001;
t = 0 : dt : L - dt;
a = zeros(1, length(t));
d = length(t) / length(index);
for i = 0 : 1 : (length(index) - 1)
    a((1 + i * d) : (d * (i + 1))) = quants(i + 1);
end
```

```
wc = 5;
fc = cos(2 * pi * wc * t);% 载波
e = a.*fc;% MASK表达式
plot(t, e);% 绘制MASK波形
hold on
stairs(n, quants);
title("MASK信号波形");
xlabel("t");
ylabel("e_M_A_S_K(t)");
legend("MASK波形","基带信号波形");
```

MASK 调制前后的波形如图 6-15 所示。

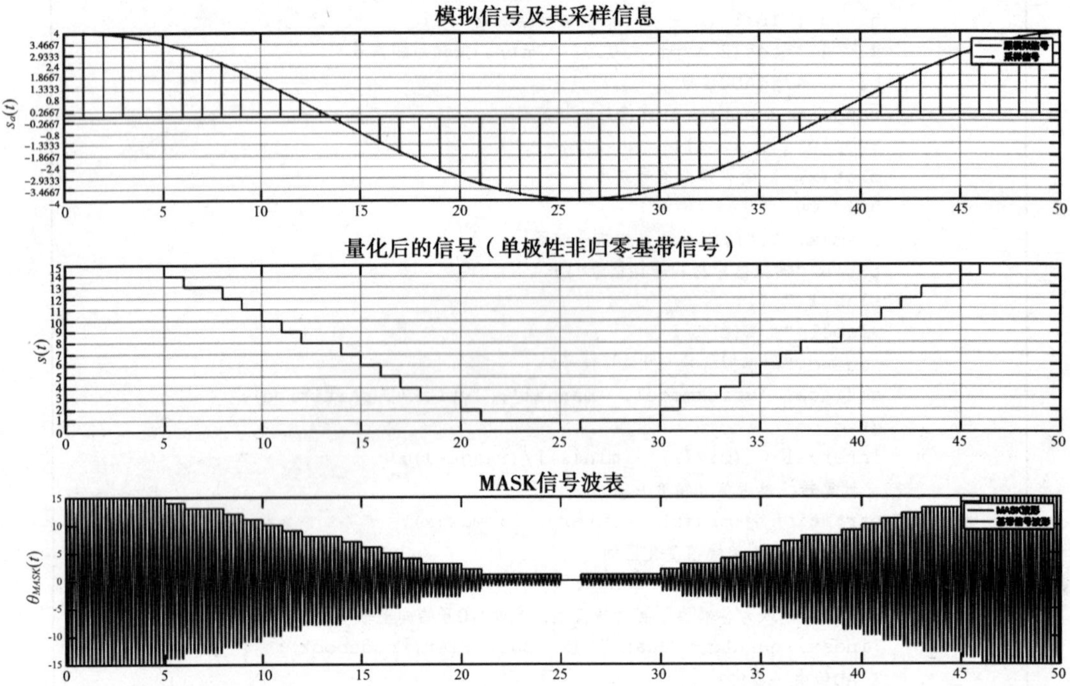


图 6-15　MASK 调制前后的波形

从图 6-15 中不难看出，原模拟正弦信号进行了 4 位 AD 转换，获得 16 个状态，分别编码为 0～15。基带信号调制得到的 MASK 信号的波形包络与基带信号相同，但由频率相同、幅值不同的高频载波构成，因此实现了频谱的搬移。

需要指出的是，此处将 codebook 设定为 0 到 range 的递增序列，将导致 quants 与 index结果相同，因此从功能上考虑，可以将量化的代码直接替换为下面的代码：

```
index = quantiz(x, partition, codebook);
```

相应地，也要将程序中所有的 quants 用 index 代替。这里没有如此设计的原因是考虑到程序的灵活性与普适性，即如果需要进行不同类型的量化编码，只需对原程序中的

codebook 向量进行相应的更改即可。

## 第四节　本章小结

ADC 是将模拟信号转换成数字信号的转换器，在通信系统中常常用于将传感器采集到的模拟通信数据转换成数字信号，从而进行进一步的运算处理，得到各类通信数据。由于数字信号可以通过微处理器进行快速、高效的运算，因此实际通信系统中的模拟量一般不会直接进行运算，而是通过 ADC 转换成数字信号，然后利用微处理器进行运算，最后再通过数模转换器转换成模拟信号或者直接输出。本章介绍的数字带通传输系统实验就是对这一过程的展示。

☞**本章参考资料**

[1]朱新宇，高丽霞，刘璐，等.飞行电学基础[M].北京：中国民航出版社，2017.
[2]STMicroelectronics. The high-density STM32F103xx datasheet，2011.
[3]STMicroelectronics. STM32F10x_StdPeriph_Driver 固件库手册 3.5.0.
[4]樊昌信，曹丽娜.通信原理[M].7 版.北京：国防工业出版社，2013.

# 第7章 外部中断实验

外部中断是单片机实时处理外部事件的一种内部机制。当某种外部事件发生时，单片机的中断系统将迫使 CPU 暂停正在执行的程序，转而去处理中断事件；中断事件处理完毕后，又返回被中断的程序处，继续执行下去。对于导航系统的通信模块来说，作为单片机最基本的内部机制之一，外部中断同样是不可或缺的功能，能否正确使用外部中断，关系着导航系统能否与外部正常通信，或者外设能否正常发挥功能，因此，掌握好外部中断的使用至关重要。

## 第一节 外部中断实验的原理

本章采用 STM32F103RBT6NANO 开发板进行外部中断的实验及最基本的操作。本章将介绍如何将 STM32 的 IO 口作为外部中断输入，并将以中断的方式，利用板载的四个按键来控制板载的两个 LED 灯的亮灭。

### 一、外部中断

首先介绍 STM32 的 I/O 中断的一些基础概念。STM32 的每个 IO 口都可以作为外部中断的中断输入口，这也是 STM32 在功能上的强大之处。STM32F103 的中断控制器支持 19 个外部中断事件请求，每个中断都设有状态位，对每个中断事件都有独立的触发和屏蔽设置。STM32F103 的 19 个外部中断线为：

(1)线 0～15：对应外部 IO 口的输入中断。

(2)线 16：连接到 PVD 输出。

(3)线 17：连接到 RTC 闹钟事件。

(4)线 18：连接到 USB 唤醒事件。

从上面可以看出，STM32 供 IO 口使用的中断线只有 16 个，但是 STM32 的 I/O 却远远不止 16 个，那么 STM32 是如何把 16 个中断线和 I/O 一一对应的呢？其采取的设计是让 GPIO 的管脚 GPIOx.0～GPIOx.15(x＝A,B,C,D,E,F,G)分别对应中断线 0～15。这样，每个中断线对应了最多 7 个 I/O，以线 0 为例，它对应了 GPIOA.0、GPIOB.0、GPIOC.0、GPIOD.0、GPIOE.0、GPIOF.0、GPIOG.0；而中断线每次只能连接到 1 个 I/O

上，这样就需要通过配置来决定对应的中断线配置到哪个 GPIO 上了。图 7-1 所示为 GPIO 与中断线的映射关系。

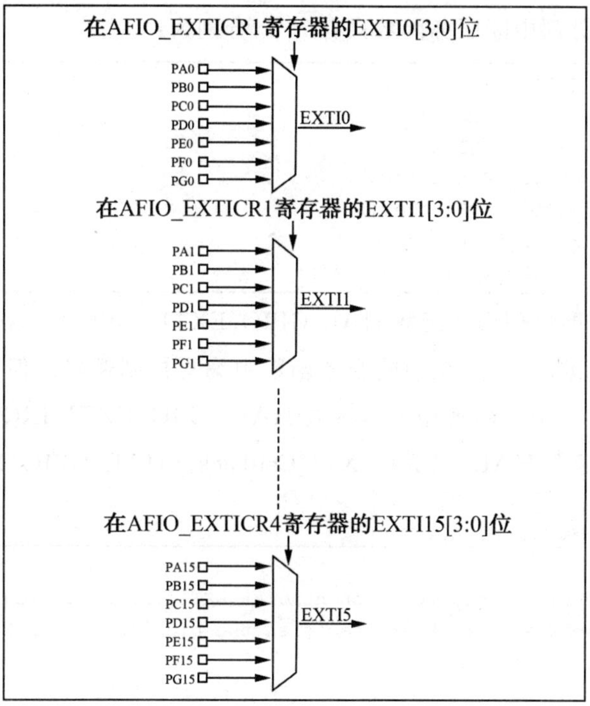


图 7-1　GPIO 与中断线的映射关系

下面介绍 HAL 库外部中断的配置方法（HAL 库外部中断相关函数定义在 stm32f1xx_hal_exti.h 和 stm32f1xx_hal_exti.c 文件中），具体的步骤如下：

第一步，使能 IO 口时钟。首先要使用 IO 口作为中断输入，应当使能响应的 I/O 时钟，具体的操作方法与 RS485 通信实验一致，这里不再过多讲解。

第二步，设置 IO 模式，触发条件，设置 IO 口与中断线的映射关系。在 HAL_GPIO_Init 中完成这些设置，代码如下：

```
GPIO_InitTypeDef GPIO_Initure;
GPIO_Initure.Pin=GPIO_PIN_0;                    //PA0
GPIO_Initure.Mode=GPIO_MODE_IT_RISING;    //上升沿触发
GPIO_Initure.Pull=GPIO_PULLDOWN;  //默认下拉
HAL_GPIO_Init(GPIOA,&GPIO_Initure);
```

第三步，配置中断优先级 NVIC，并使能中断，代码如下：

```
HAL_NVIC_SetPriority(EXTI0_IRQn,2,2);//抢占优先级为 2，子优先级为 2
HAL_NVIC_EnableIRQ(EXTI0_IRQn);        //使能中断线 0
```

第四步，编写中断服务函数。配置完中断优先级之后，接着要做的就是编写中断服务函数。中断服务函数的名字是在 HAL 库中事先有定义的。这里需要说明一下，STM32F1 的 IO 口外部中断服务函数只有 7 个，分别为：

```
Void EXTI0_IRQHandler();
Void EXTI1_IRQHandler();
Void EXTI2_IRQHandler();
Void EXTI3_IRQHandler();
Void EXTI4_IRQHandler();
Void EXTI9_5_IRQHandler();
Void EXTI15_10_IRQHandler();
```

第五步，编写中断处理回调函数 HAL_GPIO_EXTI_Callback。在使用 HAL 库的时候，也可以像使用标准库一样，在中断服务函数中编写控制逻辑。但是，HAL 库为了用户使用方便，提供了一个中断通用入口参数 HAL_GPIO_EXTI_IRQHandler，在该函数内部直接调用回调函数 HAL_GPIO_EXTI_Callback。HAL_GPIO_EXTI_IRQHandler 函数定义如下：

```
/**
  * @brief  This function handles EXTI interrupt request.
  * @param  GPIO_Pin: Specifies the pins connected EXTI line
  * @retval None
  */
void HAL_GPIO_EXTI_IRQHandler(uint16_t GPIO_Pin)
{
  /* EXTI line interrupt detected */
  if (__HAL_GPIO_EXTI_GET_IT(GPIO_Pin) != 0x00u)
  {
    __HAL_GPIO_EXTI_CLEAR_IT(GPIO_Pin);
    HAL_GPIO_EXTI_Callback(GPIO_Pin);
  }
}
```

HAL_GPIO_EXTI_IRQHandler 函数实现的作用非常简单，就是清除中断标志位，然后调用回调函数 HAL_GPIO_EXTI_Callback()实现控制逻辑。所以编写中断控制逻辑与 RS485 通信实验类似，都是在中断服务函数中直接调用外部中断共用处理函数 HAL_GPIO_EXTI_IRQHandler，然后在回调函数 HAL_GPIO_EXTI_Callback 中，通过判断中断是来自哪个 IO 口，编写相应的中断服务控制逻辑。

进入回调函数，可以看出这是一个弱函数：

```
/**
  * @brief  EXTI line detection callbacks.
  * @param  GPIO_Pin: Specifies the pins connected EXTI line
  * @retval None
  */
__weak void HAL_GPIO_EXTI_Callback(uint16_t GPIO_Pin)
```

```
{
  /* Prevent unused argument(s) compilation warning */
  UNUSED(GPIO_Pin);
  /* NOTE: This function Should not be modified, when the callback is
needed,
           the HAL_GPIO_EXTI_Callback could be implemented in the user
file
   */
}
```

通过以上五个步骤,外部中断设置就完成了。我们所要实现的功能是用开发板上的KEY_UP键同时控制DS0和DS1两个LED灯,每按一次,两个LED灯的状态就同时翻转;KEY0键单独控制DS0的翻转,KEY1键单独控制DS1的翻转。KEY2键控制蜂鸣器,按一次蜂鸣器鸣叫,再按一次蜂鸣器停止鸣叫。

## 二、硬件设备

本实验用到的硬件设备有如下几种:

(1)两个指示灯DS0、DS1。

(2)四个按键KEY0、KEY1、KEY2和KEY_UP。

(3)两台蜂鸣器DS0、DS1。

以上硬件设备的连接如下:DS0接PC0,DS1接PC1,如图7-2所示。

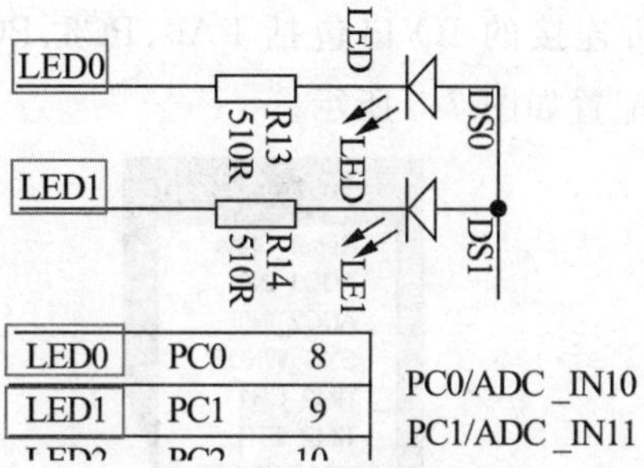


图7-2　本实验硬件设备的连接

在NANO STM32开发板上的按键KEY0连接在PC8上,KEY1连接在PC9上,KEY2连接在PD2上,KEY_UP连接在PA0上,如图7-3所示。

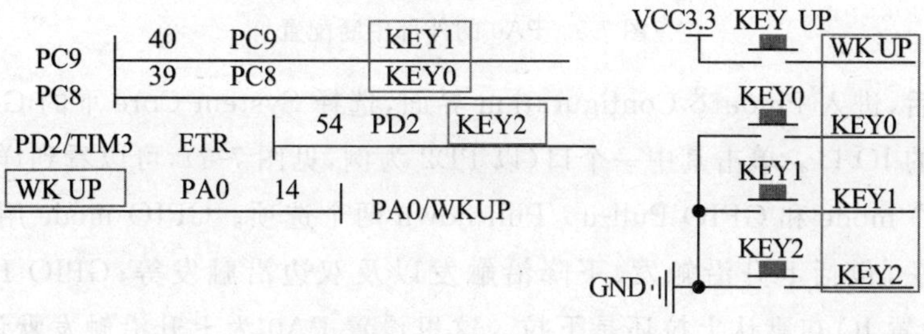


图7-3　按键连接方式

注意:KEY0、KEY1 和 KEY2 是低电平有效的,而 KEY _UP 是高电平有效的,并且外部都没有上/下拉电阻,所以需要在 STM32 的内部设置上/下拉。蜂鸣器的驱动信号连接在 STM32 的 PB8 上,如图 7-4 所示。

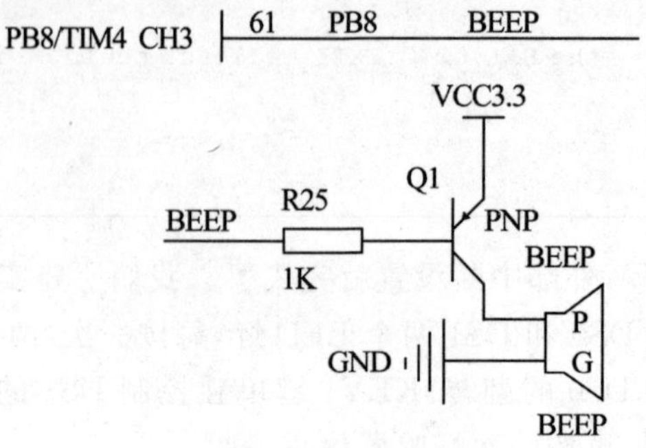


图 7-4　蜂鸣器原理图

# 第二节　程序设计

## 一、STM32CubeMX 配置外部中断

本实验中用到的中断线所连接的 IO 口包括 PA0、PC8、PC9 和 PD,其设置方法类似,以 PA0 为例,其外部中断配置如图 7-5 所示。

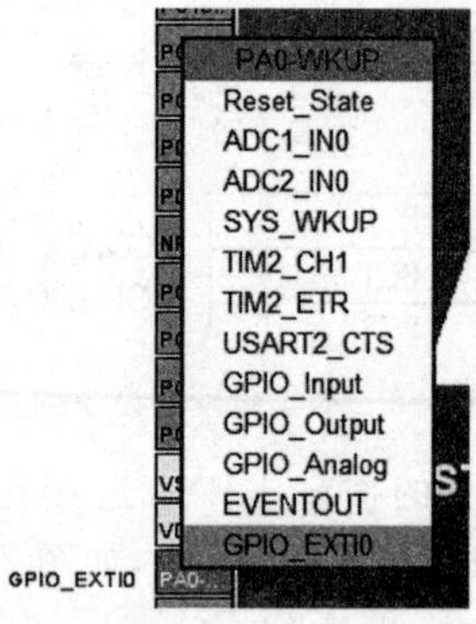


图 7-5　PA0 的外部中断配置

配置好后,进入 Pinout&Configuration 界面,选择 System Core 下的 GPIO,可以看到已经选择的 IO 口。单击其中一个口(以 PD2 为例,见图 7-6),可以看到详细配置页面中包含 GPIO mode 和 GPIO Pull-up/Pull-down 两个选项。GPIO mode 用来设置外部中断触发方法,包括上升沿触发、下降沿触发以及双边沿触发等;GPIO Pull-up/Pull-down 用来设置 IO 口默认上拉还是下拉。这里设置 PA0 为上升沿触发默认下拉,其余三个口设置为下降沿触发默认上拉。

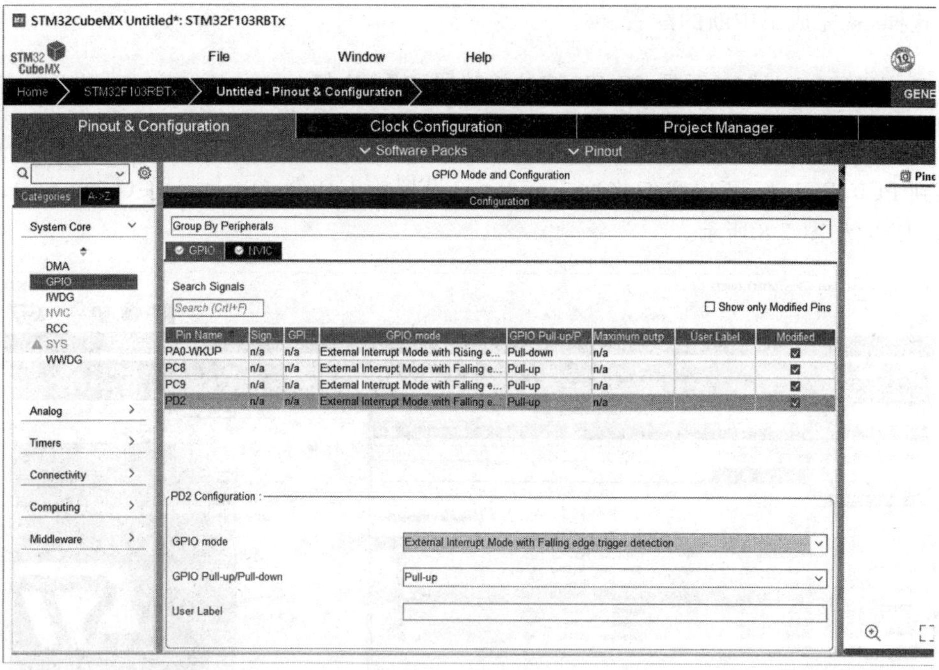

图 7-6　配置按键

接下来单击“System Core”→“NVIC”，进行中断优先级的配置。可以看到有三个中断线，这是因为前面开启了四个 IO 外部中断(对应三个外部中断线)。我们首先需要在 Priority Group 中选择抢占优先级为 2，子优先级为 2，再按照如图 7-7 所示的配置，分别设置好三个中断线的优先级。

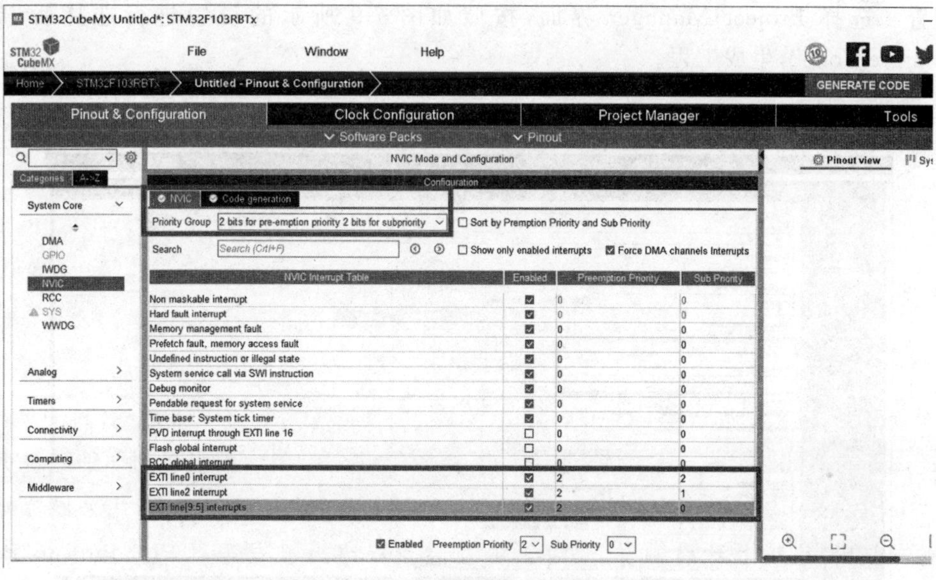

图 7-7　配置 NVIC

这样，就完成了中断的配置。

## 二、STM32CubeMX 配置 IO 口，控制蜂鸣器和 LED 灯

从前面的硬件配置中可以看出，蜂鸣器是连接到 PB8 上，LED 灯 DS0、DS1 分别是连接到 PC0、PC1 上，所以我们将这三个 IO 口设置为 GPIO_Output，将 Output level 更改为 High，如图 7-8 所示。

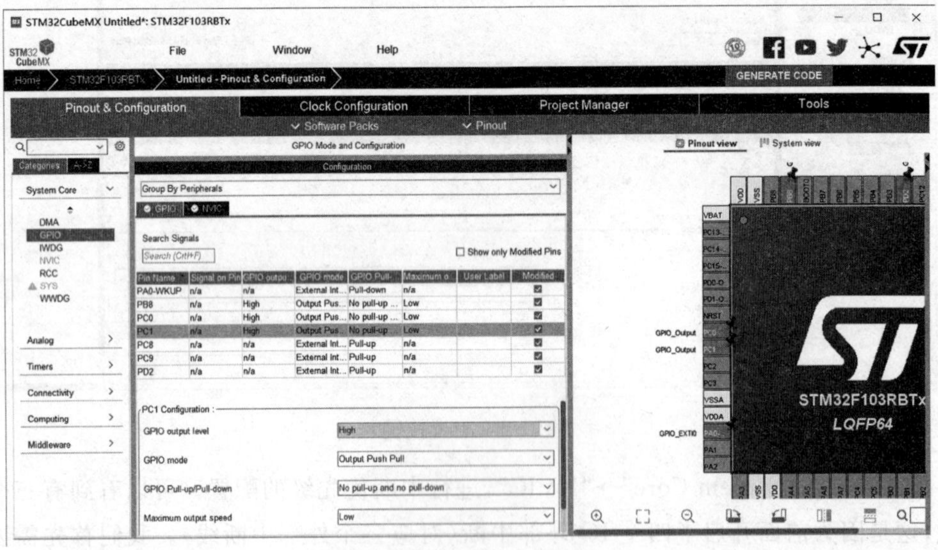

图 7-8　配置蜂鸣器、LED

接下来配置时钟 RCC 和 Debug，至此，我们已经完成了对中断和外设 IO 口的初始化配置。选择 Project Manager 界面，按照如图 7-9 所示的设置进行选择后，单击"Generate Code"，生成工程。

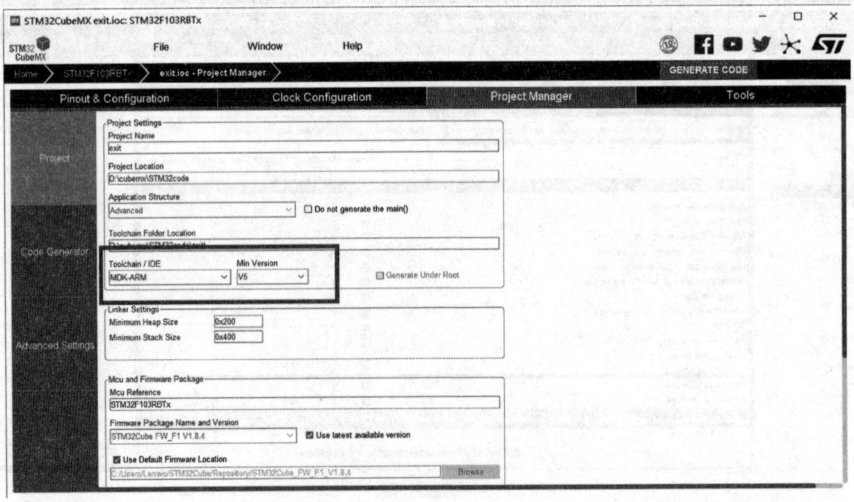

图 7-9　设置 Project

设置 Code Generator,如图 7-10 所示。

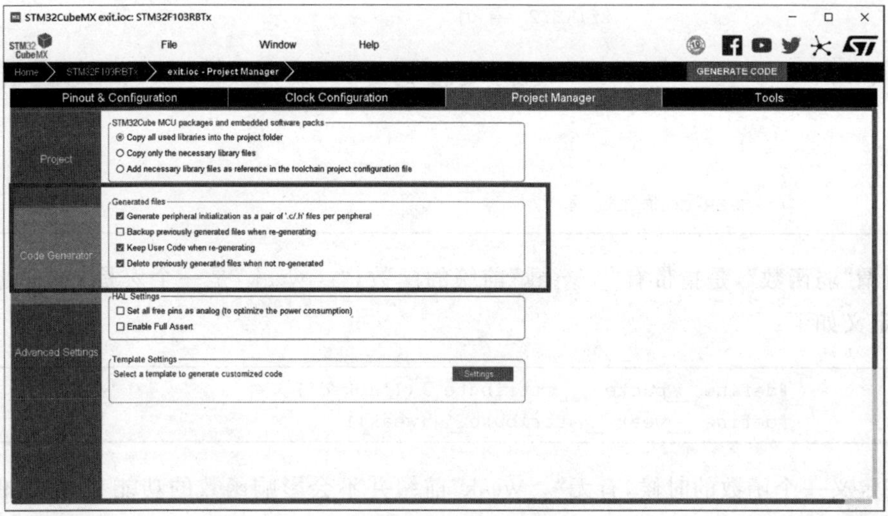


图 7-10　设置 Code Generator

## 三、函数编写

首先要在 main.c 中对 HAL_GPIO_EXTI_Callback 这个弱函数进行重写,以实现中断触发后的功能,代码如下:

```
/* USER CODE BEGIN 4 */
void HAL_GPIO_EXTI_Callback(uint16_t GPIO_Pin)
{
    HAL_Delay(10);
    switch(GPIO_Pin)
    {
        case GPIO_PIN_0:
                if(WK_UP == 1)
                {
                    LED0=!LED0;
                    LED1=!LED1;
                }
                break;
        case GPIO_PIN_8:
                if(KEY0 == 0)
                {
                    LED0=!LED0;
                }
                break;
        case GPIO_PIN_9:
                if(KEY1 == 0)
                {
                    LED1=!LED1;
                }
                break;
```

```
        case GPIO_PIN_2:
                if(KEY2 == 0)
                {
                        BEEP=!BEEP;
                }
        }
}
/* USER CODE END 4 */
```

所谓“弱函数”，是指带有“__weak”前缀的函数，“__weak”是一个宏是 gcc 的扩展属性，其定义如下：

```
#define __packed __attribute__((packed))
#define __weak __attribute__((weak))
```

在定义一个函数的时候，有无“__weak”前缀并不会影响函数的功能和性质，但是当有同名函数存在时，若一个带有“__weak”，另一个不带有“__weak”，那么所有对这个函数的调用都是指向后者；如果有两个同名函数都带有“__weak”，那么调用哪一个函数便取决于连接器。

在这里，为了实现翻转功能，我们采用了位带操作，这个操作并不在 HAL 库中给出定义，所以我们需要添加一个命名为 sys.h 的头文件，其内容如下：

```
#ifndef __SYS_H
#define __SYS_H
#include "stm32f1xx.h"
//位带操作
//IO 操作宏定义
#define BITBAND(addr, bitnum) ((addr & 0xF0000000)+0x2000000+((addr
&0xFFFFF)<<5)+(bitnum<<2))
#define MEM_ADDR(addr)  *((volatile unsigned long  *)(addr))
#define BIT_ADDR(addr, bitnum)   MEM_ADDR(BITBAND(addr, bitnum))
//IO 地址映射
#define GPIOA_ODR_Addr    (GPIOA_BASE+12) //0x4001080C
#define GPIOB_ODR_Addr    (GPIOB_BASE+12) //0x40010C0C
#define GPIOC_ODR_Addr    (GPIOC_BASE+12) //0x4001100C
#define GPIOD_ODR_Addr    (GPIOD_BASE+12) //0x4001140C
#define GPIOE_ODR_Addr    (GPIOE_BASE+12) //0x4001180C
#define GPIOF_ODR_Addr    (GPIOF_BASE+12) //0x40011A0C
#define GPIOG_ODR_Addr    (GPIOG_BASE+12) //0x40011E0C

#define GPIOA_IDR_Addr    (GPIOA_BASE+8) //0x40010808
#define GPIOB_IDR_Addr    (GPIOB_BASE+8) //0x40010C08
#define GPIOC_IDR_Addr    (GPIOC_BASE+8) //0x40011008
#define GPIOD_IDR_Addr    (GPIOD_BASE+8) //0x40011408
#define GPIOE_IDR_Addr    (GPIOE_BASE+8) //0x40011808
#define GPIOF_IDR_Addr    (GPIOF_BASE+8) //0x40011A08
```

```
#define GPIOG_IDR_Addr    (GPIOG_BASE+8) //0x40011E08

//IO 口操作, n<16
#define PAout(n)   BIT_ADDR(GPIOA_ODR_Addr,n)  //输出
#define PAin(n)    BIT_ADDR(GPIOA_IDR_Addr,n)  //输入

#define PBout(n)   BIT_ADDR(GPIOB_ODR_Addr,n)  //输出
#define PBin(n)    BIT_ADDR(GPIOB_IDR_Addr,n)  //输入

#define PCout(n)   BIT_ADDR(GPIOC_ODR_Addr,n)  //输出
#define PCin(n)    BIT_ADDR(GPIOC_IDR_Addr,n)  //输入

#define PDout(n)   BIT_ADDR(GPIOD_ODR_Addr,n)  //输出
#define PDin(n)    BIT_ADDR(GPIOD_IDR_Addr,n)  //输入

#define PEout(n)   BIT_ADDR(GPIOE_ODR_Addr,n)  //输出
#define PEin(n)    BIT_ADDR(GPIOE_IDR_Addr,n)  //输入

#define PFout(n)   BIT_ADDR(GPIOF_ODR_Addr,n)  //输出
#define PFin(n)    BIT_ADDR(GPIOF_IDR_Addr,n)  //输入

#define PGout(n)   BIT_ADDR(GPIOG_ODR_Addr,n)  //输出
#define PGin(n)    BIT_ADDR(GPIOG_IDR_Addr,n)  //输入ë

#endif
```

在此简要介绍一下位带操作。所谓"位带操作",就是把位带区中一个地址的8个位分别映射到位带别名区的8个地址(最低位有效),通过操作相应地址的方式,实现某个位的操作。支持位带操作的两个内存区域包括 SRAM 区(0x20000000～0x200FFFFF)和片上外设区(0x40000000～0x400FFFFF)。由于 GPIO 端口不止一组,每组 GPIO 也都有不止一个引脚,因此使用宏定义的方式来简化操作,这也就是 sys.h 头文件的作用。

"//IO 操作宏定义"的代码中,第一行的作用是把位带地址+序号转换为别名地址的宏;第二行将该地址转换成指针,当使用位带功能时,要访问的变量必须用 volatile 来定义,因为 C 编译器并不知道同一个比特可以有两个地址,所以就要通过 volatile 使编译器每次都如实地把新数值写入存储器,而不会基于优化的考虑而在中途使用寄存器来操作数据的复本,直到最后才把复本写回,后一种情况会导致按不同的方式访问同一个位得到不一致的结果;第三行是为了方便使用。

"//IO 地址映射"部分对寄存器地址进行了宏定义,"//IO 口操作"的宏定义代码也是为了方便函数的使用。

完成上述内容后,便可以方便地实现位带操作。将头文件添加到 main.c 的 include path 中,再在 main.c 中进行如下的宏定义:

```
#define KEY0 HAL_GPIO_ReadPin(GPIOC, GPIO_PIN_8)
#define KEY1 HAL_GPIO_ReadPin(GPIOC, GPIO_PIN_9)
#define KEY2 HAL_GPIO_ReadPin(GPIOD, GPIO_PIN_2)
#define WK_UP HAL_GPIO_ReadPin(GPIOA, GPIO_PIN_0)
#define LED0 PCin(0)    //LED0
#define LED1 PCin(1)    //LED1
#define BEEP PBin(8)    //BEEP
```

这样，就可以利用宏定义进行翻转操作了，将程序下载到开发板上即可运行。

## 第三节　实验结果

接通电源和调试器，电源指示灯亮起后，可以很清楚地看到 DS0 与 DS1 同时点亮(按下 KEY_UP 键前)，如图 7-11 所示。

图 7-11　按下 KEY_UP 键前，DS0 与 DS1 同时点亮

然后按下 KEY_UP 键，此时 DS0 与 DS1 同时翻转灭掉，如图 7-12 所示。

图 7-12　按下 KEY_UP 键，DS0 与 DS1 同时翻转灭掉

之后分别按下 KEY0 键和 KEY1 键，对应的 DS0 和 DS1 状态也发生翻转。按下 KEY2 键，可以听到蜂鸣器鸣叫，如图 7-13 和图 7-14 所示。

图 7-13　按下 KEY0 键后，对应的 DS0 和 DS1 状态发生翻转

图 7-14　按下 KEY1 键后，对应的 DS0 和 DS1 状态发生翻转

# 第四节　本章小结

通过本章的学习，读者应当掌握外部中断的以下几个功能：

(1)实时处理功能：在实时控制中，现场的各种参数、信息均随时间和现场的不同而变化。这些外界变量可根据要求，随时向 CPU 发出中断申请，请求 CPU 及时处理中断请求(如中断条件)。

(2)故障处理功能：针对难以预料的情况或故障(如断电、存储出错、运算溢出等)，可通过中断系统，由故障源向 CPU 发出中断请求，再由 CPU 转到相应的故障处理程序中进行处理。

(3)分时操作：中断可以解决快速的 CPU 与慢速的外设之间的矛盾，使 CPU 和外设同时工作。CPU 在启动外设工作后继续执行主程序，同时外设也在工作。每当外设完成一项工作，就发出中断申请，请求 CPU 中断其正在执行的程序，转去执行中断服务程序(一般情况是处理输入/输出数据)；中断处理完之后，CPU 恢复执行主程序，外设也继续工作。这样，CPU 可启动多个外设同时工作，从而大大提高了工作效率。

☞本章参考资料

[1] STMicroelectronics. Reference manual of STM32F101xx, STM32F102xx, STM32F103xx, STM32F105xx and STM32F107xx advanced ARM-based 32-bit MCUs,2010.

[2]JOSEPH Y.ARM Cortex-M3 权威指南[M].宋岩,译.北京:北京航空航天大学出版社,2007.

# 第 8 章　RS485 通信实验

RS485(也称“EIA/TIA-485”)是隶属于 OSI 模型物理层的,电气特性规定为 2 线、半双工、平衡传输多点通信的标准。EIA/TIA-485 是由电信行业协会(TIA)及电子工业联盟(EIA)联合发布的标准,满足此标准的数字通信网可以在有电子噪声的环境下进行远距离的高效通信。在线性多点总线的配置下,RS485 在一个网络上可以有多个接收器,因此适合应用在工业环境中。

根据 RS485 通信标准的物理特性,我们可以将其应用于低数据通量的定位信息传输中。将 RS485 通信模块与导航定位系统相连接,可以达到低成本、高速率传输简易定位信息的效果。由于 RS485 通信模块的连接方式比较简单,可移植性较强,因此可以满足不同环境下的定位信息的传输要求。RS485 通信模块使用缆线两端的电压差来表示传递信号,不同的电压差分别标记为逻辑 1 及逻辑 0;两端的电压差最小为 0.2 V 以上时有效;对接收端来说,任何不大于 12 V 或者不小于 −7 V 的差值都被认为是正确的。RS485 通信标准仅仅规定了接收端和发送端的电器特性,并不针对软件/数据协议。

## 第一节　RS485 通信实验的原理

本章的实验对开发板型号不作要求,仅需板载 RS485 通信接口即可,由于 RS485 通信标准是半双工、差分信号通信,所以要用到的外设包括 USART_RX/USART_TX/GPIO。从本质上来讲,RS485 通信标准就是串行通信的一种,要想更深入地了解 RS485 通信标准,需要先对串口通信进行深入学习。本章实验主要使用 STM32 的串口,每一块 MCU 都有配置串口,调试也需要借助串口来进行。

下面的实验中采用 STM32CubeMX 开发板,利用 HAL 库进行初始化配置,并对本书第 3 章所介绍的串口知识展开进一步的应用和探讨。

### 一、串口参数初始化——相关串口简介

通常来讲,串口配置的步骤如下:

(1)串口时钟使能:GPIO 时钟使能。

(2)串口复位。

(3)GPIO 端口模式设置。

(4)串口参数初始化。

(5)开启中断并初始化 NVIC(如果要用到中断才需要开启)。

(6)串口使能。

(7)编写中断处理函数/中断回调函数。

下面,笔者将按照上面的步骤,介绍一下与串口设置相关的寄存器。

(1)串口时钟使能。串口作为 STM32 的一个外设,其时钟由外设时钟使能寄存器控制。例如,如果使用 USART1 这个串口,那么我们使用的就是 APB2ENR 寄存器的第 14 位,其他串口的时钟使能则是在 APB1ENR 寄存器。

(2)串口波特率设置。STM32 的每一个串口都有一个独立的波特率寄存器 USART_BRR,其各位功能如表 8-1 所示。

**表 8-1 USART_BRR 的各位功能**

| USART_BRR(波特率寄存器) | | | | | | | | | | | | | | | |
|---|---|---|---|---|---|---|---|---|---|---|---|---|---|---|---|
| 31 | 30 | 29 | 28 | 27 | 26 | 25 | 24 | 23 | 22 | 21 | 20 | 19 | 18 | 17 | 16 |
| 保留 | | | | | | | | | | | | | | | |
| 15 | 14 | 13 | 12 | 11 | 10 | 9 | 8 | 7 | 6 | 5 | 4 | 3 | 2 | 1 | 0 |
| DIV_Mantissa[11:0] | | | | | | | | | | | | DIV_Fraction[3:0] | | | |
| 15~4 位:DIV_Mantissa[11:0]USARTDIV 的整数部分,这 12 位定义了 USART 分频器除法因子(USARTDIV)的整数部分 | | | | | | | | | | | | | | | |
| 3~0 位:DIV_Fraction[3:0]USARTDIV 的小数部分,这 4 位定义了 USART 分频器除法因子(USARTDIV)的小数部分 | | | | | | | | | | | | | | | |

从 USART_BRR 的各位功能可以看出,STM32 采用了分数波特率,其[3:0]位存放小数部分(DIV_Fraction),[15:4]位存放整数部分(DIV_Mantissa),波特率计算公式如下:

$$\frac{T_x}{R_x}(\text{波特率})=\frac{f_{\mathrm{PCLK}x}}{16\times \mathrm{USARTDIV}} \tag{8-1}$$

式中,$f_{\mathrm{PCLK}x}$ 是串口的时钟(PCLK1 用于 USART2、USART3、USART4、USART5,PCLK2 用于 USART1);USARTDIV 是一个无符号定点数,只要得到USARTDIV,就可以得到串口波特率寄存器 USART_BRR 的值,反之亦然。那么,如何根据 USARTDIV 得到 USART_BRR 的值呢?假设串口 1 的波特率要设置为 115200,PCLK2 时钟为 72 MHz,由式 8-1 我们可以得到 USARTDIV=72000000/(115200×16)=39.0625,进而得到 DIV_Fraction=16×0.625=10(0x01),DIV_Mantissa=39(0x27)。根据这两个值,就可以设置 USART1->BRR 为 USART_BRR,以得到 115200 的波特率。

(3)串口控制。STM32 的串口都有 USART_CR1、USART_CR2 和 USART_CR3 这三个控制寄存器,用来实现各种功能配置。表 8-2 所示是 USART_CR1 的各位描述。

**表 8-2　USART_CR1 的各位描述**

| USART_CR1(控制寄存器) | | | | | | | | | | | | | | | |
|---|---|---|---|---|---|---|---|---|---|---|---|---|---|---|---|
| 31 | 30 | 29 | 28 | 27 | 26 | 25 | 24 | 23 | 22 | 21 | 20 | 19 | 18 | 17 | 16 |
| | | | | | | | | | | | | | | | |
| 15 | 14 | 13 | 12 | 11 | 10 | 9 | 8 | 7 | 6 | 5 | 4 | 3 | 2 | 1 | 0 |
| 保留 | | UE | M | WAKE | PCE | PS | PEIE | TXEIE | TCIE | RXNEIE | IDLEIE | TE | RE | RWU | SBK |
| 13 位:UE-ISART 使能,当该位被清零时,在当前字节传输完成后,USART 的分频器和输出停止工作,以减少功耗。该位由软件设置和清零<br>定义:0(USART 分频器和输出被禁止),1(USART 模块使能) | | | | | | | | | | | | | | | |
| 12 位:W 字长,该位定义了数据字的长度,由软件对其设置和清零<br>定义:0(1 个起始位,8 个数据位,*n* 个停止位),1(1 个起始位,9 个数据位,*n* 个停止位)<br>注意:在数据传输过程中(发送或者接收时)不能修改这个位 | | | | | | | | | | | | | | | |
| 11 位:WAKE 唤醒的方法,该位决定了把 USART 唤醒的方法,由软件位设置和清零。<br>定义:0(被空闲总线唤醒),1(被地址标记唤醒) | | | | | | | | | | | | | | | |
| 10 位:PE 检验控制使能,用该位选择是否进行硬件校验控制(对于发送来说,就是校验位的产生;对于接收来说,就是校验位的检测)。当使能了该位之后,在发送数据的最高位(如果 M=1,最高位就是第 9 位; 如果 M=O,最高位就是第 8 位)插入校验位; 对接收到的数据检查其校验位。软件对该位置'1'或清'0'。一旦设置了该位,当前字节传输完成后,校验控制才生效<br>定义:0(禁止校验控制),1(使能校验控制) | | | | | | | | | | | | | | | |
| 9 位:PS 校验选择,当校验控制使能后,该位用来选择是采用偶校验还是奇校验。软件对该位置'1'或清'0'。当前字节传输完成后,该选择生效<br>定义:0(偶校验),1(奇校验) | | | | | | | | | | | | | | | |
| 8 位:PEIE-PE 中断使能,该位由软件设置或清除<br>定义:0(禁止产生中断),1(当 USART_R 中的 PE 为'1'时,产生 USART 中断) | | | | | | | | | | | | | | | |
| 7 位:TXEIE 发送缓冲区空中断使能(手动)<br>定义:0(禁止产生中断),1(当 USART_SR 中的 TXE 为'1'时,产生 USART 中断) | | | | | | | | | | | | | | | |
| 6 位:TCIE 发送完成中断使能(手动)<br>定义:0(禁止产生中断),1(当 USART_SR 中的 TC 为'1'时,产生 USART 中断) | | | | | | | | | | | | | | | |
| 5 位:RXNEIE 接收缓冲区非空中断使能(手动)<br>定义:0(禁止产生中断),1(当 USART_SR 中的 ORE 或者 RXNE 为'1'时,产生 USART 中断) | | | | | | | | | | | | | | | |
| 4 位:IDLEIE-IDLE 中断使能(手动)<br>定义:0(禁止产生中断),1(当 USART_SR 中的 IDLE 为'1'时,产生 USART 中断) | | | | | | | | | | | | | | | |

**续表**

| |
|---|
| 3 位：TE 发送使能，该位使能发送器(手动)<br>定义：0(禁止发送)，1(使能发送)<br>注意：(1)在数据传输过程中，除了在智能卡模式下，如果 TE 位上有个 0 脉冲(即设置为'0'之后再设置为'1')，会在当前数据字传输完成后，发送一个"前导符"(空闲总线)<br>(2)当 TE 被设置后，在真正发送开始之前，有一个比特时间的延时 |
| 2 位：RE 接收使能(手动)。定义：0(禁止接收)，1(使能接收，并开始搜寻引脚上的起始位) |
| 1 位：RWU 接收唤醒，该位用来决定是否把 USART 置于静默模式。该位由软件设置或清除。当唤醒序列到来时，硬件也会将其清零。<br>定义：0(接收器处于正常工作模式)，1(接收器处于静默模式)<br>注意：(1)在把 USART 置于静默模式(设 RWU 位)之前，USART 要已经先接收了一个数据字节；否则在静默模式下，不能被空闲总线检测唤醒<br>(2)当配置成地址标记检测唤醒(WAKE 位=1)，在 RXNE 位被置位时，不能用软件修改 RWU 位 |
| 0 位：SBK 发送断开帧，使用该位来发送断开字符。该位可以由软件设置或清除。操作过程应该是软件设置该位，然后在断开帧的停止位时，由硬件将该位复位<br>定义：0(没有发送断开字符)，1(将要发送断开字符) |

(4)数据发送与接收。这个功能是通过数据寄存器 USART_DR 实现的，数据寄存器 USART_DR 是一个包含 TDR 和 RDR 的双寄存器。写入数据的时候，数据被写入 TDR，串口就会自动发送数据；收到数据的时候，读取的是 RDR 中的数据。不过，对这两个部分并不需要区分，因为我们只需要对 USART_DR 寄存器进行操作，USART_DR 的各位功能如表 8-3 所示。

**表 8-3　USART_DR 的各位功能**

<table>
<tr><td colspan="16">USART_DR</td></tr>
<tr><td>31</td><td>30</td><td>29</td><td>28</td><td>27</td><td>26</td><td>25</td><td>24</td><td>23</td><td>22</td><td>21</td><td>20</td><td>19</td><td>18</td><td>17</td><td>16</td></tr>
<tr><td colspan="16">保留</td></tr>
<tr><td>15</td><td>14</td><td>13</td><td>12</td><td>11</td><td>10</td><td>9</td><td>8</td><td>7</td><td>6</td><td>5</td><td>4</td><td>3</td><td>2</td><td>1</td><td>0</td></tr>
<tr><td colspan="7">保留</td><td colspan="9">DRR[8:0]</td></tr>
<tr><td colspan="16">8～0 位：DR[8:O]数据值，包含了发送或接收的数据。由于它是由两个寄存器组成的，一个给发送用(TDR)，一个给接收用(RDR)，该寄存器兼具读和写的功能，TDR 寄存器提供了内部总线和输出移位寄存器之间的并行接口，RDR 寄存器提供了输入移位。当使能校验位(USART_CR1 中 PCE 位被置位)进行发送时，写到 MSB 的值(根据数据长度的不同，MSB 是第 7 位或者第 8 位)会被后来的校验位取代；当使能校验位进行接收时，读到的 MSB 位是接收到的校验位</td></tr>
</table>

(5)串口状态。USART_SR 寄存器保存串口状态,各位功能如表 8-4 所示。

**表 8-4　USART_SR 的各位功能**

| USART_SR | | | | | | | | | | | | | | | |
|---|---|---|---|---|---|---|---|---|---|---|---|---|---|---|---|
| 31 | 30 | 29 | 28 | 27 | 26 | 25 | 24 | 23 | 22 | 21 | 20 | 19 | 18 | 17 | 16 |
| 保留 | | | | | | | | | | | | | | | |
| 15 | 14 | 13 | 12 | 11 | 10 | 9 | 8 | 7 | 6 | 5 | 4 | 3 | 2 | 1 | 0 |
| 保留 | | | | | | CTS | LBD | TXE | TC | RXNE | IDLE | ORE | NE | FE | PE |
| 9 位:CTS-CTS 标志,如果设置了 CTSE 位,当 nCTS 输入变化状态时,该位被硬件置高,由软件将其清零。如果 USART_CR3 中的 CTSIE 为'1',则产生中断<br>定义:0(nCTS 状态线上没有变化),1(nCTS 状态线上发生变化)<br>注意:UART4 和 UART5 上不存在这一位 | | | | | | | | | | | | | | | |
| 8 位:LBD-LIN 断开检测标志,当检测到 LTN 断开时,该位由硬件置'1',由软件清'O'(向该位写 o)。如果 USART_CR3 中的 LBDTE=1,则产生中断定义:0(没有检测到 LIN 断开),1(检测到 LIN 断开)<br>注意:若 LBDIE=1,则当 LED 为'1'时要产生中断 | | | | | | | | | | | | | | | |
| 7 位:TXE 发送数据寄存器是空的,当 TDR 寄存器中的数据被硬件转移到移位寄存器的时候,该位被硬件置位。如果 USART_CR1 寄存器中的 TXEIE 为 1,则产生中断。对 USART_DR 的写操作将该位清零。<br>定义:0(数据还没有被转移到移位寄存器),1(数据已经被转移到移位寄存器)<br>注意:单缓冲器传输中使用该位 | | | | | | | | | | | | | | | |
| 6 位:TC 发送完成,当包含有数据的一帧发送完成后,并且 TX=1 时,由硬件将该位置'1'。如果 USARTCR1 中的 CIE 为'1',则产生中断。由软件序列清除该位(先读 USART_SR,然后写入 USART_DR)。TC 位也可以通过写入'0'来清除,只有在多缓存通信中才推荐这种清除程序<br>定义:0(发送还未完成),1(发送完成) | | | | | | | | | | | | | | | |
| 5 位:RXNE 读数据寄存器非空,当 RDR 移位寄存器中的数据被转移到 USART_DR 寄存器中,该位被硬件置位。如果 USART_CR1 寄存器中的 RXNE1 为 1,则产生中断。对 USART_DR 的读操作可以将该位清零。RXNE 位也可以通过写入 0 来清除,只有在多缓存通信中才推荐这种清除程序<br>定义:0(数据没有收到),1(收到数据,可以读出) | | | | | | | | | | | | | | | |
| 4 位:IDLE 监测总线空闲,当检测到总线空闲时,该位被硬件置位。如果 USART_CR1 中的 IDLEIE 为 1 则产生中断。由软件序列清除该位(先读 USART_SR,后读 USART_DR)<br>定义:0(没有检测到空闲总线),1(检测到空闲总线)<br>注意:IDLE 位不会再次被置高,直到 RXNE 位被置起(即又检测到一次空闲总线) | | | | | | | | | | | | | | | |

续表

| |
|---|
| 3 位：ORE 过载错误，当 RXNE 仍然是'1'的时候，当前被接收在移位寄存器中的数据需要传送至 RDR 寄存器时，硬件将该位置位。如果 USART_CR1 中的 RXNEIE 为'1'的话，则产生中断，由软件序列将其清零(先读 USART_SR，然后读 USART_CR)<br>定义：0(没有过载错误)，1(检测到过载错误)<br>注意：该位被置位时，RDR 寄存器中的值不会丢失，但是移位寄存器中的数据会被覆盖。如果设置了 EIE 位，在多缓冲器通信模式下，ORE 标志置位会产生中断 |
| 2 位：NE 噪声错误标志，在接收到的帧检测到噪声时，由硬件对该位置位，由软件序列对其清零(先读 USART_SR，再读 USART_DR)<br>定义：0(没有检测到噪声)，1(检测到噪声)<br>注意：该位不会产生中断，因为它和 RXNE 一起出现，硬件会在设置 RXNE 标志时产生中断。在多缓冲区通信模式下，如果设置了 EIE 位，则设置 NE 标志时会产生中断 |
| 1 位：FE 帧错误，当检测到同步错位、过多的噪声或者检测到断开符时，该位被硬件置位，由软件序列将其清零(先读 USART_SR，再读 USART DR)<br>定义：0(没有检测到帧错误)，1(检测到帧错误或者 break 符)<br>注意：该位不会产生中断，因为它和 RXNE 一起出现，硬件会在设置 RXNE 标志时产生中断。如果当前传输的数据既产生了帧错误，又产生了过载错误，则硬件还是会继续传输该数据，并且只设置 ORE 标志位。在多缓冲区通信模式下，如果设置了 EIE 位，则设置 FE 标志时会产生中断 |
| 0 位：PE 校验错误，在接收模式下，如果出现奇偶校验错误，则硬件对该位置位，由软件序列对其清零(依次读 USART_SR 和 USART_DR)。在清除 PE 位前，软件必须等待 RXNE 标志位被置'1'。如果 USART_CR1 中的 FBEIE 为'1'，则产生中断<br>定义：0(没有奇偶校验错误)，1(奇偶校验错误) |

对以上寄存器进行操作之后，串口的配置就完成了。在具体的实验步骤中，我们将通过 STM32CubeMX 利用 HAL 库进行串口配置。

**二、串口参数初始化——具体函数操作**

我们使用 STM32CubeMX 进行 IO 口配置时，软件可自动生成一个 MX_USART1_UART_Init 函数来进行串口参数的配置，该函数对 UART_HandlerTypeDef * huart 句柄进行操作(此句柄的定义也是由软件给出)，以设定串口 USART1 的波特率、字长、停止位等；同时，MX_USART1_UART_Init 也会调用 HAL 库初始化函数 HAL_UART_Init。

MX_USART1_UART_Init 函数比较简单易懂，其具体代码如下：

```
void MX_USART1_UART_Init(void)
{

 huart1.Instance = USART1;
 huart1.Init.BaudRate = 115200;
 huart1.Init.WordLength = UART_WORDLENGTH_8B;
 huart1.Init.StopBits = UART_STOPBITS_1;
 huart1.Init.Parity = UART_PARITY_NONE;
 huart1.Init.Mode = UART_MODE_TX_RX;
 huart1.Init.HwFlowCtl = UART_HWCONTROL_NONE;
 huart1.Init.OverSampling = UART_OVERSAMPLING_16;
 if (HAL_UART_Init(&huart1) != HAL_OK)
 {
   Error_Handler();
 }

}
```

串口句柄 UART_HandlerTypeDef ＊huart 是一个结构体指针类型的变量，基本上所有的对串口的操作都需要引用这个变量，以下是其代码：

```
typedef struct __UART_HandleTypeDef
{
 USART_TypeDef       *Instance;/*!< UART registers base address
*/
 UART_InitTypeDef        Init;       /*!< UART  communication
parameters     */
 uint8_t           *pTxBuffPtr;/*!< Pointer to UART Tx transfer
Buffer */
 uint16_t               TxXferSize;/*!< UART  Tx  Transfer  size
*/
 __IO uint16_t      TxXferCount;/*!< UART Tx Transfer Counter
*/
 uint8_t           *pRxBuffPtr;/*!< Pointer to UART Rx transfer
Buffer */
 uint16_t             RxXferSize;  /*!< UART  Rx  Transfer  size
*/
 __IO uint16_t      RxXferCount;/*!< UART Rx Transfer Counter
*/
 __IO         HAL_UART_RxTypeTypeDef             ReceptionType;
/*!<Typeofongoingreception  */
 DMA_HandleTypeDef      *hdmatx;/*!< UART Tx DMA Handle parameters
*/
 DMA_HandleTypeDef     *hdmarx; /*!< UART Rx DMA Handle parameters
*/
 HAL_LockTypeDef                      Lock;/*!<   Locking   object
*/
 __IO HAL_UART_StateTypeDef     gState;/*!< UART state information
related to global Handle management and also related to Tx
operations.This          parameter   can   be   a   value   of   @ref
```

```
HAL_UART_StateTypeDef */
__IO HAL_UART_StateTypeDef    RxState; /*!< UART state information related to Rx operations.This parameter can be a value of @ref HAL_UART_StateTypeDef */
  __IO  uint32_t            ErrorCode;/*!<  UART  Error  code */
} UART_HandleTypeDef;
```

在初始化串口的时候，我们只需要用到其中的 Instance 和 Init 两个变量。Instance 是 USART_TypeDef 结构体指针类型变量，是执行寄存器基地址。HAL 库中定义的串口为 USART1，代码生成时直接给出。Init 是 UART_InitTypeDef 结构体类型变量，其中包括的就是 MX_USART1_UART_Init 中进行赋值的变量（波特率等），其代码如下：

```
typedef struct
{
  uint32_t BaudRate;                    //波特率
  uint32_t WordLength;                //字长
  uint32_t StopBits;                  //停止位
  uint32_t Parity;                      //奇偶校验
  uint32_t Mode;                      //收发模式设置
  uint32_t HwFlowCtl;                  //硬件流设置
  uint32_t OverSampling;                //过采样设置
} UART_InitTypeDef;
```

在上述过程中，我们不需要再单独使能串口，因为在 HAL_UART_Init 函数中已经调用了__HAL_UART_ENABLE 使能函数。串口通信所需的关键配置与具体函数如下：

(1)使能串口时钟和 GPIO 时钟。使用串口和 GPIO 外设的时候，必须要使能其时钟。在本实验中，要使用的外设除了串口，还有一个控制收发状态的 GPIO，具体函数如下：

```
__HAL_RCC_USART1_CLK_ENABLE();//使能串口时钟
__HAL_RCC_GPIOA_CLK_ENABLE();//使能 GPIO 时钟
```

这两个函数在 MX_USART1_UART_Init 中调用，不需要实验者自己编写。

(2)GPIO 初始化。在 STM32CubeMX 中设置好 GPIO 口之后，软件会在代码中生成初始化函数 MX_GPIO_Init，GPIO 的参数初始化以及端口复用设置都在这个函数中完成。

(3)开启串口中断，设置中断优先级。HAL 库中定义了__HAL_UART_ENABLE_IT(__HANDLE__，__INTERRUPT__)用来开启串口中断，在本实验中，我们的目的是要用 MCU 实现数据收发功能，开启中断的语句如下（第一个参数是串口句柄 UART_HandleTypeDef 结构体类型，第二个参数是中断类型，可选值代表不同类型的中断，具体可参考 stm32f1xx_hal_uart.h 文件）：

```
__HAL_UART_ENABLE_IT(huart1,UART_IT_RXNE )/*这里中断类型为接收数据寄存器非空中断*/
```

中断优先级设置语句如下：

```
HAL_NVIC_EnableIRQ(USART1_IRQn);    //使能USART1中断通道
HAL_NVIC_SetPriorty(USART1_IRQn,3,3); //抢占优先级3，子优先级3
```

（4）中断服务函数、中断回调函数。当中断触发后，程序就会进入中断服务函数USART1_IRQHandler()，如果不对该函数进行修改，就会继续执行HAL_UART_IRQHandler(UART_HandleTypeDef *huart)函数，此时如果RXNE寄存器为非空，就会进入UART_Receive_IT(UART_HandleTypeDef *huart)，之后一般会进入中断回调函数HAL_UART_RxCpltCallback(UART_HandleTypeDef *huart)。对于这个函数，我们可以进行重写，以便实现应答功能。在后面具体的实验中会讲到如何进行重写。

（5）数据接收与发送。STM32通过寄存器USART_DR实现数据收发，其中包括TDR和RDR两部分，我们通过HAL库函数对该寄存器进行操作：

数据接收函数代码为：

HAL_StatusTypeDef HAL_UART_Receive_IT(UART_HandleTypeDef *huart, uint8_t *pData, uint16_t Size)

数据发送函数代码为：

HAL_StatusTypeDef HAL_UART_Transmit(UART_HandleTypeDef *huart, uint8_t *pData, uint16_t Size, uint32_t Timeout)

上面五部分介绍了串口通信所需的关键配置与具体函数，只要使用串口进行数据收发，以上几部分都是缺一不可的。由于函数和参数较多，配置起来比较复杂，所以在下面的实验流程中，简单介绍一下使用cubemx图形化界面配置工具。

## 三、硬件设备

本实验用到的硬件设备有RS485通信模块和LED模块，其中RS485通信模块的电路原理图如图8-1所示，LED模块的电路原理图如图8-2所示。

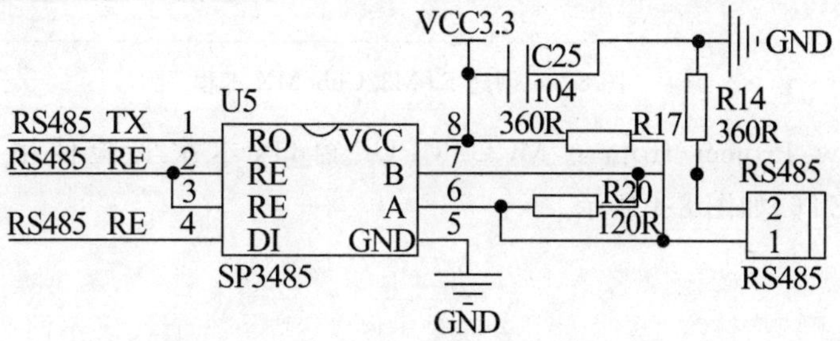


图8-1　RS485通信模块的电路原理图

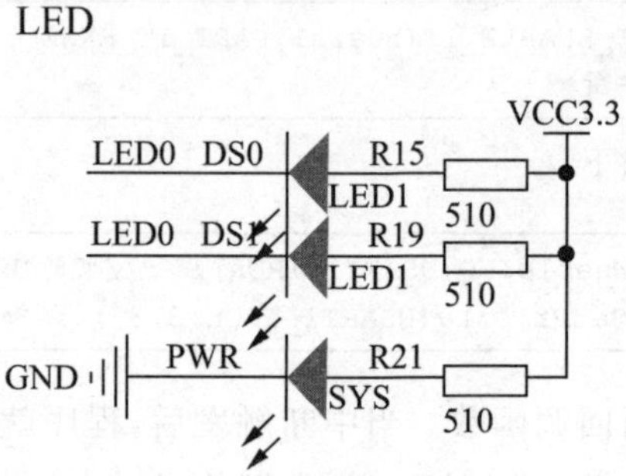


图 8-2　LED 模块的电路原理图

# 第二节　实验流程

## 一、使用 STM32CubeMX 完成程序初始化设置

首先创建 STM32CubeMX 工程，单击“ACCESS TO MCU SELECTOR”，如图 8-3 所示。

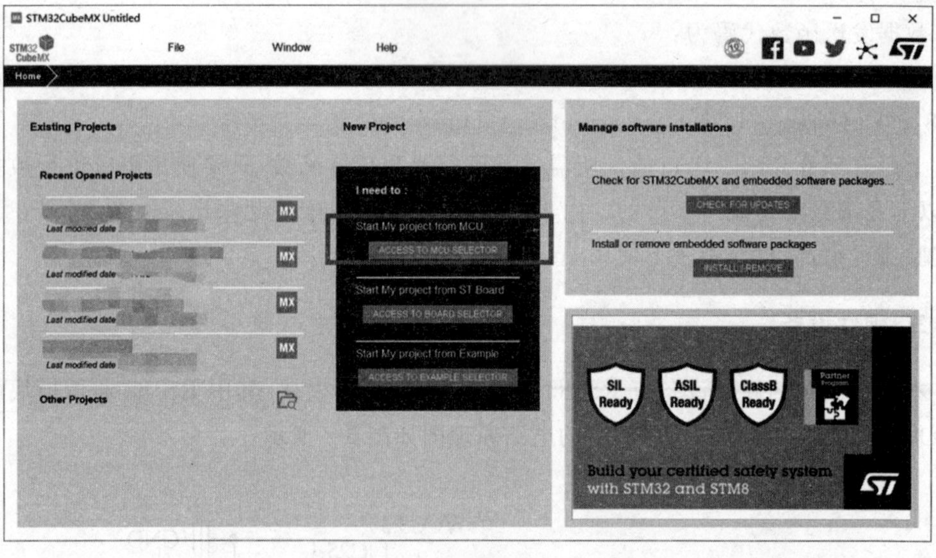


图 8-3　创建 STM32CubeMX 工程

进入“New Project from a MCU/MPU”窗口，本次实验使用的芯片类型是 STM32F103ZET6，如图 8-4 所示。

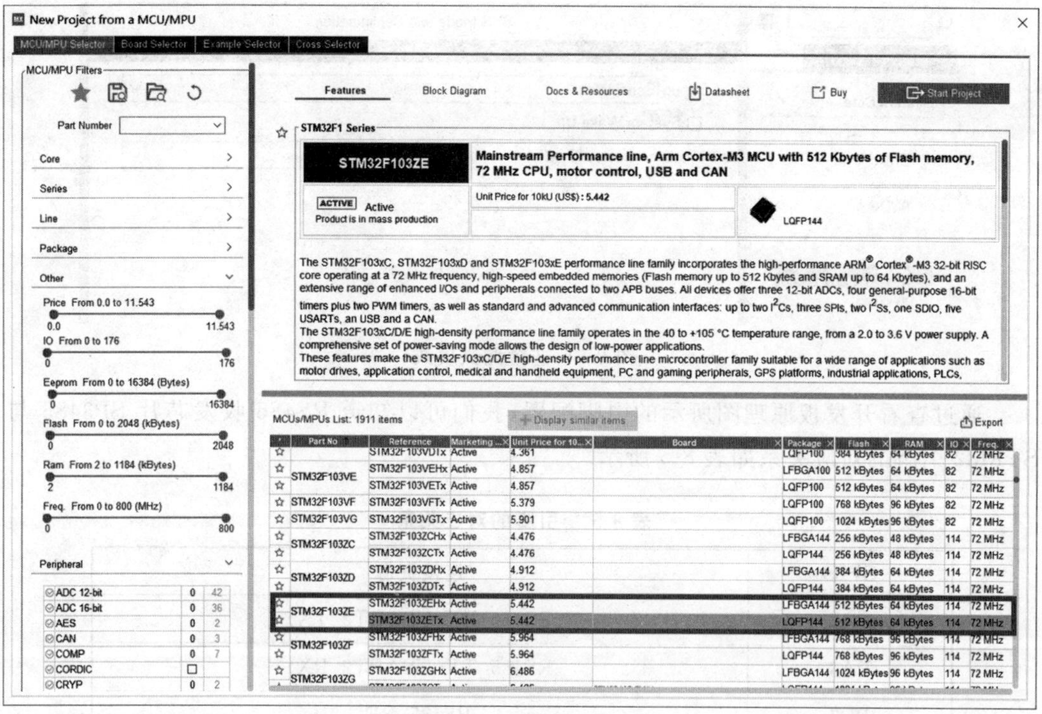


图 8-4　芯片选型

在选择 MCU 型号时，STM32CubeMX 会显示其各种参数，比如封装、flash、ram、主频和引脚数等。选择结束后，单击右上角的“Start Project”，进入主界面。

进入主界面后，首先需要进行时钟源配置（见图 8-5）。如果使用外部时钟，就需要在 system core 中配置 RCC；如果使用内部时钟，则不需要进行这一步。

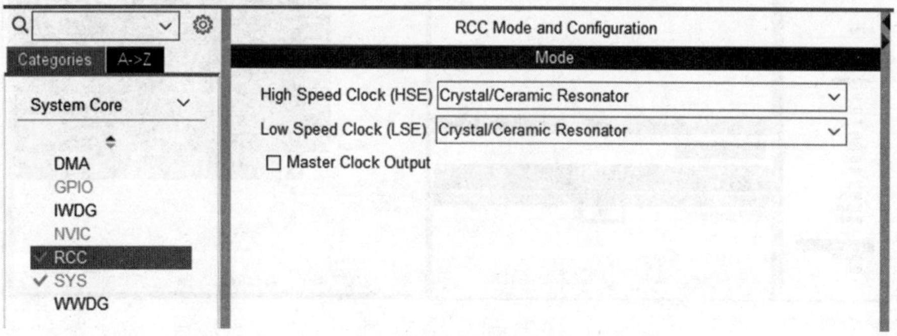


图 8-5　时钟源配置

之后进行调试模式选择，根据要用的调试器进行选择，如果使用 ST-link，那么需要选择 Serial Wire 模式，如图 8-6 所示。

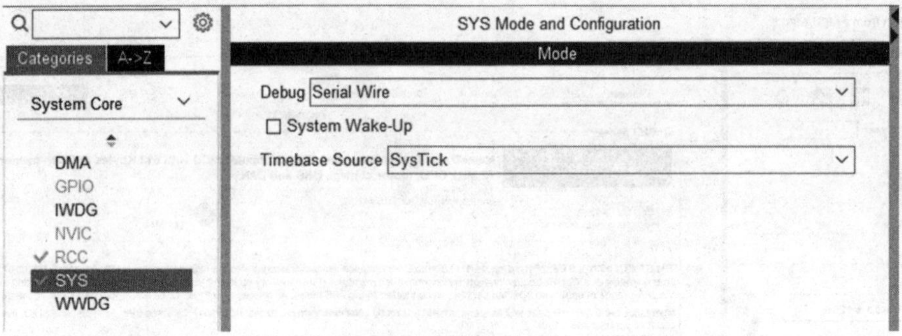


图 8-6 选择调试模式

通过查看开发板原理图所示的引脚配置，我们可以知道 RS485 收发芯片 SP3485 与 STM32 引脚的对应关系如表 8-5 所示。

**表 8-5 引脚的对应关系**

| GPIO | 连接资源 |
|---|---|
| PA2 | RS485_RX(USART2_TX) |
| PA3 | RS485_TX(USART2_RX) |
| PD7 | RS485_RE |

我们选择配置 USART2 作为通信串口，并使能其串口接收中断，如图 8-7 所示。

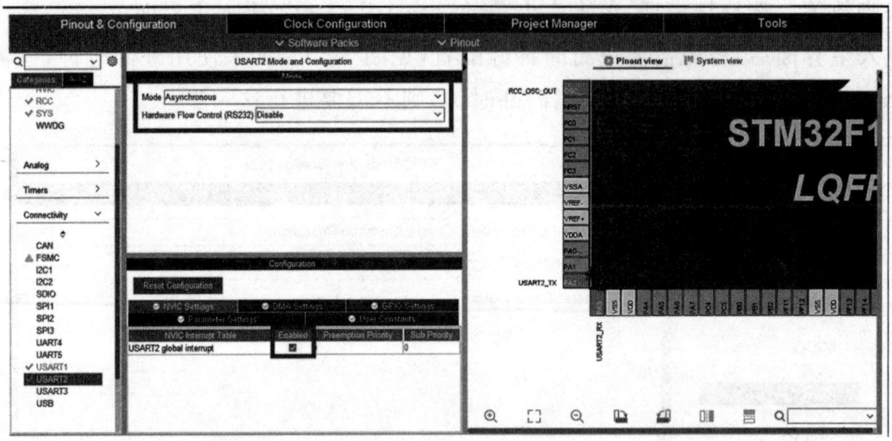


图 8-7 设置串口

由于 RS485 通信模块是半双工的，所以需要有一个控制引脚来进行收发模式切换，参考上面的表 8-5，这里应选择 PD7，设置为 GPIO_Output 即可。同时，需要设置为 GPIO_Output 的还有控制 LED 灯的 PE5，其作用是显示开发板通信成功，如图 8-8 所示。

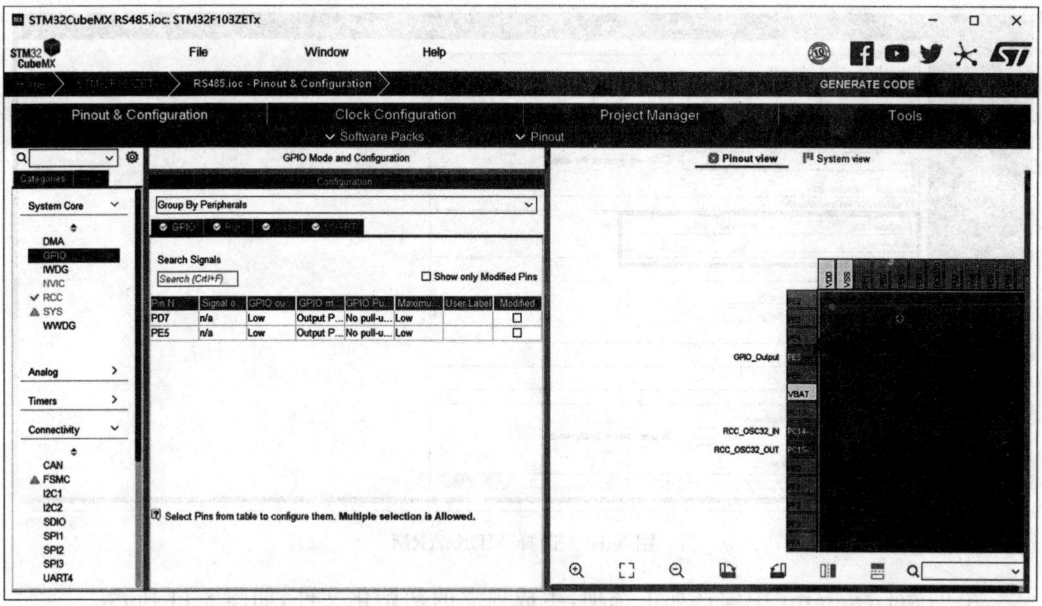


图 8-8　设置 GPIO

下面进行时钟配置。STM32F103ZET6 的最高主频为 72 MHz，按照图 8-9 所示进行配置即可。

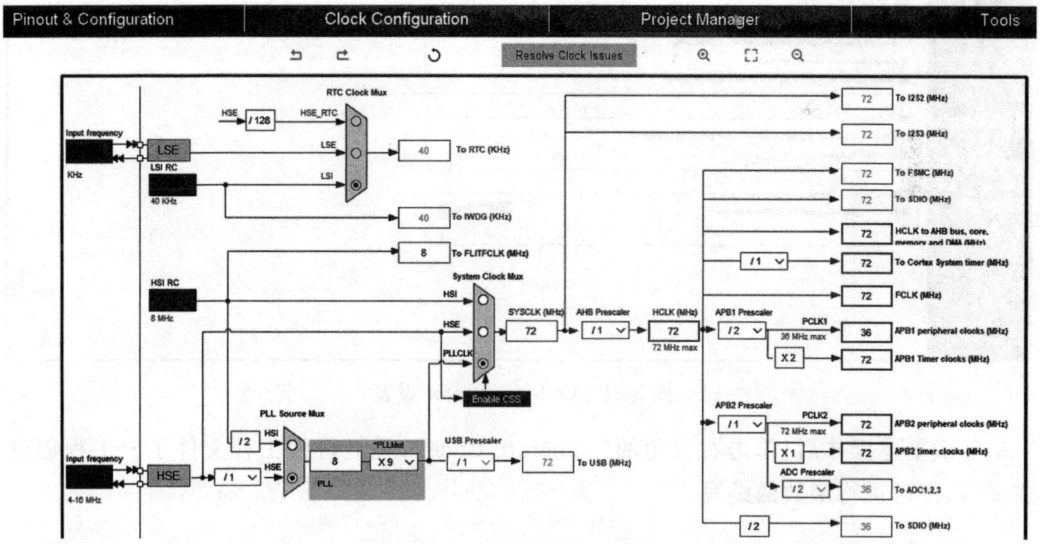


图 8-9　时钟配置

进入 Project Manager 选项，由于我们使用 KEIL5 进行编程，因此在 tool chain/IDE 中选择 MDK-ARM，如图 8-10 所示。

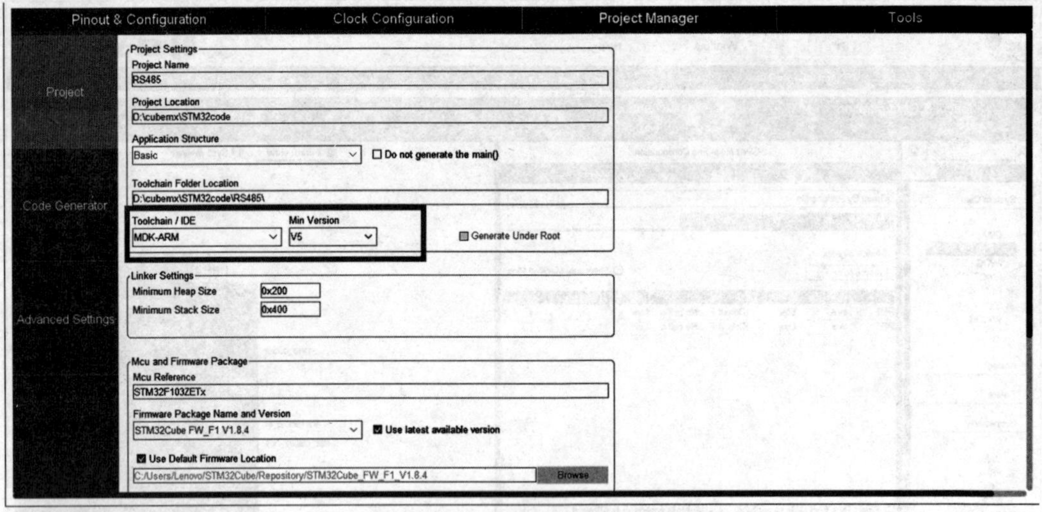


图 8-10　选择 MDK-ARM

在 CodeGenerator 中勾选如下选项，生成独立的初始化文件，如图 8-11 所示。

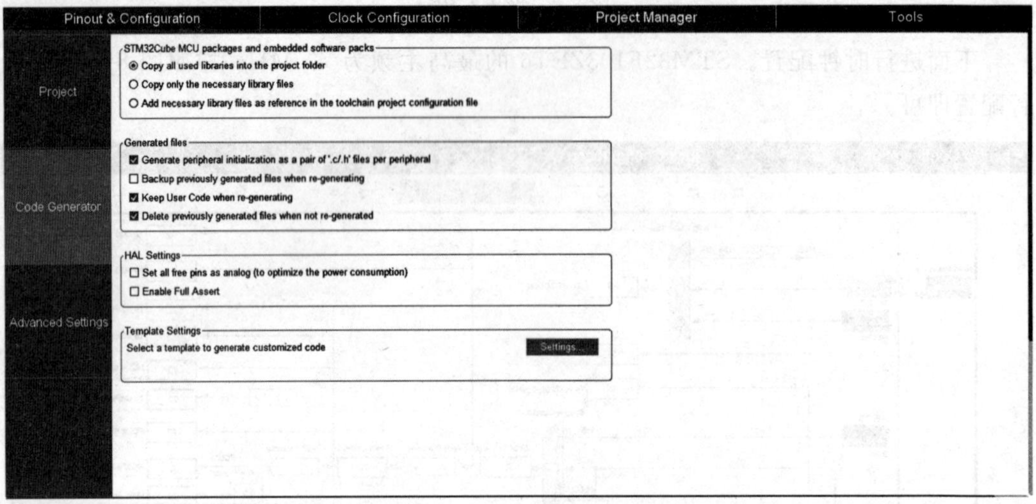


图 8-11　Code Generator 设置

完成上述操作后，单击右上角的“Generate Code”，就能得到工程文件了。工程创建完成后，便可进行函数的编写。

## 二、函数设计

RS485.h 头文件的代码如下：

```
#ifndef _RS485_DRV_H_
#define _RS485_DRV_H_

#include "usart.h"
```

```
    /* User Config */
    #define RS485_USART        huart1
    #define RS485_RE_GPIO_PORT GPIOD
    #define RS485_RE_GPIO_PIN   GPIO_PIN_7

    /* RS485 TX/RX Control */
    #define RS485_TX_ENABLE()   HAL_Delay(1);\
HAL_GPIO_WritePin(RS485_RE_GPIO_PORT,           RS485_RE_GPIO_PIN,
GPIO_PIN_SET);\
                         HAL_Delay(1);

    #define RS485_RX_ENABLE()   HAL_Delay(1);\
HAL_GPIO_WritePin(RS485_RE_GPIO_PORT,           RS485_RE_GPIO_PIN,
GPIO_PIN_RESET);\
                         HAL_Delay(1);

    void RS485_Init(void);
    int RS485_Transmit(uint8_t *data, uint16_t len);
    #endif /* _RS485_DRV_H_ */
```

RS485.c 中的函数包括以下几种：

(1)485 初始化函数：该函数使能串口中断，令 SP3485 处于接收模式，其代码如下：

```
void RS485_Init(void)
{
    /* 使能串口接收中断 */
    HAL_UART_Receive_IT(&RS485_USART, data, 4);

    RS485_RX_ENABLE();
}
```

(2)485 发送函数：该函数令 SP3485 处于发送模式，发送数据之后再转为接收模式，其代码如下：

```
/*控制 RS485 发送 data*/
int RS485_Transmit(uint8_t *data, uint16_t len)
{
    HAL_StatusTypeDef status;

    RS485_TX_ENABLE();

    status = HAL_UART_Transmit(&RS485_USART, data, len, 0xFFFF);

    HAL_Delay(1);

    RS485_RX_ENABLE();

    return status == HAL_OK ? 0 : -1;/*0:successful;-1:failed*/
}
```

右击工程目录，单击“Add Group”，或选择“Manage Project Items”添加新目录“RS485”，并在其下添加 RS485.c 文件，如图 8-12 所示。添加 RS485.c 文件后，右击该文件，选择“Options for File-C/C++”，添加“Include Path”（头文件目录）。同样，也需要将这一头文件路径添加到 main.c 中，如图 8-13 所示。

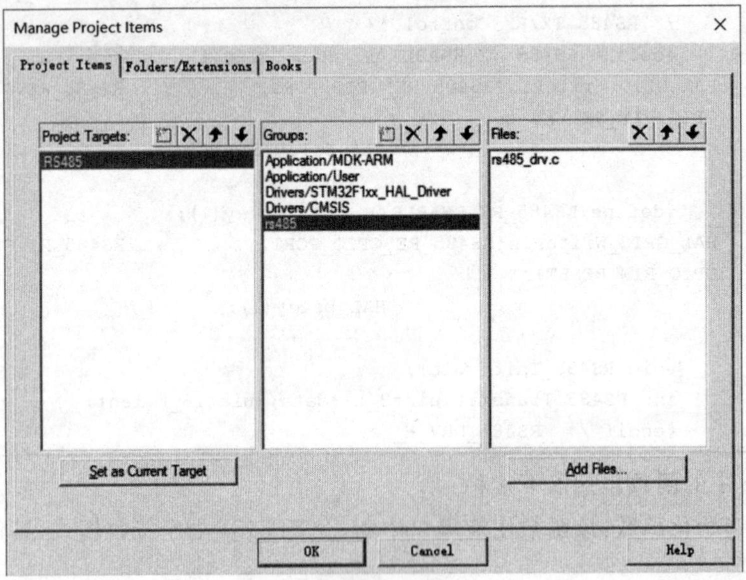


图 8-12　添加 RS485.c 文件

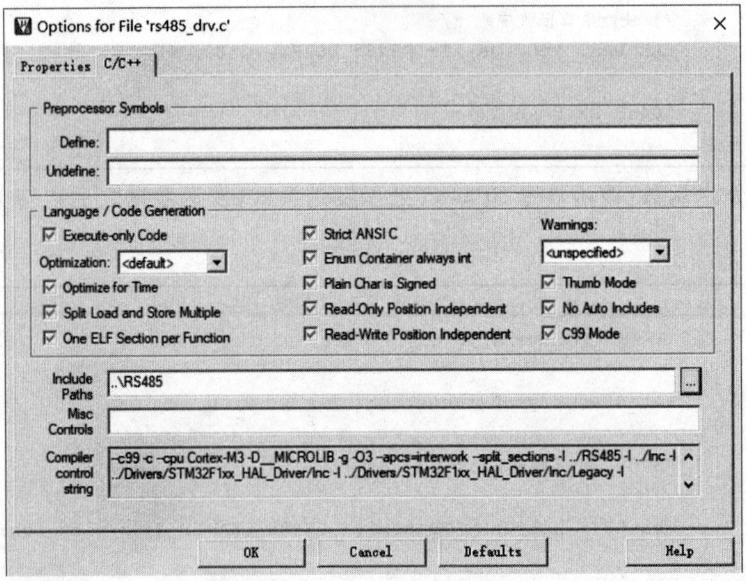


图 8-13　添加 RS485.h 头文件

串口接收中断处理函数方面，需要对中断回调函数 HAL_UART_RxCpltCallback (UART_HandleTypeDef * huart)进行重写，使其接收到数据后点亮 LED 灯，重写的代码如下：

```
/* USER CODE BEGIN 4 */
void HAL_UART_RxCpltCallback(UART_HandleTypeDef *huart)
{
    if(huart ->Instance == USART1)
    {
        HAL_GPIO_WritePin(GPIOD, GPIO_PIN_7, GPIO_PIN_SET);
        HAL_UART_Receive_IT(&RS485_USART, data, 4);
    }
}
/* USER CODE END 4 */
```

在 main.c 中编写测试程序，加入 rs485 头文件，代码如下：

```
/* USER CODE BEGIN Includes */
#include "rs485_drv.h"
/* USER CODE END Includes */
```

定义要发送的数据，代码如下：

```
/* USER CODE BEGIN 1 */
  uint8_t s_data[4] = {0x01, 0x02, 0x03, 0x04};
/* USER CODE END 1 */
```

调用初始化函数，代码如下：

```
/* USER CODE BEGIN 2 */
  RS485_Init();
/* USER CODE END 2 */
```

在 while(1)死循环中，每 1 s 发送一条数据，代码如下：

```
while (1)
  {
    /* USER CODE END WHILE */

    /* USER CODE BEGIN 3 */
      RS485_Transmit(s_data, 4);
      HAL_Delay(1000);
  }
  /* USER CODE END 3 */
```

## 第三节　实验结果

从图 8-14 中可以看到，1＃板发送的数据通过串口助手正确地显示了出来。

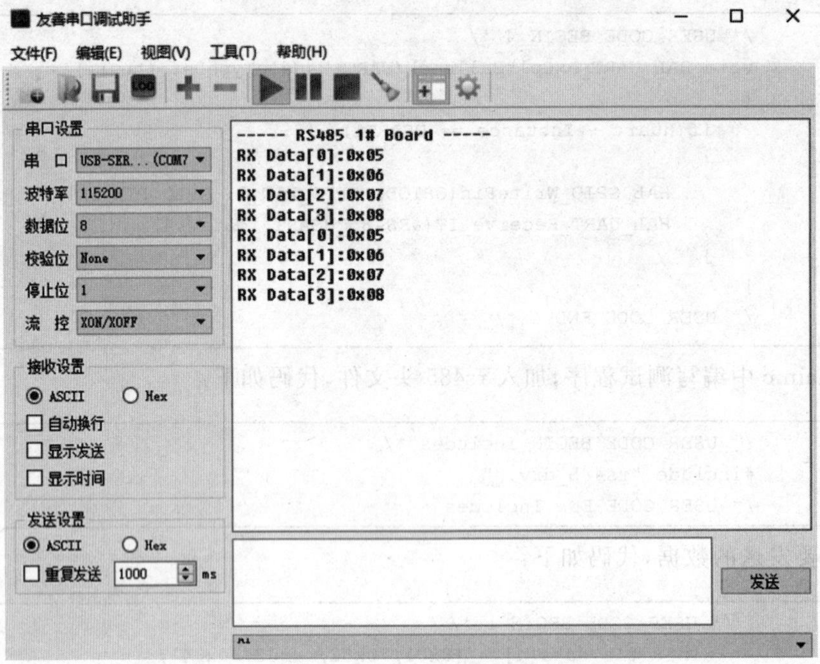


图 8-14　通过串口助手查看 1＃板发送的数据

从图 8-15 中可以看到，2＃板发送的数据也通过串口助手正确地显示了出来。

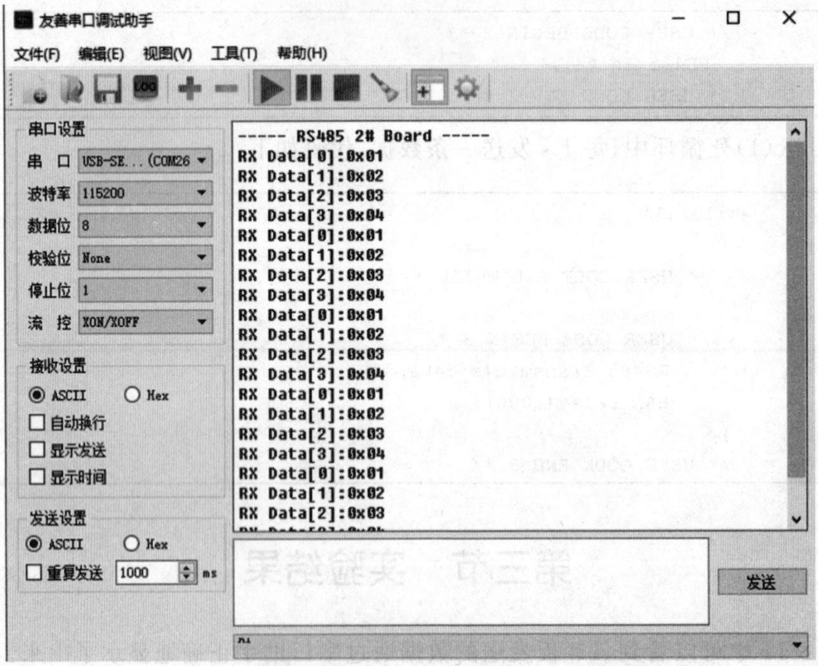


图 8-15　通过串口助手查看 2＃板发送的数据

同时,使用串口助手由上位机向开发板发送数据,当开发板接收到上位机发送的数据后,LED 灯 DS0 亮起,如图 8-16 所示。

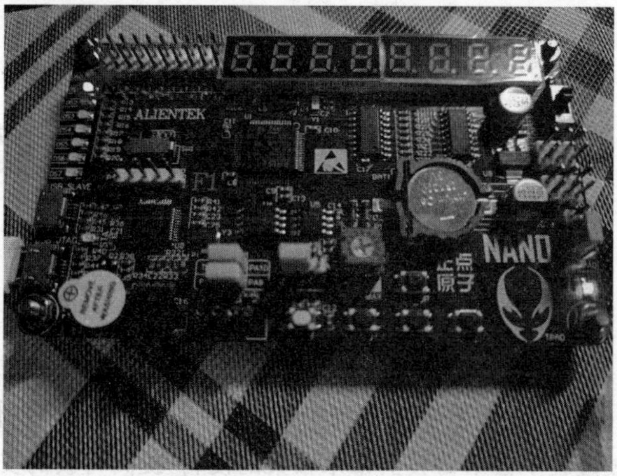


图 8-16　开发板运行结果

## 第四节　本章小结

RS485 通信模块在本质上仍属于串口通信。由于 RS485 通信模块具有抗干扰性良好、传输距离较长和具备多站能力等优点,从而使其成了首选的串行接口之一。在进行实验之前,需要先掌握好串口通信方面的基本知识和具体操作。STM32CubeMX 配置初始化参数是非常便捷的,希望读者能熟练掌握其操作,这将大大提高日后的实验与工作效率。在实验中,还需要注意 RS485 通信模块的数据线 A、B 是否接反,以及主/从双方的通信参数(波特率、字长等)是否相同。

### ☞本章参考资料

[1] STMicroelectronics. Reference manual of STM32F101xx, STM32F102xx, STM32F103xx, STM32F105xx and STM32F107xx advanced ARM-based 32-bit MCUs,2010.

# 第 9 章　基于红外传感技术的遥控实验

红外遥控具有抗干扰能力强、信息传输可靠、功耗低、成本低、易实现等显著优点，目前已被广泛应用于通信和遥控领域中，在日常家用电器和工业控制中发挥着重要的作用。我们可以将红外遥控应用于导航系统中，对导航系统进行控制，代替键盘或者按键操作，这在车辆行驶过程中会给驾驶员带来很大的便利，提高行驶的安全系数。

## 第一节　红外遥控实验简介

红外遥控实验分为基础部分和拓展部分两大部分。

### 一、基础部分

用开发板上的电阻器代替测量 AD 值，测量开发板上的电位器的电压值。按键后，测量 AD 值，让 AD 值通过串口发送到上位机并显示出来。调整电阻器，当 AD 值达到一定的阈值时报警(蜂鸣器鸣叫，同时 LED 灯闪烁)。

具体的实验要求如下：

(1)使用开发板上的可变电阻器来代替虚拟检测场景(也就是 AD 检测值)，按键后测量 AD 值的意思是按键后进入外部中断，开始实时检测 AD 值，紧接着使用定时器中断在每隔相同的时间内进行 AD 值的平均值采集，并转为字符串进行串口输出。

(2)设定阈值，在采集 AD 值大于阈值时进行蜂鸣器和 LED 灯报警。

### 二、拓展部分

在完成基础部分的内容后，可以再进行一定的扩展，如：

(1)在定时采集到 AD 值后，除去串口输出上位机以外，还要进行数码管输出，8 位数码管采用动态刷新的方式显示，前四位是阈值的 AD 值显示，后四位是显示 AD 转换的电压值(由公式计算得到)，阈值设置采用按键的方式进行，同样进入外部中断服务函数进行阈值设置。

(2)上位机通过串口控制数码管的亮灭。

(3)用红外按键代替开发板按键实现上述功能，并拓展其他按键功能(如开/关机、暂停、调阈值等键)。

## 第二节　实验原理及思路

基于红外传感技术的遥测实验的总思路为：

(1)定时器管理：使用三个定时器控制，TIM2 用来处理红外扫描函数结果对应的情况控制；TIM3 的 channel3 用来捕获红外输入信号；TIM4 用来进行 AD 采样、串口发送到上位机、数码管显示等。

(2)中断管理(配合一些自定义函数实现目标功能，下面先只介绍用到哪些中断)：外部中断实现按键，串口中断函数实现上位机发送数据至控制开发板，ADC 中断实现 ADC 采样，定时器中断实现前面所说的定时器功能，并要设置优先级顺序(优先级设置的具体方法和原因在代码分析和问题解决部分中予以讨论)。

(3)GPIO 口管理：GPIO 口管理比较简单，具体的管理方式会在下面的 cube 配置里予以介绍。

以上功能的实现需要一些中断函数，也需要一些功能性的自定义函数，具体的函数在代码部分中体现，相关的思路在此不再赘述。

### 一、基础部分的具体实现原理

我们通过 ADC1 的通道 9(PB1)来读取外部电压值，NANO STM32F103 板设计了电位器，电位器连接 3.3 V 的电压，而调节端则是连接到 ADC 采样端，通过调节电位器，实现采集 0～3.3 V 的电压。然后，通过按键开启外部中断 ADC，实时采集检测 AD 值，并通过定时器中断定时发送串口数据和后续一系列的显示及比较(主要是写外部中断函数和 ADC 相关服务函数)。

### 二、拓展部分的具体实现原理

#### (一)AD 值和阈值同时在数码管显示

设置一个数组全局变量作为刷新显示 8 位数码管值，从左到右显示分别为 4 位电阻阈值，带 2 位小数电压值，使用自定义函数实现对该刷新数组的赋值；然后使用 138 译码器对 8 位数码管进行选择，以此来进行动态刷新，从而达到 8 位数码管一起亮的效果；段选函数 8 位串行数据输入 595 数据选择器，锁存每一位时中间间隔微秒延时函数进行锁存操作，实现并行输出数据，接着在定时器 4 中断服务函数中进行数码管显示。

#### (二)上位机通过串口控制数码管的亮灭

定义一个静态全局变量 t2，t2＝0 则开启数码管，t2＝1 则关闭数码管；同时定义一个

string2,8 位全部为 0x00 表示全灭的数组,在 t2=1 时中间刷新变量被赋值为 string2,若 t2=0,则赋值为正常的 string1;紧接着,在定时器中断服务函数里面就 t2 的不同值选择中间动态变量的赋值数组为 string1 还是 string2,就可以实现全灭或全亮。

(三)红外按键代替普通按键,并拓展其他功能的红外按键

在按键输入以及 AD 转换部分代码的基础上,加入红外遥控部分,使按键输入和红外遥控同时发挥有效作用。首先需要再进行 STM32CubeMX 的配置,由于需要用到红外遥控输入捕获,所以选用三个定时器 TIM3、TIM4 和 TIM2,TIM3 的 channel3 用于输入捕获,TIM2 用于控制,TIM4 用于基础功能,并设置好优先级。生成代码后,参考相关资料在代码中编写定时器中断服务(回调)函数,以及编写红外扫描等功能函数,以方便在中断服务函数里调用。编写中断服务函数时,要对应前面所说的每个中断的功能,TIM3CHANNEL3 的中断函数写捕获红外信号的代码,TIM4 写基础功能的代码,TIM2 写对应不同的 remote scan 扫描结果做出一些控制的代码(具体在实验步骤的代码分析里展示)。

## 三、硬件连接

在开始实验之前,需要进行的硬件连接方式如图 9-1 所示。

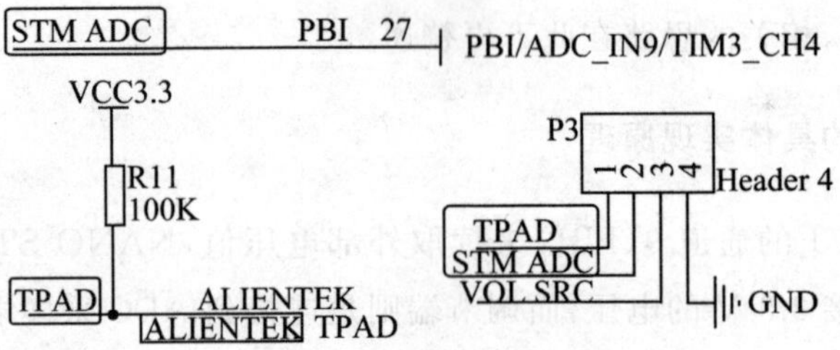


图 9-1　硬件连接方式

将 AD 端口与 VR 端口用跳线帽连接起来,关于滑动变阻器,顺时针旋转时电阻值呈线性增加。

# 第三节　实验流程

按照前述的实验原理和思路,设计工程如下:

## 一、STM32CubeMX 配置初始化参数

GPIO 口配置如图 9-2 所示,PC0、PC1、PB8 分别对应开发板上的 DS0、DS1 以及蜂鸣器;PB3、PB4、PB5 分别对应 74HC595 操作线;PC10、PC11、PC12 分别对应 74HC138 操作线;PA0、PC8、PC9、PD2 分别对应按键 KEY_UP、KEY0、KEY1 和 KEY2。初始化

按键输入的 IO 口，KEY0 按键 PC8、KEY1 按键 PC9 均为低电平有效，所以选择下降沿；KEY_UP 是高电平有效，因此设置为上升沿，当按键按下时，进行相应的控制。由于外部都没有上/下拉电阻，因此需要在 STM32 内部设置好，KEY0、KEY1 和 KEY2 都是上拉，KEY_UP 是下拉。

| Pin... | Signal... | GPIO... | GPIO... | GPIO... | Maxim... | User L... | Modified |
|---|---|---|---|---|---|---|---|
| PA0-... | n/a | n/a | Extern... | Pull-do... | n/a | | ☑ |
| PB3 | n/a | Low | Output... | Pull-up | High | | ☑ |
| PB4 | n/a | High | Output... | Pull-up | High | | ☑ |
| PB5 | n/a | Low | Output... | Pull-up | High | | ☑ |
| PB8 | n/a | High | Output... | No pull... | High | | ☑ |
| PC0 | n/a | High | Output... | No pull... | High | | ☑ |
| PC1 | n/a | High | Output... | No pull... | High | | ☑ |
| PC8 | n/a | n/a | Extern... | Pull-up | n/a | | ☑ |
| PC9 | n/a | n/a | Extern... | Pull-up | n/a | | ☑ |
| PC10 | n/a | Low | Output... | Pull-up | High | | ☑ |
| PC11 | n/a | Low | Output... | Pull-up | High | | ☑ |
| PC12 | n/a | Low | Output... | Pull-up | High | | ☑ |
| PD2 | n/a | n/a | Extern... | Pull-up | n/a | | ☑ |

图 9-2　GPIO 口配置

设置高速时钟为外部晶振，如图 9-3 所示。

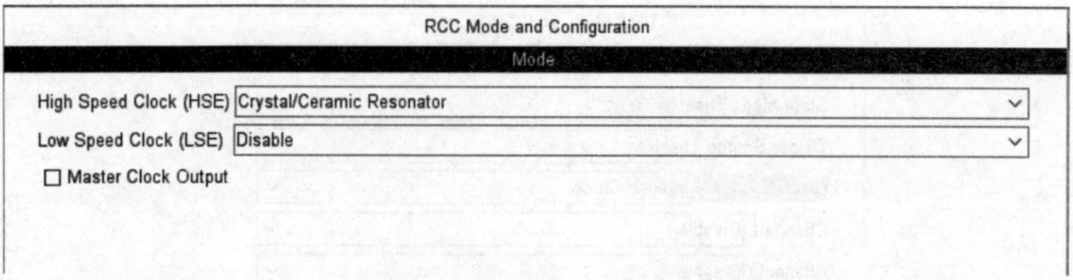


图 9-3　设置高速时钟为外部晶振

设置调试模式，如图 9-4 所示。

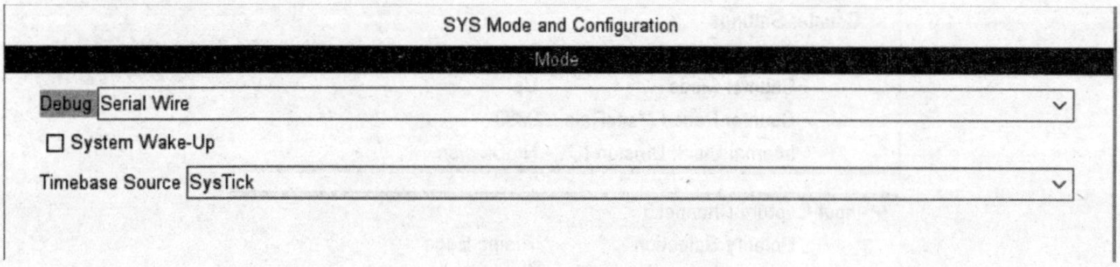


图 9-4　设置调试模式

使能定时器和设置定时器分频系数、自动重装载值等（关于定时器分频系数、自动重装载值的设置，在后文介绍），如图 9-5、图 9-6、图 9-7 所示。

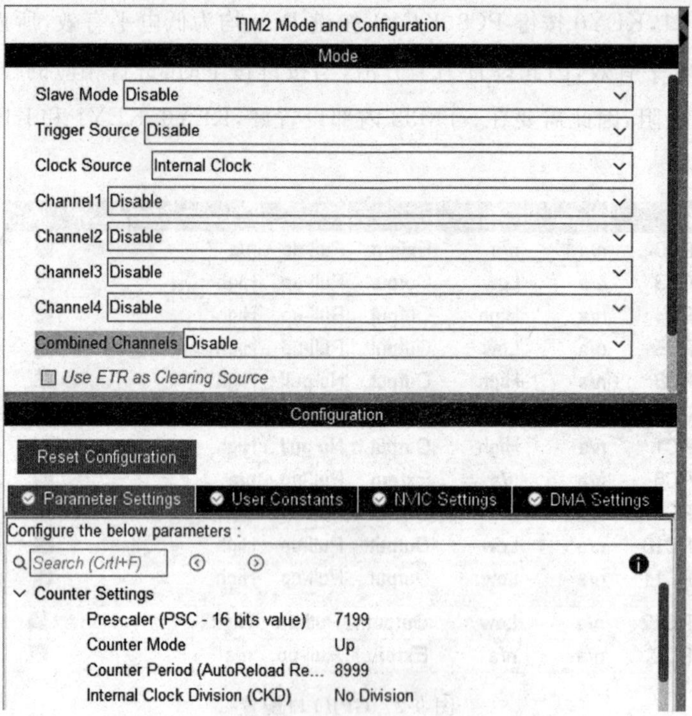


图 9-5　TIM2 定时器配置

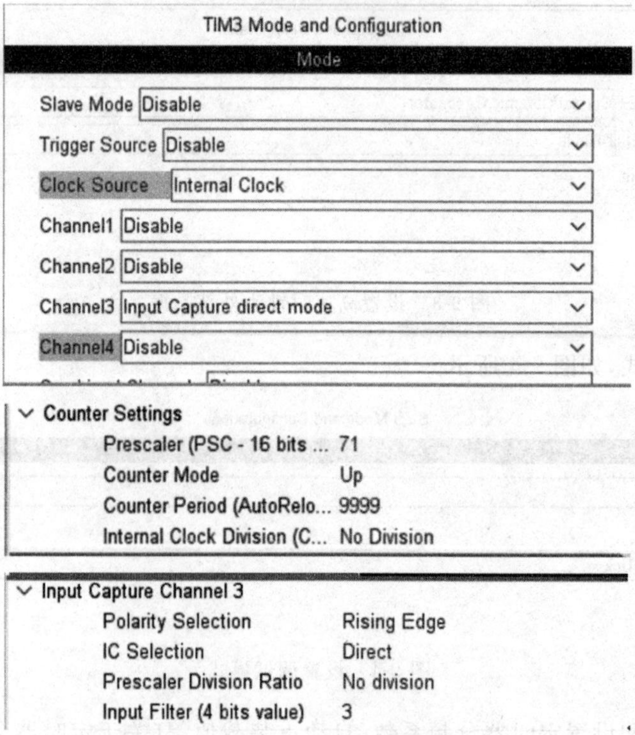


图 9-6　TIM3 定时器配置

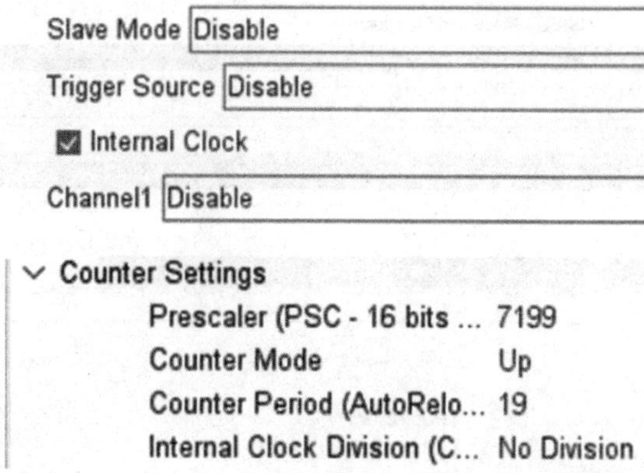


图 9-7 TIM4 定时器配置

设置 ADC 为右对齐，非扫描模式，关闭连续转换，1 个转换在规则序列中，禁止不连续采样模式，不连续采样通道数为 0，软件触发，如图 9-8 所示。

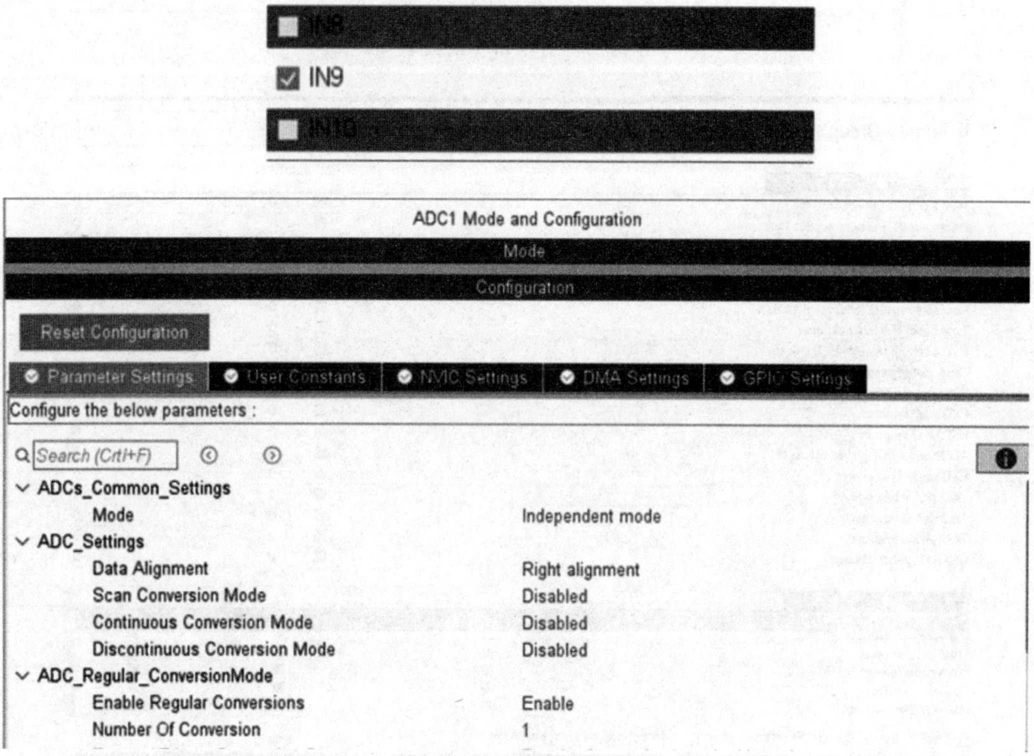


图 9-8 ADC 的设置

对串口 1 的设置如图 9-9 所示，然后使能 NVIC 以及设置中断优先级，如图 9-10 所示。

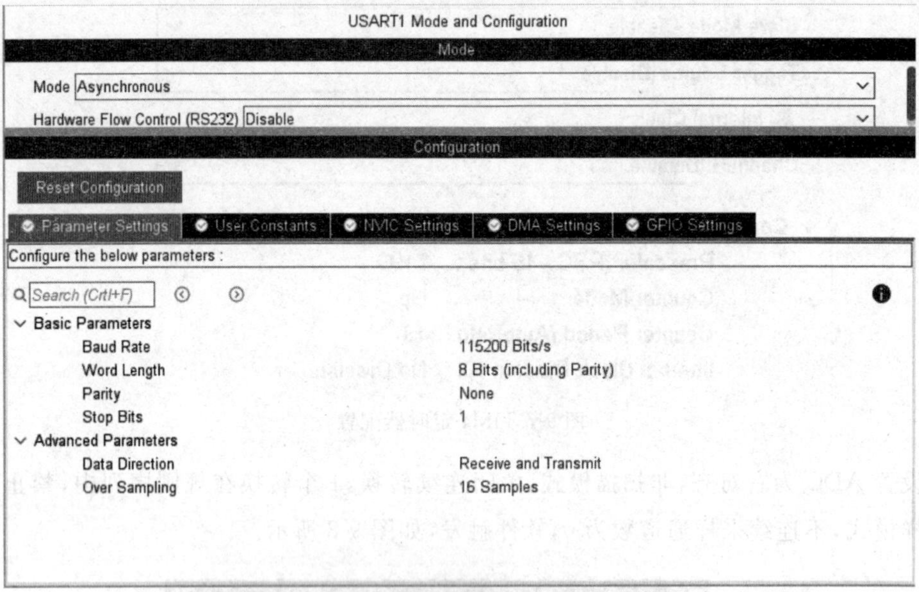


图 9-9　对串口 1 的设置

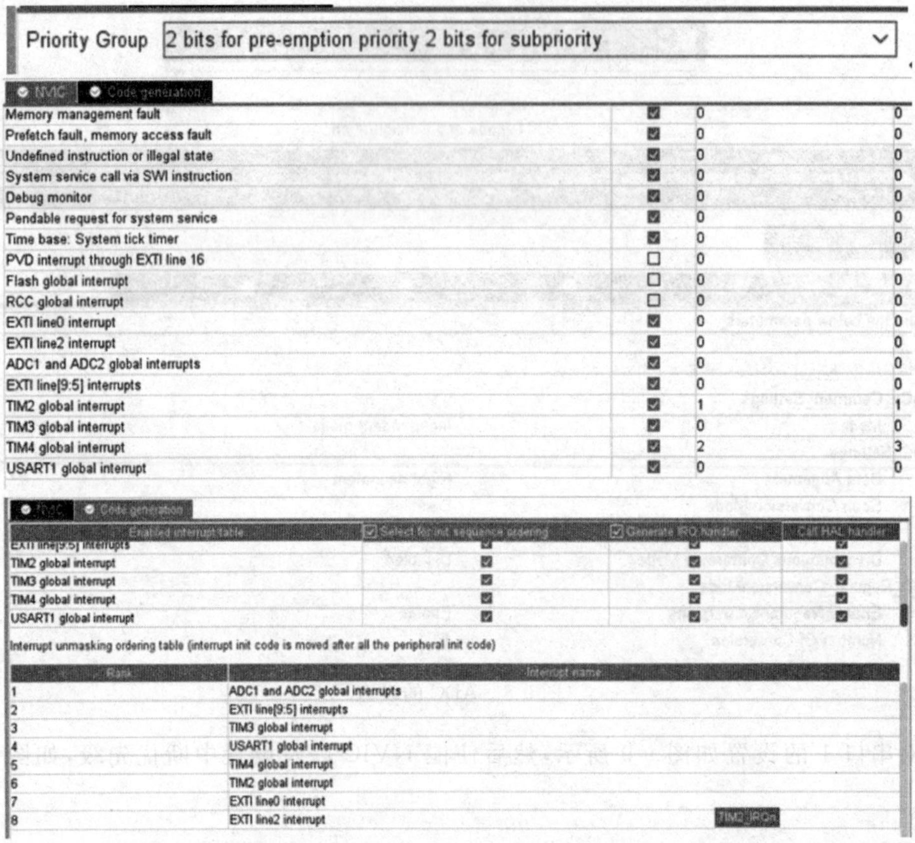


图 9-10　使能 NVIC 以及设置中断优先级

对串口 1 的设置步骤为：

(1)Mode 设置串口 1 的 Asynchronous(异步通信)模式。

(2)Hardware Flow Control(RS232)设置为关闭串口 1 的硬件流控制 BaudRate 为串口波特率，用来确定串口通信的速率为 115200 Bits/s。

(3)WordLength 为字长，设置为 8 位字长数据格 UART_WORDLENGTH_8B；StopBits 为停止位设置，设置为 1 位停止位 UART_STOPBOTS_1。

(4)Parity 设定为无奇偶检验位。

(5)Mode 为串口模块，设置为全双工收发模式。

(6)OverSampling 设置为采样为 16 倍。

设置系统时钟，如图 9-11 所示。

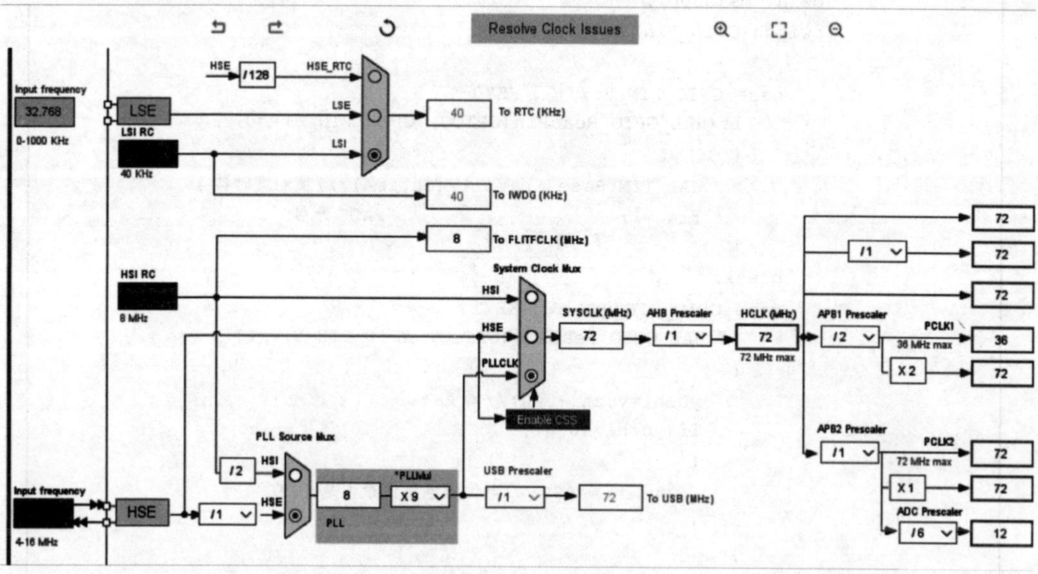


图 9-11　设置系统时钟

## 二、代码设计

### (一)基础部分

校准 ADC 的代码如下：

```
HAL_ADCEx_Calibration_Start(&hadc1);//校准 ADC
```

延时函数 delay_ms()用来按键防抖，其代码如下：

```
//延时
void delay_ms(uint16_t nms)
{
```

```
    uint32_t i;
    for(i=0;i<nms;i++)
      delay_us(1000);
```

外部中断回调函数完成按键相关功能。通过 HAL_GPIO_ReadPin 函数来读取 IO 口的状态：按下 KEY0 后，使能定时器 4，并使 flag＝1，从而使进入 getADC 函数时开启 ADC；按下 KEY1 后，阈值增加 500；按下 KEY2 后，阈值减少 500；按下 KEY_UP，关闭 ADC 检测和 TIM4，关闭蜂鸣器和 LED0 报警，其代码如下：

```
void HAL_GPIO_EXTI_Callback(uint16_t GPIO_Pin)
{

  delay_ms(5000);
  switch(GPIO_Pin)
  {
    case GPIO_PIN_8://按下 KEY0
      if(HAL_GPIO_ReadPin(GPIOC, GPIO_PIN_8)==0)
      {
        HAL_TIM_Base_Start_IT(&htim4);//使能定时器 4
        flag=1;                       //ADC 开启
      }
    break;
    case GPIO_PIN_9://按下 KEY1
      if(HAL_GPIO_ReadPin(GPIOC, GPIO_PIN_9)==0)
      {
        yuzhi=yuzhi+500;//阈值+500
        if(yuzhi>4096)
        {
          yuzhi=4096;//电位器电压值最大是 4096
        }
      }
    break;
    case GPIO_PIN_2://按下 KEY2
      if(HAL_GPIO_ReadPin(GPIOD, GPIO_PIN_2)==0)
      {
        yuzhi=yuzhi-500;//阈值-500
        if (yuzhi<0)
        {
          yuzhi=0;//最小值 0
        }
      }
    break;
    case GPIO_PIN_0://按下 KEY_UP
      if(HAL_GPIO_ReadPin(GPIOA, GPIO_PIN_0)==1)
      {
       HAL_TIM_Base_Stop_IT(&htim4);   //关闭 TIM4
       flag=0;                         //关闭 ADC 检测
```

```
            HAL_GPIO_WritePin(GPIOB,GPIO_PIN_8,GPIO_PIN_SET);// 关
闭蜂鸣器报警
            HAL_GPIO_WritePin(GPIOC,GPIO_PIN_0,GPIO_PIN_SET);// 关
闭 LED0 报警
        }
      break;
    }
}
```

函数 getADC()是用于获取 ADC 值的函数,其可开启 ADC,轮询转换,并返回最近一次 ADC 规则组的转换结果。转换结果将被存在 ADC_DR 寄存器中,EOC(转换结束)标志将被置位,如果设置了 EOCIE 则会产生中断;然后 ADC 将停止,直到下次启动。读取 ADC 值,这里采取的是查询方式读取,所以还要等待上一次转换结束。在此过程中,HAL 库提供了专用函数 HAL_ADC_PollForConversion,其代码如下:

```
//获取 ADC 值
uint16_t getADC()
{
    if(flag==1)
        HAL_ADC_Start(&hadc1);//开启 ADC
    HAL_ADC_PollForConversion(&hadc1,10);//轮训转换
    return(uint16_t)HAL_ADC_GetValue(&hadc1);//返回最近一次 ADC1 规则组
的转换结果
}
```

函数 Get_ADC_Average 用于多次获取 ADC 值并取平均数,用来提高准确度,其代码如下:

```
//获取 times 次 ADC 平均值
uint16_t Get_ADC_Average(uint8_t times)
{
    uint16_t temp_val=0;
    uint8_t t;
    for(t=0;t<times;t++)
        temp_val+=getADC();
    return temp_val/times;
}
```

将得到的电压值转换成字符串,以便通过串口通信发送到电脑串口助手,其代码如下:

```
//uint16 转换成字符串; 将得到的电压值转换成字符串
void u16ToString(uint16_t volume,uint16_t volume1,uint8_t *string)
{
    char str[]="0123456789";
    string[0]=str[(uint16_t)volume1];          //电压值整数部分
```

```
        string[1]='.';                                //小数点
        string[2]=str[(uint16_t)volume/100];          //十分位
        string[3]=str[(uint16_t)volume%100/10];       //百分位
        string[4]='V';                                //电压符号 V
        string[5]=' ';                                //空格
        string[6]=0;                                //结束标志
    }
```

进行 ADC 变量定义，并设置阈值，其代码如下：

```
static uint16_t adcx=0;
static uint16_t adcx1=0;    //电压值的整数
static int16_t yuzhi=1000; //阈值
static float temp=0;
uint16_t led_t=0;           //led 显示时间
uint16_t adc_t=0;           //adc 采样时间
uint8_t uart_str[6];            //串口通信要发送的字符串
```

定时器 TIM4 中断回调函数：每隔 200 ms 读取一次 ADC 通道 9 的值，将读取的值转换为电压值后，通过串口将电压值发送到上位机，并将获得的 ADC 原始值与阈值相比较，若大于阈值，则蜂鸣器鸣叫报警，同时 LED0 点亮，其代码如下：

```
adc_t++;
        if(adc_t==100)
    //ADC 200ms 采样
        {
            HAL_GPIO_TogglePin(GPIOC,GPIO_PIN_1);    //表示程序正在运行
            adc_t=0;
            adcx=Get_ADC_Average(3);                          //ADC 原始值
            temp=(float)adcx*(3.3/4096);                      //ADC 电压值
            adcx1=temp;                                   //ADC 电压值的整数部分
            temp-=adcx1;                                  //ADC 电压值的小数部分
            temp*=1000;
            //串口发送电压值到上位机
            u16ToString(temp,adcx1,uart_str);
           HAL_UART_Transmit_IT(&huart1,uart_str,strlen(uart_str));

            //与阈值比较 报警
            if(adcx>=yuzhi)
            {
                HAL_GPIO_WritePin(GPIOC,GPIO_PIN_0,GPIO_PIN_RESET);
                HAL_GPIO_WritePin(GPIOB,GPIO_PIN_8,GPIO_PIN_RESET);
            }
            else
            {
                HAL_GPIO_WritePin(GPIOC,GPIO_PIN_0,GPIO_PIN_SET);
                HAL_GPIO_WritePin(GPIOB,GPIO_PIN_8,GPIO_PIN_SET);
            }
```

## 三、拓展部分

拓展部分包括两方面的内容：首先是使用数码管显示阈值和实时电压值；其次是在上位机串口助手输入 0 或 1，开发板接收到数据后决定是否开启或关闭数码管显示。

进行 8 位数码管的显示和映射时，首先设置一个数组全局变量作为刷新显示 8 位数码管值，从左到右显示分别为 4 位电阻阈值，带 2 位小数电压值。使用如下的自定义函数实现对该刷新数组的赋值：

```
//阈值和电压值数码管显示
char  string1[8];
char  string2[]={0x00,0x00,0x00,0x00,0x00,0x00,0x00,0x00};
void  smg(uint16_t yuzhi,uint16_t volume,uint16_t volume1)
{
    //0,1,2,3,4,5,6,7,8,9,.,全灭
    char
smg2[]={0xfc,0x60,0xda,0xf2,0x66,0xb6,0xbe,0xe0,0xfe,0xf6,0x01,0x
00};

    string1[0]=smg2[(uint16_t)yuzhi/1000];            //千位数值
    string1[1]=smg2[(uint16_t)yuzhi%1000/100];        //百位数值
    string1[2]=smg2[(uint16_t)yuzhi%100/10];              //十位数值
    string1[3]=smg2[(uint16_t)yuzhi%10];              //个位数值
    if(string1[0]==smg2[0])                       //如果千位为 0
    {
        string1[0]=smg2[11];                      //千位全灭
        if(string1[1]==smg2[0])                 //千位为 0,同时百位也为 0
        {
            string1[1]=smg2[11];                  //百位全灭
            if(string1[2]==smg2[0])             //千位 百位 十位 同时为 0
                string1[2]=smg2[11];              //十位全灭
        }
    }
    //电压值显示
    string1[5]=smg2[(uint16_t)volume1]|0x01;      //整数部分和小数点显示
    string1[6]=smg2[(uint16_t)volume/100];        //十分位
    string1[7]=smg2[(uint16_t)volume%100/10];         //百分位
}
```

如上面的代码所示，string1 是设置的全局变量刷新数组，在函数 smg 中，0～3 位是阈值显示，举例说明：yuzhi＝3999 的第一位显示＝3999/1000＝3，第二位/1000 取余＝999/100＝9，依次类推，就可将 4 位数字全部表示出来。由于是数码管显示，所以数值映射表为 ISCII 码显示；同时，高位为零时的全灭设计是采用的 0x00 为段选进行数据选择，所以显示为关闭该位数码管，后 4 位的电压值显示与前面基础设计的字符转换完全相同。在该函数中进行字符转换和数值映射后，会自动改变全局变量的动态刷新数组值。

接下来是一个微秒级的延时函数，其代码如下：

```
//动态刷新延时函数
static uint32_t  fac_us=0; //us 延时倍乘数
void delay_us(uint16_t us)
{
  uint32_t ticks;
  uint32_t told,tnow,tcnt=0;
  uint32_t reload=SysTick->LOAD;                  //LOAD 的值
  ticks=us*fac_us;                                //需要的节拍数
  told=SysTick->VAL;                              //刚进入时的计数器值
  while(1)
   {
      tnow=SysTick->VAL;
      if(tnow!=told)
      {
         if(tnow<told)tcnt+=told-tnow; //SYSTICK 是一个递减的计数器

         else tcnt+=reload-tnow+told;
         told=tnow;
         if(tcnt>=ticks)break;   //时间超过或等于延迟的时间，则退出
      }
   }
}
```

使用微秒级的延时函数的原因是 595 数据选择器是串行数据输入、并行输出，所以在串行数据输入时使用微秒延时函数隔开每次使能锁存时钟，表示串行数据输入值的存储方式。

进行位选时，因为使用 138 译码器来进行 8 位数码管选择，以此来进行动态刷新达到 8 位数码管一起亮的效果，故代码如下：

```
//74HC138 驱动
//数码管位选
//num:要显示的数码管编号 0-7
void LED_Wei(uint8_t num)
{
   LED_A0=num&0x01;
   LED_A1=(num&0x02)>>1;
   LED_A2=(num&0x04)>>2;
}
```

如上面的代码所示，位选号 num 分别跟 0x01，0x02，0x04 进行与操作（实际上是选中对应位进行编码并移位），从而达到选择位数的目的，例如 num＝6，6&0x01＝0，6&0x02＝1，6&0x04＝1，然后进行移位操作，编码成功变为并行输入 110。

进行段选的相关操作在前述微秒级的延时函数设计中就有提到，其代码如下：

```
//74HC595 驱动
//数码管显示
void LED_Write_Data(uint8_t duan,uint8_t wei)
{
    uint16_t   j;
  for(j=0;j<8;j++)
    {
        LED_DS=(duan>>j);
        LED_SCK=0;
        delay_us(5);
        LED_SCK=1;
    }
    LED_Wei(wei);
}
```

8位串行数据输入，锁存每一位时中间间隔微秒延时函数进行锁存操作，同时进行对应位的位选。数码管的刷新函数如下：

```
//74HC595 驱动
//数码管刷新显示
void LED_Refresh(void)
{
    LED_LCLK=1;
  delay_us(5);
  LED_LCLK=0;
}
```

在定时器4的中断服务函数中进行数码管显示(之所以用中断服务函数而不是回调函数会在红外拓展的代码里讲到，这里先不讲)。该定时器的重装计时值为2 ms，所以每次进入中断就进行一次位选刷新；每隔200 ms就根据采集的最新ADC值进行数码管全体刷新，其代码如下：

```
uint8_t smg_wei=0;  //数码管位选
uint8_t smg_duan=0; //数码管段选
   void TIM4_IRQHandler(void)
{   //判断 TIM4 是否使能
    if(__HAL_TIM_GET_IT_SOURCE(&htim4, TIM_IT_UPDATE) !=RESET)
    {
        __HAL_TIM_CLEAR_IT(&htim4, TIM_IT_UPDATE);//清空标志位，防误入

        //数码管显示
        LED_Write_Data(shuaxin1[smg_duan],smg_wei);
        LED_Refresh();
        smg_wei++;
        smg_duan++;
        if(smg_wei==8)
```

```
        smg_wei=0;
    if(smg_duan==8)
        smg_duan=0;
    //ADC 采样，取平均值，将 ADC 原始值转换成电压值
    adc_t++;
    if(adc_t==100)                                  //ADC 200ms 采样
    {
        HAL_GPIO_TogglePin(GPIOC,GPIO_PIN_1);    //表示程序正在运行
        adc_t=0;
        adcx=Get_ADC_Average(3);                     //ADC 原始值
        temp=(float)adcx*(3.3/4096);                 //ADC 电压值
        adcx1=temp;                                //ADC 电压值的整数部分
        temp-=adcx1;                               //ADC 电压值小数部分
        temp*=1000;

        smg( yuzhi,temp,adcx1 );                   //调用 smg 函数
        if(t2==0)
        {for(i=0;i<8;i++)
        {
            shuaxin1[i]=string1[i];
        }}
        else
        {for(i=0;i<8;i++)
        {
            shuaxin1[i]=string2[i];
        }
        }
```

如上面的代码所示，shuaxin1[]数组是中间变量，因为每隔 2 ms 就进行全体刷新闪烁太快，所以就使用了一个中间变量，以保证刷新值每隔 200 ms 变化(该值不是指动态刷新)，动态刷新需要较小的时间间隔，所以动态刷新的部分在每次进入定时器。

关于关闭数码管，这里的方法是使用上位机向开发板发送数据，从而实现关闭或开启，当然复位值是自动开启。首先是串口接收数据函数，其代码如下：

```
static uint16_t t2=0;
void HAL_UART_RxCpltCallback(UART_HandleTypeDef *huart)
{
    if(huart->Instance==USART1)
    {
        if(arxbuffer[0]==0x00)
        {
            t2=1;
        }
        if(arxbuffer[0]==0x01)
        {
            t2=0;
        }
        HAL_UART_Receive_IT(&huart1,(uint8_t
*)arxbuffer,RXBUFFERSIZE);
    }
}
```

上面的函数中采用了一个静态全局变量，t2＝0 则开启数码管，t2＝1 则关闭数码管。同时，定义了一个 string2，8 位全部为 0x00 表示全灭的数组，在 t2＝1 时中间刷新变量被赋值为 string2；若 t2＝0，则赋值为正常的 string1，其代码如下：

```
//数码管要显示的数值
smg( yuzhi,temp,adcx1 );                //调用 smg 函数
if(t2==0)
{for(i=0;i<8;i++)
{
    shuaxin1[i]=string1[i];
}}
else
{for(i=0;i<8;i++)
{
    shuaxin1[i]=string2[i];
}
}
```

用红外按键代替普通按键并拓展其他功能的红外按键时(保留普通按键功能)，可以按照思路，配置好 cube 后，在代码里首先使能 TIM3 以及 TIM3 的 channel3 以捕获红外信号。注意，当使用定时器实现输入捕获功能时，在 HAL 库中并不能使用定时器初始化函数 HAL_TIM_Base_Start_IT(&htim3)来实现；而是要使用输入捕获特定的定时器初始化函数 HAL_TIM_IC_Start_IT(&htim3，TIM_CHANNEL_3)，以 TIM3 的 CHANNEL3 为例，其代码如下：

```
/* USER CODE BEGIN TIM3_Init 2 */
  HAL_TIM_IC_Start_IT(&htim3,TIM_CHANNEL_3);//使能定时器 3channel3
  HAL_TIM_Base_Start_IT(&htim3);
/* USER CODE END TIM3_Init 2 */
```

根据前面的思路，我们还需要使能定时器 TIM2 来处理下面要写的红外扫描函数的结果，即用 TIM2 中断服务和红外扫描函数代替外部按键中断对开发板的控制。在红外扫描函数得出结果后，TIM2 进行相应的处理，从而实现红外信号对开发板的控制作用以代替按键，其代码如下：

```
  /* USER CODE BEGIN TIM2_Init 2 */
HAL_TIM_Base_Start_IT(&htim2);//使能定时器 2
  /* USER CODE END TIM2_Init 2 */
```

在 TIM2 的控制过程中，为了方便编写，我们又使用了一个定时器 TIM4 来实现基础功能，如基础部分代码所示，基础功能是由定时器 TIM4 实现的。

由于要实现红外按键开启、暂停和关闭功能(暂停和关闭功能在后文介绍)，所

以要求 TIM2 可以控制 TIM4 的使能和失能。在 cube 配置里，需要提前设置好这三者的优先级（也可以在 main.c 里直接修改），TIM2 和 EXTI 的抢占优先级要大于 TIM4 才可以控制 TIM4 的关闭，即前两者可以打断后者（优先级设置的用处主要体现在暂停和关闭功能，前者可以打断后者 TIM4 来让它暂停，而在使能上没怎么体现出来）。

清楚了每个定时器的作用并使能好、配置好以后，下面就到了最重要的环节，即编写功能函数和中断服务函数。首先是定义和宏定义我们所需要的量，在编写代码时随时可以添加，这里只展示结果：

```
#define RDATA   PBin(0)       //红外数据输入脚
#define REMOTE_ID 0           //红外遥控识别码（配对）
```

```
/* USER CODE BEGIN 4 */
uint8_t   RmtSta=0;
uint16_t Dval;        //下降沿时计数器的值
uint32_t RmtRec=0;    //红外接收到的数据
uint8_t  RmtCnt=0;    //按键按下的次数
```

然后编写定时器 3 的中断回调函数和定时器输入捕获中断回调函数，这些函数都是用来在完成一次定时器周期以后标记捕获信号的情况（上升沿、下降沿还是“无”），以及执行清零操作进行下一次捕获，防止上一次的结果对下一次造成干扰，具体的工作原理如下（参考指南和自己对代码的理解）：

当捕获到上升沿时产生捕获中断，当定时器计数溢出时产生更新中断。当捕获到上升沿的时候，设置捕获极性为下降沿捕获（为下次捕获下降沿作好准备），然后设置定时器计数值为 0（清空定时器），同时设置变量 RmtSta 的位 4 值为 1，标记已经捕获到上升沿。

当捕获到下降沿的时候，读取定时器的值并赋值给变量 Dval，然后设置捕获极性为上升沿捕获（为下次捕获上升沿作好准备），同时对变量 RmtSta 的位 4 进行判断：如果 RmtSta 的位 4 值为 1，说明之前已经捕获过上升沿，那么对捕获值 Dval 进行判断，在 300～800之间说明接收到的数据为 0；在 1400～1800 之间说明接收到的数据为 1；在 2200～2600 之间说明是连发码，按键次数加 1；在 4200～4700 之间说明是引导码，清除计数次数。

如果定时器发生溢出中断，则分析如下：如果之前接收到了引导码，并且是第一次溢出，则标记完成按键次数的信息采集。具体的代码及每句的功能注释如下：

```
//定时器更新(溢出)中断回调函数
void HAL_TIM_PeriodElapsedCallback(TIM_HandleTypeDef *htim)
{
    if(htim->Instance==TIM3)//判断是否有定时器

    {
        if(RmtSta&0x80)//上次有数据被接收到了
        {
            RmtSta&=~0X10;                    //取消上升沿已被捕获标记
            if((RmtSta&0X0F)==0X00)RmtSta|=1<<6;
            /*标记已经完成一次按键的键值信息采集*/
            if((RmtSta&0X0F)<14)RmtSta++;
            else
            {
                RmtSta&=~(1<<7);//清空引导标识
                RmtSta&=0XF0; //清空计数器
            }
        }
    }
}
```

```
//定时器输入捕获中断回调函数
void HAL_TIM_IC_CaptureCallback(TIM_HandleTypeDef *htim)
//捕获中断发生时执行
{
    if(htim->Instance==TIM3)
    {
        if(RDATA)//上升沿捕获
        {
            TIM_RESET_CAPTUREPOLARITY(&htim3,TIM_CHANNEL_3);
            //一定要先清除原来的设置!
            TIM_SET_CAPTUREPOLARITY(&htim3,TIM_CHANNEL_3,TIM_ICPOLA
RITY_FALLING);//CC1P=1
            __HAL_TIM_SET_COUNTER(&htim3,0);     //清空定时器值
            RmtSta|=0X10;                         //标记上升沿已经被捕获
        }else //下降沿捕获
        {
            Dval=HAL_TIM_ReadCapturedValue(&htim3,TIM_CHANNEL_3);
            //读取 CCR2 也可以清 CC2IF 标志位
            TIM_RESET_CAPTUREPOLARITY(&htim3,TIM_CHANNEL_3);
            //一定要先清除原来的设置!
            TIM_SET_CAPTUREPOLARITY(&htim3,TIM_CHANNEL_3,TIM_ICPOLA
RITY_RISING);//配置 TIM3 通道 3 上升沿捕获
            if(RmtSta&0X10)                       //完成一次高电平捕获
            {
                if(RmtSta&0X80)//接收到了引导码
                {
```

```
                    if(Dval>300&&Dval<800)          //560 为标准值,560us
                    {
                        RmtRec<<=1;                 //左移一位
                        RmtRec|=0;                  //接收到 0
                    }else if(Dval>1400&&Dval<1800)
                    //1680 位标准值,1680us
                    {
                        RmtRec<<=1;                 //左移一位
                        RmtRec|=1;                  //接收到 1
                    }else if(Dval>2200&&Dval<2600)
                    //得到按键键值增加的信息 2500 位标准值 2.5ms
                    {
                        RmtCnt++;               //按键次数增加 1 次
                        RmtSta&=0XF0;           //清空计时器
                    }
                }else if(Dval>4200&&Dval<4700)      //4500 为标准值 4.5ms
                {
                    RmtSta|=1<<7;               //标记成功接收到了引导码
                    RmtCnt=0;                   //清除按键次数计数器
                }
            }
            RmtSta&=~(1<<4);
        }
    }
}
```

在上面的代码中，以下代码有问题，这是 cube 的一个 bug，需要手动更改函数定义，在第一行末尾多了个括号，去掉即可：

```
TIM_RESET_CAPTUREPOLARITY(&htim3,TIM_CHANNEL_3);
```

下面所示是处理红外键盘的函数 Remote-Scan，其检验遥控识别码 ID 来配对红外信号，这个 ID 就是前面宏定义的 0，扫描结果返回 sta 的值，在手册里有扫描结果的值与红外按键对应的情况，我们可以参考其对应情况，在中断服务函数里用按键值对应我们需要的功能，具体代码注释如下：

```
uint8_t Remote_Scan(void)
{
    uint8_t  sta=0;
    uint8_t t1,t2;
    if(RmtSta&(1<<6))//得到一个按键的所有信息了
    {
        t1=RmtRec>>24;            //得到地址码
        t2=(RmtRec>>16)&0xff;     //得到地址反码
        if((t1==(uint8_t)~t2)&&t1==REMOTE_ID)
        //检验遥控识别码（ID）及地址
        {
```

```
            t1=RmtRec>>8;
            t2=RmtRec;
            if(t1==(uint8_t)~t2)sta=t1;//键值正确·
        }
        if((sta==0)||((RmtSta&0X80)==0))
        //按键数据错误/遥控已经没有按下了
        {
            RmtSta&=~(1<<6);//清除接收到有效按键标识
            RmtCnt=0;     //清除按键次数计数器
        }
    }
    return sta;
}
```

下面介绍中断服务函数。在实现定时器的中断功能时可以发现，我们之前一直使用中断回调函数 HAL_TIM_PeriodElapsedCallback 来编写中断服务程序，但是用在这里并不合适。这是因为，回调函数的缺点是多个定时器的中断回调函数必须写在同一个函数里，通过条件判断进入各个定时器的中断代码。像现在这种多定时器不同功能的情况下(而且位置具有一定的强制性)，TIM3 的中断回调函数要写在前面[如果写在后边，那么下边的红外扫描函数(包括很多其他函数)需要用到的某些参数将不能使用或出现错乱]，TIM2 和 TIM4 的中断回调函数要写在后面(因为用到的其他基本函数要先定义)。

参考 HAL 库指南可以发现，其就是一直用中断服务函数 TIMx_IRQHandler 来写的，这样，定时器单独对应各自的中断服务函数，不必再担心位置的问题。但是，cube 在配置的时候会自动在 stm32f1xx_it.c 文件生成定时器的中断服务函数，所以我们在那个文件里把原有的函数注释掉，然后在 main.c 文件中重写 TIM2 和 TIM4 的中断服务函数即可；TIM3 仍然使用中断回调函数，其代码如下：

```
//void TIM2_IRQHandler(void)
//{
//  /* USER CODE BEGIN TIM2_IRQn 0 */

//  /* USER CODE END TIM2_IRQn 0 */
//  HAL_TIM_IRQHandler(&htim2);
//  /* USER CODE BEGIN TIM2_IRQn 1 */

//  /* USER CODE END TIM2_IRQn 1 */
//}
```

```
//void TIM4_IRQHandler(void)
//{
//  /* USER CODE BEGIN TIM4_IRQn 0 */

//  /* USER CODE END TIM4_IRQn 0 */
```

```
//  HAL_TIM_IRQHandler(&htim4);
//  /* USER CODE BEGIN TIM4_IRQn 1 */

//  /* USER CODE END TIM4_IRQn 1 */
//}
```

在编写中断服务函数的开头时，注意要编写以下代码来判断定时器更新是否使能和清空标志位防误入，否则无法中断服务函数里的内容：

```
if(__HAL_TIM_GET_IT_SOURCE(&htim2, TIM_IT_UPDATE) !=RESET)
  {
     __HAL_TIM_CLEAR_IT(&htim2, TIM_IT_UPDATE);
```

TIM4 的中断服务函数已经在基础部分和拓展的数码管、串口部分予以说明，所以下面只给出 TIM2 的代码及注释：

```
//定时器中断服务函数调用
void TIM2_IRQHandler(void)
{
    if(__HAL_TIM_GET_IT_SOURCE(&htim2, TIM_IT_UPDATE) !=RESET)
  //判断 TIM2 是否使能
    {
       __HAL_TIM_CLEAR_IT(&htim2, TIM_IT_UPDATE);//清除标志位，防误入
       key= Remote_Scan();              //得到红外扫描结果
       switch(key)                                  //分支
{
   case(2):                                        //play 键按下
   HAL_TIM_Base_Start_IT(&htim4);
   //使能定时器 4，开启各项基础功能和其他拓展功能
   flag=1;                                               //开启 ADC
   break;
   case(98):                                //up 键按下
       yuzhi=yuzhi+500;                     //阈值加 500
       if(yuzhi>=4096)
       //如果阈值超出 4096，则赋定值，即设置 up
       //键调阈值最大值 4096
       {
          yuzhi=4096;
       }
   break;
   case(168):                                     //down 键按下
       yuzhi=yuzhi-500;                           //阈值减 500
       if (yuzhi<0)
   //如果阈值低于 0，则赋定值，即设置 down 键调阈值最小值 0
       {
          yuzhi=0;
       }
       break;
   case(34):                          //left 键按下
```

```
        yuzhi=yuzhi-100;            //阈值减 100
        if (yuzhi<0)
        //如果阈值低于 100，则赋定值，即设置 left 键调阈值最小值 0
        {
            yuzhi=0;
        }
        break;
    case(194):                      //right 键按下
        yuzhi=yuzhi+100;            //阈值加 100
        if(yuzhi>=4096)
        //如果阈值超出 4 位，则赋定值，即设置 right 键调阈值最小值 4096
        {
            yuzhi=4096;
        }
        break;
    case(226):                      //外星人键按下（暂停键）
        HAL_TIM_Base_Stop_IT(&htim4);
        //关闭 TIM4 所有功能暂停，此时保留上次一出时间结束时的状态
        flag=0;
        HAL_GPIO_WritePin(GPIOB,GPIO_PIN_8,GPIO_PIN_SET);
        //关闭蜂鸣器
        HAL_GPIO_WritePin(GPIOC,GPIO_PIN_0,GPIO_PIN_SET);//关闭 LED0
        HAL_GPIO_WritePin(GPIOC,GPIO_PIN_1,GPIO_PIN_SET);//关闭 LED1
        //数码管灭 0
        LED_Write_Data(shuaxin1[smg_duan],smg_wei);
        //下面这段代码和 TIM4 里的数码管显示代码原理一样，只是改了 string，用来
灭零
        LED_Refresh();
        smg_wei++;
        smg_duan++;
        if(smg_wei==8)
            smg_wei=0;
        if(smg_duan==8)
            smg_duan=0;
        smg(yuzhi,temp,adcx1);
        for(i=0;i<8;i++)
        {
            shuaxin1[i]=string2[i];
            //string2 是 8 个 16 进制的数组，而且都是 0x00，专门用来灭灵数码管
        }
        break;
    case(162):                          //power 键按下（关机键）
        HAL_TIM_Base_Stop_IT(&htim4);
        //关停 TIM4，所有功能暂停，此时保留上次一出时间结束时的状态
        flag=0;
        yuzhi=1000;   //阈值重置为初始状态 1000，这是和暂停键的主要区别
        HAL_GPIO_WritePin(GPIOB,GPIO_PIN_8,GPIO_PIN_SET);
        //关闭蜂鸣器
        HAL_GPIO_WritePin(GPIOC,GPIO_PIN_0,GPIO_PIN_SET);//关闭 LED0
        HAL_GPIO_WritePin(GPIOC,GPIO_PIN_1,GPIO_PIN_SET);//关闭 LED1
```

```
            //数码管灭零
            LED_Write_Data(shuaxin1[smg_duan],smg_wei);
            LED_Refresh();
            smg_wei++;
            smg_duan++;
            if(smg_wei==8)
               smg_wei=0;
            if(smg_duan==8)
               smg_duan=0;
            smg( yuzhi,temp,adcx1 );
            for(i=0;i<8;i++)
            {
               shuaxin1[i]=string2[i];
         //string2是8个16进制的数组成的数组，而且都是0x00，专门用来灭零数码管
            }
            break;
            }
        }
    }
```

至此，红外拓展功能分析结束，工程设计结束。

## 第四节　实验结果

按下 KEY0 键，开启检测，LED 显示屏闪烁表明功能正常，如图 9-12 所示。

图 9-12　开启检测

按下 KEY_UP 键，程序暂停，LED 显示屏显示为 0，如图 9-13 所示。

图 9-13　程序暂停

再次按下 KEY0 键，程序重新开始运行，KEY1 键与 KEY2 键分别有上调阈值和下调阈值的功能，如图 9-14 所示。扭转电位器，如图 9-15 所示，当超过阈值后蜂鸣器就会报警。上位机接收情况如图 9-16 所示。

图 9-14　KEY1 键(左)与 KEY2 键(右)调节阈值

图 9-15　扭转电位器

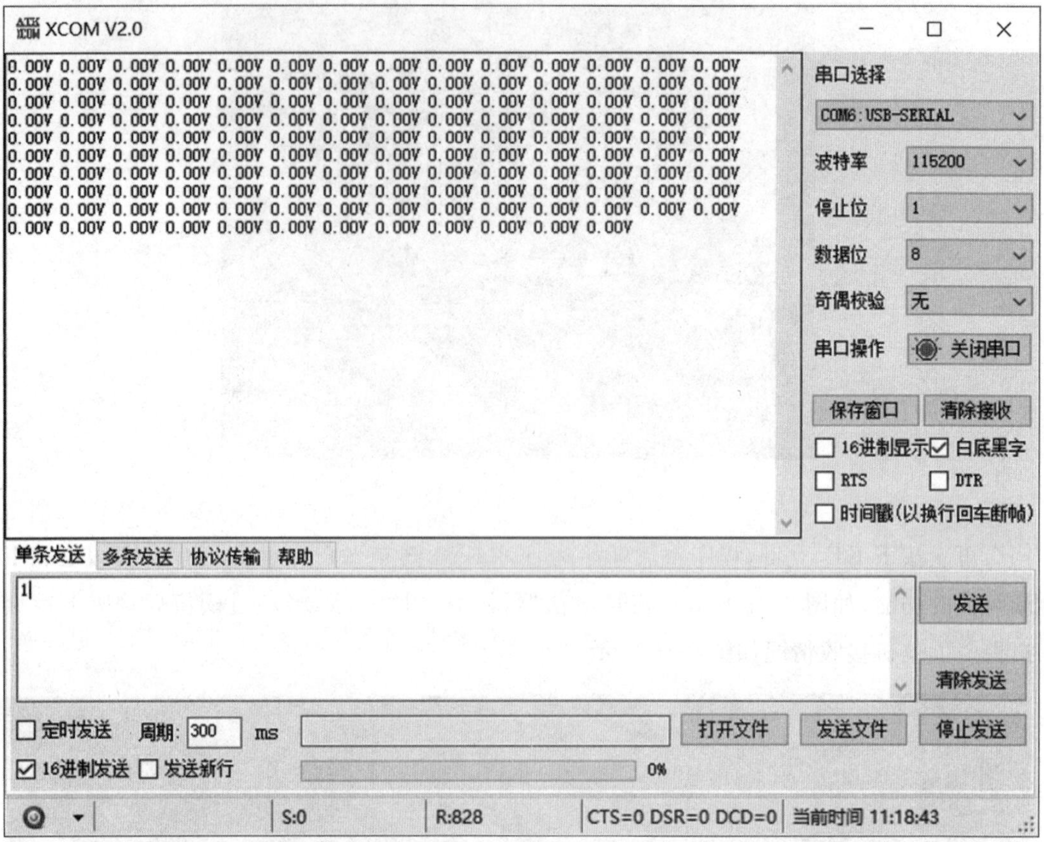


图 9-16　上位机接收情况

红外遥控功能中，▲键是增大 500 阈值，▼键是减小 500 阈值，如图 9-17 所示。

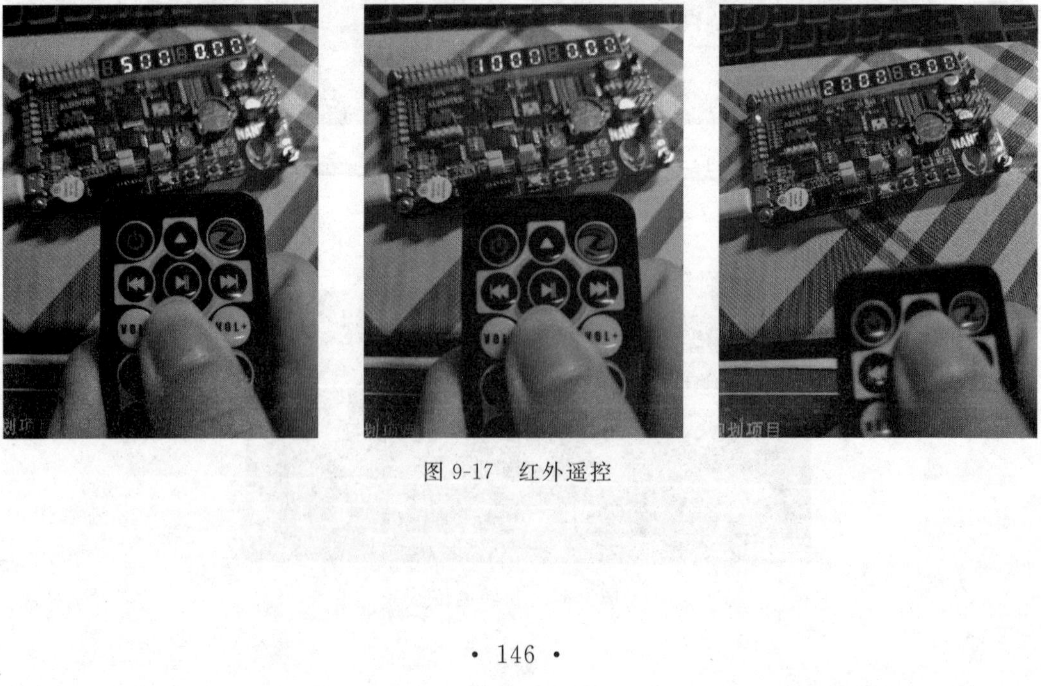

图 9-17　红外遥控

# 第五节　本章小结

本章的实验原理并不复杂，是将一些常用外设（ADC、数码管、定时器等）融入一个综合性实验之中，读者若能全部完成，将非常有助于掌握 STM32 的基础知识和基本操作。下面介绍一下实验中可能遇到的一些问题及其解决方法。

## 一、无法正常使用红外遥控按键来控制开发板

在拓展部分的实验中，编写好各种程序代码后，可能仍然无法正常使用红外遥控功能。在仔细阅读 HAL 库的红外遥控器实验代码后，在 romate.c 中会发现如下代码：

```
HAL_TIM_IC_Start_IT(&TIM3_Handler,TIM_CHANNEL_3);//开始捕获 TIM3 的通道 3
```

在初始化 TIM3 的输入捕获参数操作中，其余的初始化均已在配置 cube 时实现，唯独这一句没有。对应到实验代码中，便是没有开启 TIM3 的输入捕获通道 3。

## 二、出现了按下一次红外按键改变多次阈值的现象

拓展部分的红外遥控按键中，有几个可以调控阈值的大小，刚开始实现的时候出现了按下一次阈值改变多次的情况，这显然与预期的实验内容不符。出现这种情况可能是在 TIM3 的一个溢出时间里，TIM2 实现了多次 TIM3 的红外捕获，因为 TIM3 的溢出时间是 10 ms，TIM2 的溢出时间是 2 ms，我们按下一次红外按键后，改变阈值的次数基本就在 500 * 8 左右，所以可以把重点放在 TIM3 的溢出时间设置上，其溢出情况如图 9-18 所示：

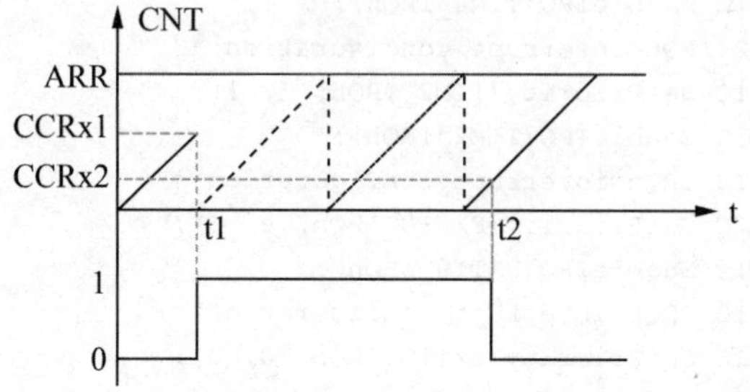


图 9-18　溢出情况

由图 9-18 可以看出，确实是溢出的原因，即存在 $N$ 次溢出的情况。根据公式 Tout（溢出时间）=（arr+1）*（psc+1）/Tclk（TIM 的输入时钟频率），可以计算得到溢出时间。为了保证按下一次按键仅有一次捕获，需要将 TIM2 的 arr 加大，如下面的代码所示。由于加太大会导致按键延迟比较大，所以根据实际效果，我们选择了一个比较合适

的 8999，可以实现我们想要的“按一次，调一次”的情况，并且小延迟基本可以忽略不计。

```
/* USER CODE END TIM2_Init 1 */
htim2.Instance = TIM2;
htim2.Init.Prescaler = 7199;
htim2.Init.CounterMode = TIM_COUNTERMODE_UP;
htim2.Init.Period = 8999;
htim2.Init.ClockDivision = TIM_CLOCKDIVISION_DIV1;
htim2.Init.AutoReloadPreload = TIM_AUTORELOAD_PRELOAD_DISABLE;
if (HAL_TIM_Base_Init(&htim2) != HAL_OK)
{
```

### 三、优先级的具体设置和原因

优先级的具体设置如下：

```
static void MX_NVIC_Init(void)
{
  /* ADC1_2_IRQn interrupt configuration */
  HAL_NVIC_SetPriority(ADC1_2_IRQn, 0, 0);
  HAL_NVIC_EnableIRQ(ADC1_2_IRQn);
  /* EXTI9_5_IRQn interrupt configuration */
  HAL_NVIC_SetPriority(EXTI9_5_IRQn, 0, 0);
  HAL_NVIC_EnableIRQ(EXTI9_5_IRQn);
  /* TIM3_IRQn interrupt configuration */
  HAL_NVIC_SetPriority(TIM3_IRQn, 0, 0);
  HAL_NVIC_EnableIRQ(TIM3_IRQn);
  /* USART1_IRQn interrupt configuration */
  HAL_NVIC_SetPriority(USART1_IRQn, 0, 0);
  HAL_NVIC_EnableIRQ(USART1_IRQn);
  /* TIM4_IRQn interrupt configuration */
  HAL_NVIC_SetPriority(TIM4_IRQn, 2, 3);
  HAL_NVIC_EnableIRQ(TIM4_IRQn);
  /* TIM2_IRQn interrupt configuration */
  HAL_NVIC_SetPriority(TIM2_IRQn, 1, 1);
  HAL_NVIC_EnableIRQ(TIM2_IRQn);
  /* EXTI0_IRQn interrupt configuration */
  HAL_NVIC_SetPriority(EXTI0_IRQn, 0, 0);
  HAL_NVIC_EnableIRQ(EXTI0_IRQn);
  /* EXTI2_IRQn interrupt configuration */
  HAL_NVIC_SetPriority(EXTI2_IRQn, 0, 0);
  HAL_NVIC_EnableIRQ(EXTI2_IRQn);
}
```

由于将 TIM3 用于红外遥控的输入捕获，将 TIM4 用于对 AD 值进行采样并在数码管上显示，将 TIM2 用于操作红外遥控器的各按键，所以应保证 TIM3 的优先级最高，能够时时优先进行对红外遥控的输入捕获；其次是 TIM2，使红外遥控的操作不被打断；最后是用于数码管显示等作用的 TIM4。

## 四、关于暂停和关闭按键

在实验中,有时会遇到这样的情况:按下暂停按键或关闭按键时,第一次数码管有时会一次关闭,有时不会立刻全部关闭,而是会随机保留一位并随机地显示数字,只有按下第二次数码管才会全部关闭,有时还会显示一下才关闭。

原因分析如下:我们在实验中采用的是先用 HAL_TIM_Base_Stop_IT(&htim4)函数关闭 TIM4,再让数码管不亮(即显示“无”)的方法来关闭数码管,其代码如下:

```
case(162):                                   //power 键按下(关机)
    HAL_TIM_Base_Stop_IT(&htim4);/*关停 TIM4,所有功能暂停 保留上次一
出时间结束时的状态*/
    flag=0;
    yuzhi=1000;                      //阈值重置为 1000
    HAL_GPIO_WritePin(GPIOB,GPIO_PIN_8,GPIO_PIN_SET);
    /*关闭蜂鸣器*/
    HAL_GPIO_WritePin(GPIOC,GPIO_PIN_0,GPIO_PIN_SET);
    /*关闭 LED0*/
    HAL_GPIO_WritePin(GPIOC,GPIO_PIN_1,GPIO_PIN_SET);
    /*关闭 LED1*/
//数码管灭零
    LED_Write_Data(shuaxin1[smg_duan],smg_wei);
    LED_Refresh();
    smg_wei++;
    smg_duan++;
    if(smg_wei==8)
       smg_wei=0;
    if(smg_duan==8)
       smg_duan=0;
    smg( yuzhi,temp,adcx1 );
    for(i=0;i<8;i++)
    {
       shuaxin1[i]=string2[i];
    }
break;
```

首先要清楚的一点是,从理论上来说,开发板会先停止 TIM4,再达到数码管不显示的效果。但是,由于在实际运行中 TIM4 有溢出时间存在,所以 TIM4 并不会立刻关闭,而是等到一次溢出时间结束后才停止,而且保留上一次(最后一次)运行的结果,即关闭后之前数码管显示的代码运行到哪里,其就停止在哪里,表现出的效果便是数码管随机保留一位并随机地显示数字。此外,由于代码是一条条往下运行的,其运行速度较快,stop 语句发出后 TIM4 还要执行完最后一次,有时候需要一定的时间,有时候碰巧按下的那一刻正好接近溢出时间,可以立马停止,耽误的时间可以忽略不计,但下面的数码管灭零却是紧接着进行的,几乎没有时间差。

这样其实也没有问题,但关键在于,TIM4 里还有数码管显示的操作,于是显示和灭

零这两个数码管操作中，后面执行的操作可以覆盖前面执行的操作，所以实验结果就会出现数码管可以一次就灭零，这是因为 stop 这一刻 TIM4 恰巧接近溢出时间，而且剩下的时间小于 stop 指令与灭零操作的间隔时间，即灭零操作晚于 TIM4 最后一个周期中的数码管显示操作执行，灭零操作覆盖显示操作；也会出现要按第二次数码管才能灭掉，这是因为 stop 这一刻 TIM4 的最后一个周期才刚刚开始，剩余的溢出时间大于 stop 指令与灭零操作的间隔时间，即 TIM4 的最后一个周期中，数码管显示操作晚于灭零操作的执行，显示操作把灭零操作覆盖了，再按一次的时候，TIM4 已经停止，所以直接进行灭零操作不会有 TIM4 的这种延迟干扰。

另外一种可能的原因是数码管没有进行消除"鬼影"的操作，即在使用 HAL_TIM_Base_Stop_IT(&htim4)函数关闭 TIM4 时，停止在数码管显示的最后操作处显示了"鬼影"，但是这一猜想无法解释有时候可以一键就灭零的情况。

## 五、HAL_GPIO_EXTI_Callback(uint16_t GPIO_Pin)中使用 HAL_Delay 函数

一开始，在外部按键中断的回调函数中用 HAL_Delay 函数做消抖延时的处理，但是经常发生开发板直接锁死的情况。查阅资料后发现，这是 cube HAL 库自动生成函数时的问题，解决方法是将 HAL_InitTick(uint32_t TickPriority)函数重新定义(见下面的代码)，把 systick 的主优先级定义为最高，而不是 HAL 库给出的宏参数 TICK_INT_PRIORITY (默认最低)，后者会导致一进中断 HAL 的时钟就停摆。不过，更好的解决方法是在中断中不要使用 HAL_Delay 函数，而改用自己写的延时函数。

```
#define  TICK_INT_PRIORITY            ((uint32_t)0)     /*!< tick
interrupt priority (lowest by default)  */
```

## 六、在使用按键调整阈值的大小时，一旦超出所设置的范围，有异常显示的情况

为了解决这个问题，只需要设置数码管阈值显示的范围即可，代码如下：

```
case GPIO_PIN_9://按下 KEY1
        if(HAL_GPIO_ReadPin(GPIOC, GPIO_PIN_9)==0)
        {
           yuzhi=yuzhi+500;//阈值+500
           if(yuzhi>4096)
           {
              yuzhi=4096;//电位器电压值最大是 4096
           }
        }
      break;
      case GPIO_PIN_2://按下 KEY2
        if(HAL_GPIO_ReadPin(GPIOD, GPIO_PIN_2)==0)
        {
           yuzhi=yuzhi-500;//阈值-500
           if (yuzhi<0)
```

```
                {
                    yuzhi=0;//最小值 0
                }
            }
        break;
```

这样,便将数码管阈值显示的范围锁定在 0～4096 之间,而不会显示超出的情况,从而避免了异常显示的发生。

**七、解决定时器中断回调函数需要多次使用却只能定义一次的问题**

一开始的设计是在不同的时钟使用时设置不同的 HAL_TIM_PeriodElapsedCallback 函数,然而,由于函数不能重定义,因此必须将所有的定时器中断写在一个 HAL_TIM_PeriodElapsedCallback 函数下,这样就造成了代码编写的极大不利。这样一来,我们之前虽然一直用中断回调函数 HAL_TIM_PeriodElapsedCallback 编写中断服务程序,但用在这里并不合适。正如上面所说的那样,回调函数的缺点是多个定时器的中断回调函数必须写在同一个函数里,通过条件判断进入各个定时器的中断代码内。但是,在现在这种多定时器不同功能的情况下(而且位置具有一定的强制性),再用回调函数就不合适了:TIM3 的中断回调函数要写在前面[如果写在后边,那么下边的红外扫描函数(包括很多其他的函数)所要用到的某些参数便不能使用,或是会出现错乱],TIM2 和 TIM4 的中断回调函数要写在后面,因为用到的其他基本函数要先定义。

最后,我们仅在输入捕获方面(即使用 TIM3 时)使用了 HAL_TIM_PeriodElapsedCallback 函数,其他的定时器转而使用 TIMx_IRQHandler 函数,这样一个定时器对应各自单独的中断服务函数,避免了函数重定义的问题。需要指出的是,这个函数已经被 cube HAL 库自动生成的函数定义过了,所以需要注释掉原有的函数定义,再在 main.c 中重新编写所需要的 TIMx_IRQHandler 函数。

stm32f1xx_it.c 文件如下:

```
//void TIM2_IRQHandler(void)
//{
//  /* USER CODE BEGIN TIM2_IRQn 0 */

//  /* USER CODE END TIM2_IRQn 0 */
//  HAL_TIM_IRQHandler(&htim2);
//  /* USER CODE BEGIN TIM2_IRQn 1 */

//  /* USER CODE END TIM2_IRQn 1 */
//}
```

```
//void TIM4_IRQHandler(void)
//{
//  /* USER CODE BEGIN TIM4_IRQn 0 */

//  /* USER CODE END TIM4_IRQn 0 */
//  HAL_TIM_IRQHandler(&htim4);
//  /* USER CODE BEGIN TIM4_IRQn 1 */

//  /* USER CODE END TIM4_IRQn 1 */
```

重写的中断服务函数在代码段已给出，在此不再重复。

☞**本章参考资料**

[1]JOSEPH Y.ARM Cortex-M3 权威指南[M].宋岩，译.北京：北京航空航天大学出版社，2007.

[2] STMicroelectronics. Reference manual of STM32F101xx，STM32F102xx，STM32F103xx，STM32F105xx and STM32F107xx advanced ARM-based 32-bit MCUs，2010.

# 第10章 低功耗RTC精准授时——串口显示

所谓“授时”,是指利用无线电发播标准时间信号的工作。根据方法的不同,授时可分为短波授时、长波授时、卫星授时、互联网授时和电话授时等。授时往往作为整个系统的时钟参考,在导航定位系统中的作用十分重要,是导航系统的重要组成部分之一。授时是否精准,关系到导航定位的准确性,是将导航定位信息从三维发展到四维的关键性因素。授时是一个长期、实时的过程,因此授时的功耗也是制约导航系统性能的重要因素之一。

本章将对低功耗、高精度实时时钟(real-time clock,RTC)的基本概念及原理进行初步讨论,并通过实际开发一个RTC实时授时的嵌入式开发系统,来帮助读者理解导航系统授时的方法,旨在使读者初步掌握一种系统授时方式,从而实现低功耗、高精度实时授时导航系统的开发。

## 第一节 实验简介

本章将以采用STM32F103ZET6芯片的开发板为基础,介绍通过RTC芯片进行精准授时的方法。本实验所使用的软件开发平台为ST半导体公司提供的STM32CubeMX软件和Keil uVision5软件,其中Kcil软件采用HAL库的编写方法,在前面的实验中已经对这两种开发软件进行了介绍,在此不再赘述。

RTC采用外部晶振为系统提供一个精准的时间。在单片机的DC供电口断电的情况下,RTC也可以通过电池供电持续运行。使用RTC有以下优点:

(1)消耗功率低,这一点在使用辅助电源时格外重要。

(2)使主系统可以处理更需时效性的工作。

(3)输出结果更准确。若GPS的接收器配合RTC,则可减少其开机时所需的时间,开机时可将其得到的时间和上次接收到有效信号的时间相比较,若二者的时间相差在几个小时以内,则上次的星历表仍然有效,可以正常地使用。

在本实验所用到的开发板中,RTC其实是一个独立的定时器,其拥有一个连续向上计数的计数器，在相应的软件配置下，可以提供时钟日历的功能。单片机系统断电之后，RTC 仍然可以通过电池等后备电源低功耗独立运行。

在数据方面，本实验中 RTC 的两个 32 位寄存器包含二进码十进数格式（BCD）的秒、分钟、小时（12 小时制或 24 小时制）、星期几、日期、月份和年份。此外，还可提供二进制格式的亚秒值。系统可以自动将月份的天数补偿为 28 天、29 天（闰年）、30 天和 31 天。读者可以查阅《STM32 中文参考手册 V10》中关于 RTC 相关寄存器的介绍，其框图如图 10-1 所示。该寄存器功能较多，本章只针对所用到的基础内容进行介绍。

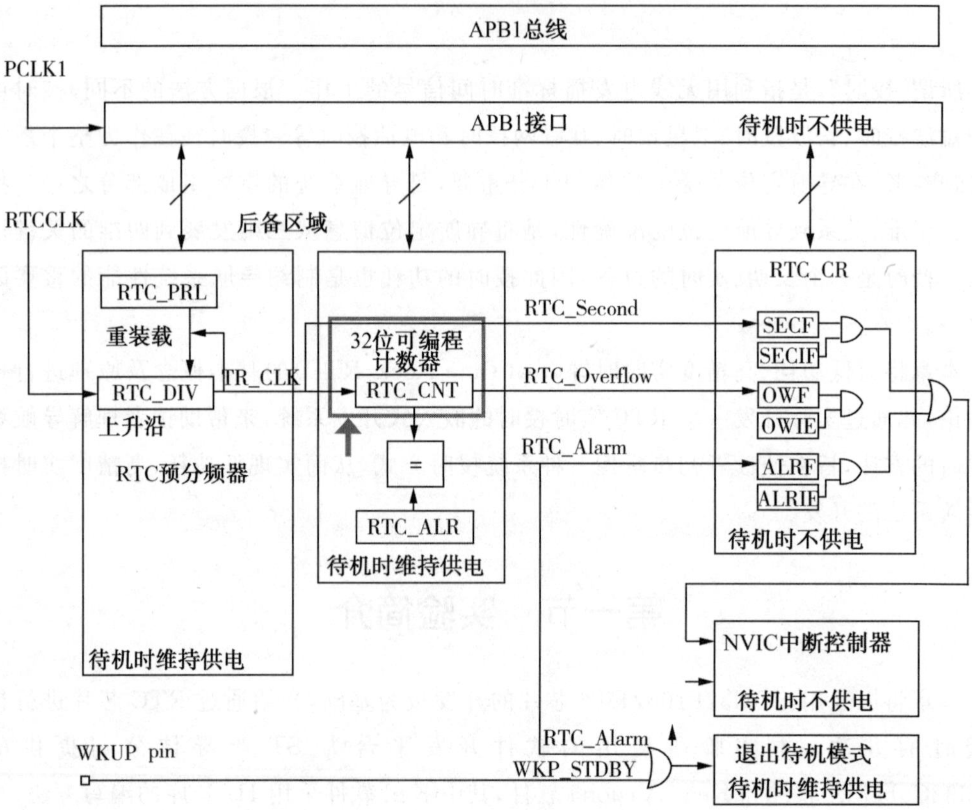


图 10-1　RTC 相关寄存器框图

大多数操作系统都是利用时间戳和计时元年来计算当前时间的，比如常用的 UNIX 操作系统。定时器被置 0 的这个事件被称为“计时元年”，相对计时元年经过的秒数称为“时间戳”，RTC_CNT 寄存器为 32 位计数寄存器，可存储的最大值为 $2^{32}-1$，1 s 计 1 次，换算为年大约为 136 年，所以从计时元年起的 136 年内不会溢出，不必担心系统紊乱的问题。

时钟方面，可以用三种不同的时钟源驱动系统时钟，分别是 HSI 振荡器时钟、HSE 振荡器时钟和 PLL 时钟。这些时钟有两种二级时钟源：一种是 40 kHz 的低速内部 RC，可以用于驱动独立看门狗程序，并通过程序选择驱动 RTC；另一种是 32.768 kHz 的低速外部晶体，可以通过程序选择驱动 RTC。

但是，使用 HSE 振荡器时钟或者 LSI 有个缺点，那就是当主电源断电时，由于高速和功耗电压限制，这两个时钟来源都会受到影响而无法使 RTC 正常工作。所以 RTC 一般使用低速外部时钟 LSE，因为 $32768 = 2^{15}$，指数为整数，容易实现分频，所以 32.768 kHz 被广泛应用于 RTC 模块之中。其他 RTC 相关原理知识将在后文的实验步骤中，结合具体的应用进一步介绍。

# 第二节　实验步骤

## 一、STM32CubeMX 搭建工程并完成 RTC 功能的初步配置

STM32CubeMX 可以大大加快开发速度，便于实验者省去重复的建立工程的步骤，只需要图形化界面的数据配置，便可以实现特定功能工程的搭建。RTC 工程搭建过程如下：

首先设置 RCC，如图 10-2 所示，设置时，高速时钟使用低速外部时钟源，低速时钟使用外部晶振。之所以选择低速外部时钟源，是因为提供低功耗电压的纽扣电池在系统主电源断电时无法维持高速时钟的运行而会受到干扰。

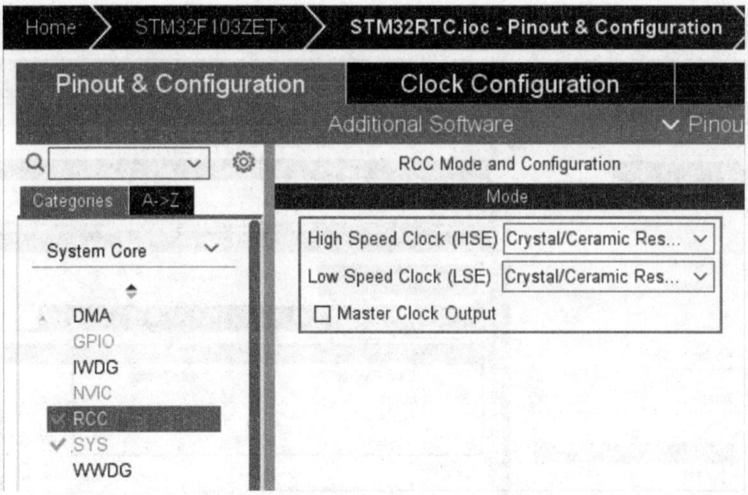


图 10-2　RCC 设置

随后设置 RTC，如图 10-3 所示。设置的项目中，第一个是 Activate Clock Source，即“激活时钟源”；第二个是 Activate Calendar，即“激活日历”，从而使能 STM32 内部 RTC 功能，并且使能日历显示。下面勾选的中断是闹钟中断，图 10-3 中所示的两个中断都可根据实际工程需要来设置，本实验仅显示时间，不设置闹钟功能，所以第二个中断可勾选

也可不勾选。

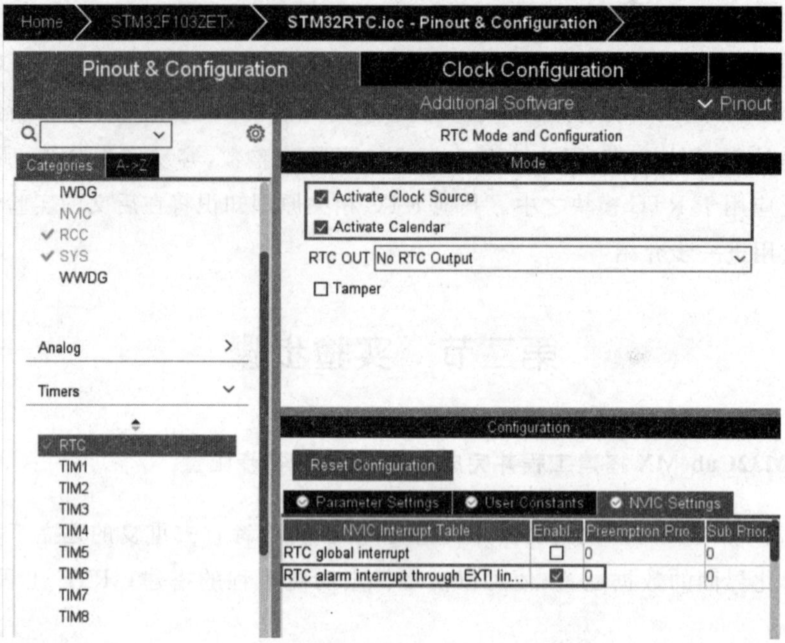


图 10-3　RTC 设置

随后进行 RTC 参数设置，读者可以根据实验的需要设置起始时间，如图 10-4 所示，本实验设置初始时间为 2022 年 1 月 10 日，周一，13 点 30 分 38 秒。

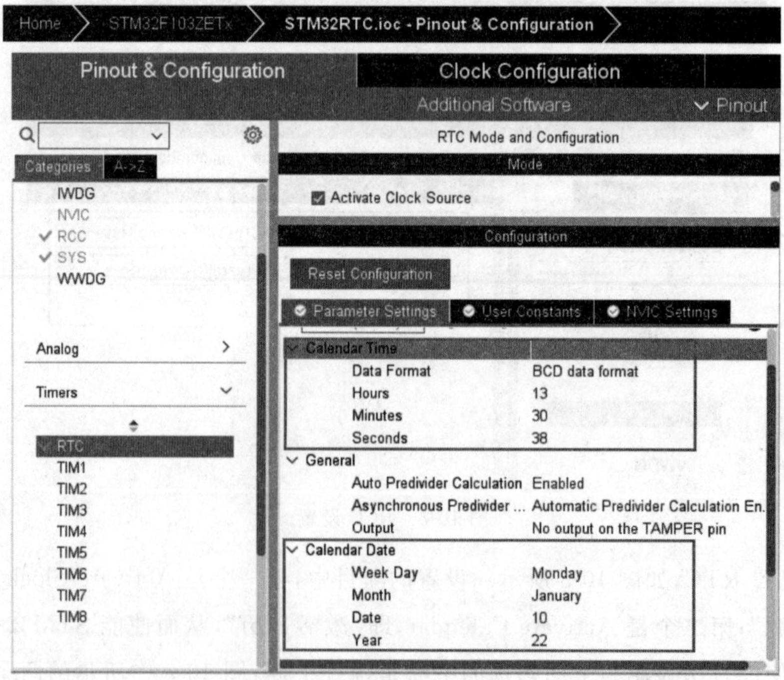


图 10-4　RTC 参数设置

RTC 初步设置完成，然后使能串口，发送信息至上位机，如图 10-5 所示。

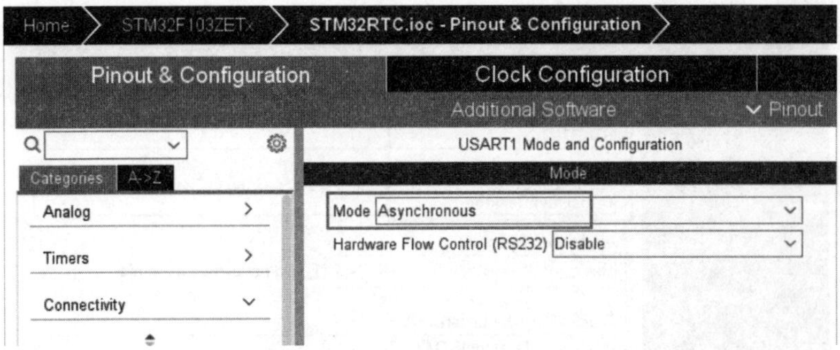


图 10-5　使能串口

之后进行单片机时钟树的配置，如图 10-6 所示。

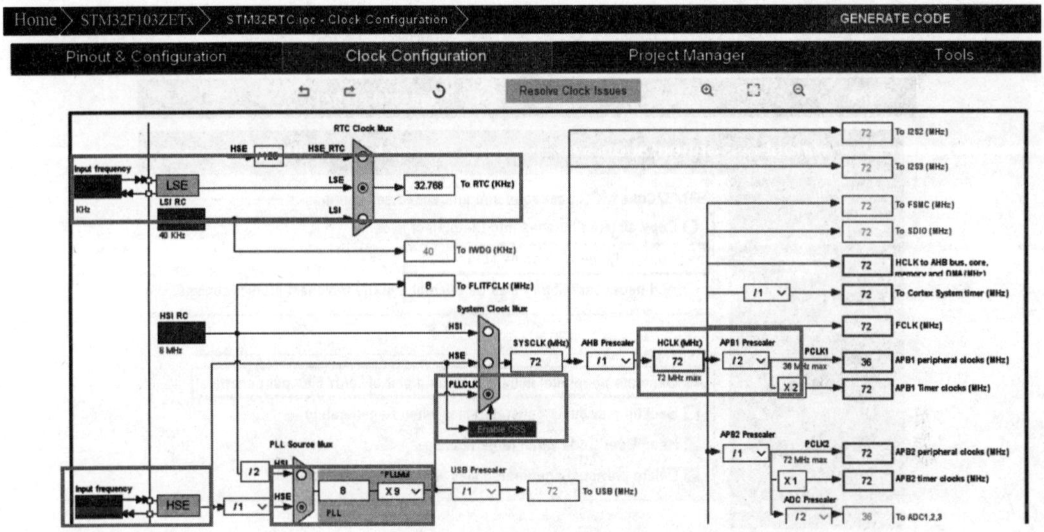


图 10-6　时钟系统配置

HSE 高速外部时钟选择 8 MHz 的外部晶振，LSE 低速外部时钟选择 32.768 MHz 的外部晶振，设置 RTC 时钟为 LSE，选择原因在前文已经分析过。其他时钟树的设置与常用的时钟系统设置一致，在此不再赘述。

最后生成项目工程，读者可根据具体的实验需要进行选择，建议只复制必要文件，这样工程体量会精简一些，读取代码时也会更加“清爽”，如图 10-7 所示；也建议勾选为每个外设生成一对外设初始化文件.c/.h，这样用户在读或修改外设配置时更加方便，如图 10-8 所示。

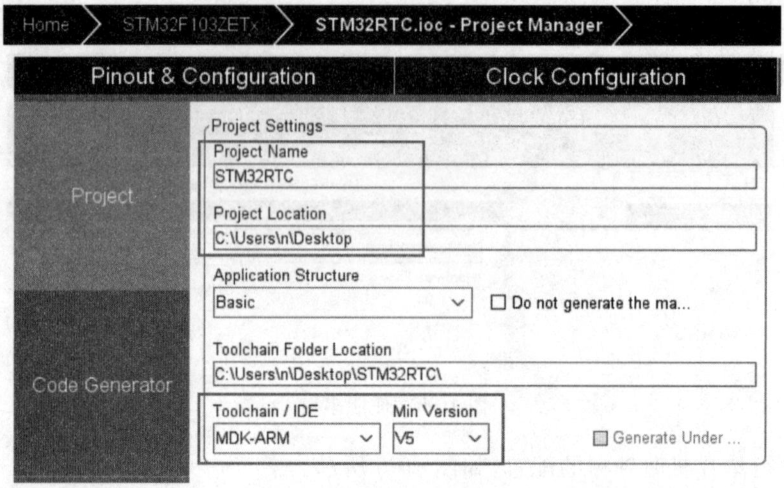


图 10-7　生成工程设置

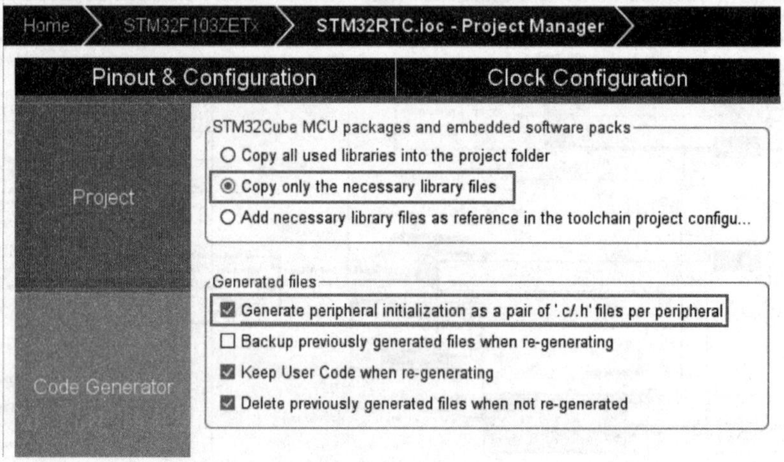


图 10-8　生成代码设置

## 二、Keil uVision5 软件编程，完成用户自定义配置

初步配置好工程后生成代码，打开工程代码，进行下载工具的配置，在此读者可以根据实验的具体需要来配置，前面章节也有介绍。

读者可以自行去 stm32f1xx_hal_rtc.h 这个文档里查看 STM32CubeMX 生成的代码所提供的功能函数。本次实验所用到的 RTC 的两条主要函数为读取系统时间函数和读取系统日期函数。

读取系统时间函数的代码如下：

```
HAL_StatusTypeDef      HAL_RTC_GetTime(RTC_HandleTypeDef      *hrtc,
RTC_TimeTypeDef *sTime, uint32_t Format)
```

读取系统日期函数的代码如下：

```
HAL_StatusTypeDef    HAL_RTC_GetDate(RTC_HandleTypeDef     *hrtc,
RTC_DateTypeDef *sDate, uint32_t Format)
```

在 stm32f1xx_hal_rtc.h 头文件中，可以找到 RTC_TimeTypeDef 和 RTC_DateTypeDef 这两个结构体的成员变量，如下面的代码所示。读者可以根据这些成员变量，在打印的时候利用指针选择打印或者不打印此信息。

```
/**
  * @brief  RTC Time structure definition
  */
typedef struct
{
  uint8_t Hours;            /*!< Specifies the RTC Time Hour.
                                 This parameter must be a number between
Min_Data = 0 and Max_Data = 23 */

  uint8_t Minutes;          /*!< Specifies the RTC Time Minutes.
                                 This parameter must be a number between
Min_Data = 0 and Max_Data = 59 */

  uint8_t Seconds;          /*!< Specifies the RTC Time Seconds.
                                 This parameter must be a number between
Min_Data = 0 and Max_Data = 59 */

} RTC_TimeTypeDef;

/**
  * @brief  RTC Date structure definition
  */
typedef struct
{
  uint8_t WeekDay;  /*!< Specifies the RTC Date WeekDay (not necessary
for HAL_RTC_SetDate).
                         This parameter can be a value of @ref
RTC_WeekDay_Definitions */

  uint8_t Month;    /*!< Specifies the RTC Date Month (in BCD format).
                         This parameter can be a value of @ref
RTC_Month_Date_Definitions */

  uint8_t Date;     /*!< Specifies the RTC Date.
                         This parameter must be a number between Min_Data
= 1 and Max_Data = 31 */

  uint8_t Year;     /*!< Specifies the RTC Date Year.
                         This parameter must be a number between Min_Data
= 0 and Max_Data = 99 */

} RTC_DateTypeDef;
```

下一步需要做的是在 main.c 里对这两个结构体进行定义，从而获取时间和日期，其代码如下：

```
/*                          Private                               typedef
-----------------------------------------------------------------*/
/* USER CODE BEGIN PTD */

RTC_DateTypeDef GetData;
RTC_TimeTypeDef GetTime;

/* USER CODE END PTD */
```

同时，需要先重写 fputc 函数以确保串口打印功能正常，这个问题在 STM32 用到串口的程序中很常见，往往需要重写，其代码如下：

```
/*                          Private                               includes
----------------------------------------------------------------*/
/* USER CODE BEGIN Includes */
#include "stdio.h"
/* USER CODE END Includes */

/*              Private                 user                      code
---------------------------------------------------------------*/
/* USER CODE BEGIN 0 */
int fputc(int ch,FILE *f){
 uint8_t temp[1]={ch};
 HAL_UART_Transmit(&huart1,temp,1,2);
 return ch;
}
/* USER CODE END 0 */
```

随后在 while 循环里添加前面所提到的两条获取时间和日期的函数，并且通过串口 printf 打印出来，其代码如下：

```
  /* USER CODE BEGIN WHILE */

  while (1)
  {
      HAL_RTC_GetTime(&hrtc, &GetTime, RTC_FORMAT_BIN);
      HAL_RTC_GetDate(&hrtc, &GetData, RTC_FORMAT_BIN);

      printf("%02d/%02d/%02d\r\n",2000 + GetData.Year, GetData.Month,
GetData.Date);
      printf("%02d:%02d:%02d\r\n",GetTime.Hours,   GetTime.Minutes,
GetTime.Seconds);

      HAL_Delay(1000);

    /* USER CODE END WHILE */
```

至此，初始计数显示时钟功能代码编写结束，如图10-9所示。但是，上述所编写的程序每次断电，RTC就会自动丢失当前时间，再开启时从计数基数重新开始计数，这是因为HAL库设置了一个BKP寄存器以保存一个标志。每次单片机启动时，都读取这个标志并判断是不是预先设定的值：如果不是，就初始化RTC并设置时间，再设置标志为预期值；如果是，预期值就跳过初始化和时间设置，继续执行后面的程序，即读取后备寄存器（也就是BKP寄存器）保存的断电时的时间日期等信息。换句话说，STM32CubeMX自动生成的RTC外设初始化代码中并没有使能后备寄存器区域，也没有添加后备寄存器的相关判断和操作，所以每次上电后，都要经过初始化和时间设置。因此我们需要对自动生成的rtc.c代码进行修改，在MX_RTC_Init初始化函数中添加如下内容：

（1）添加结构体定义传递参数，以便后面用于保存现有时间日期数据到后备寄存器，或从后备寄存器读取时间日期数据，代码如下：

```
RTC_TimeTypeDef time;
RTC_DateTypeDef datebuff;
```

（2）开启后备寄存器区域和电源时钟，代码如下：

```
__HAL_RCC_BKP_CLK_ENABLE();
__HAL_RCC_PWR_CLK_ENABLE();
```

（3）添加条件判断，调用BKP寄存器读取函数，判断是不是选中的后备寄存器，如果不是，则正常工作，并且将当前的时间日期信息保存到指定的后备寄存器中；如果是，那么将后备寄存器的值传递给读取日期时间的结构体显示，触发中断，使RTC计数器从后备寄存器所给的值的基础上继续进行计数，从而通过后备寄存器（BKP寄存器）实现断电不丢失计时数据的功能，代码如下：

```
/* USER CODE BEGIN Check_RTC_BKUP */
if(HAL_RTCEx_BKUPRead(&hrtc,RTC_BKP_DR1)!= 0x5051)
{
/* USER CODE END Check_RTC_BKUP */
```

读者需要结合生成的rtc.c代码来阅读，所添加的代码可根据注释的位置添加。下面的代码添加在if判断的末端和else分支之前，即可完成写后备寄存器的保存时间日期数据功能：

```
    __HAL_RTC_SECOND_ENABLE_IT(&hrtc,RTC_IT_SEC);
    datebuff = DateToUpdate;
    HAL_RTCEx_BKUPWrite(&hrtc, RTC_BKP_DR1, 0x5051);
    HAL_RTCEx_BKUPWrite(&hrtc,                          RTC_BKP_DR2,
(uint16_t)datebuff.Year);
    HAL_RTCEx_BKUPWrite(&hrtc,                          RTC_BKP_DR3,
(uint16_t)datebuff.Month);
```

```
        HAL_RTCEx_BKUPWrite(&hrtc,                               RTC_BKP_DR4,
(uint16_t)datebuff.Date);
        HAL_RTCEx_BKUPWrite(&hrtc,                               RTC_BKP_DR5,
(uint16_t)datebuff.WeekDay);
    }
```

此处的 else 分支为前面添加的条件判断 if 的分支，即断电重启后，后备寄存器的值读给结构体变量的时间日期数据，实现重新上电后的继续计数，即断电不丢失时间日期数据，代码如下：

```
        else
        {
            datebuff.Year    = HAL_RTCEx_BKUPRead(&hrtc, RTC_BKP_DR2);
            datebuff.Month   = HAL_RTCEx_BKUPRead(&hrtc, RTC_BKP_DR3);
            datebuff.Date    = HAL_RTCEx_BKUPRead(&hrtc, RTC_BKP_DR4);
            datebuff.WeekDay = HAL_RTCEx_BKUPRead(&hrtc, RTC_BKP_DR5);
            DateToUpdate = datebuff;
            if (HAL_RTC_SetDate(&hrtc, &DateToUpdate, RTC_FORMAT_BCD) !=
HAL_OK)
            {
                Error_Handler();
            }
            __HAL_RTC_SECOND_ENABLE_IT(&hrtc,RTC_IT_SEC);
        }
```

# 第三节　实验结果

串口调试软件为 XCOM 串口调试助手 V2.0，读者可以到“开源电子网”(http://www.openedv.com)上下载使用，图 10-9 所示为授时效果，串口打印 RTC 授时的实时时刻。

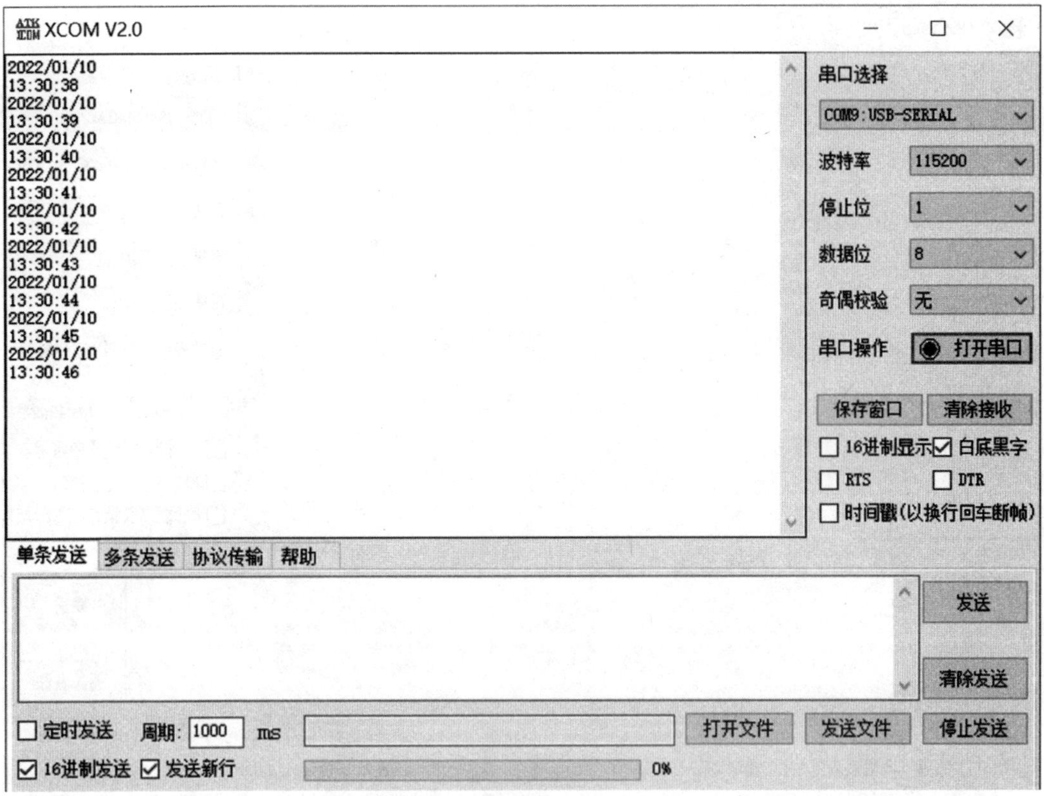


图 10-9 授时效果

经过断电不重置的修改后，关闭单片机的供电电源，再重新开启，RTC 仍然能够持续计时，上电不重置，最终效果如图 10-10 所示。

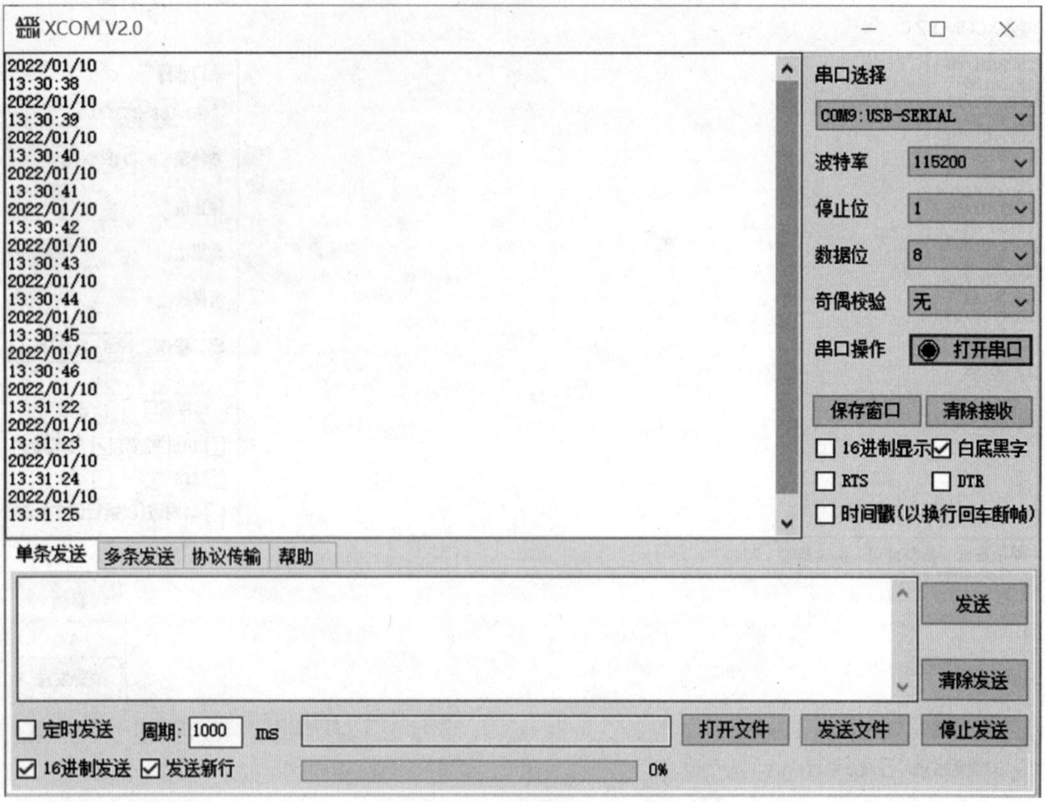


图 10-10　最终效果

读者可以在 rtc.c 中自行修改授时的时间和日期数据，代码如下：

```
/** Initialize RTC and set the Time and Date
*/
sTime.Hours = 0x18;
sTime.Minutes = 0x21;
sTime.Seconds = 0x30;
```

```
DateToUpdate.WeekDay = RTC_WEEKDAY_MONDAY;
DateToUpdate.Month = RTC_MONTH_JANUARY;
DateToUpdate.Date = 0x17;
DateToUpdate.Year = 0x22;
```

改后的授时效果如图 10-11 所示。

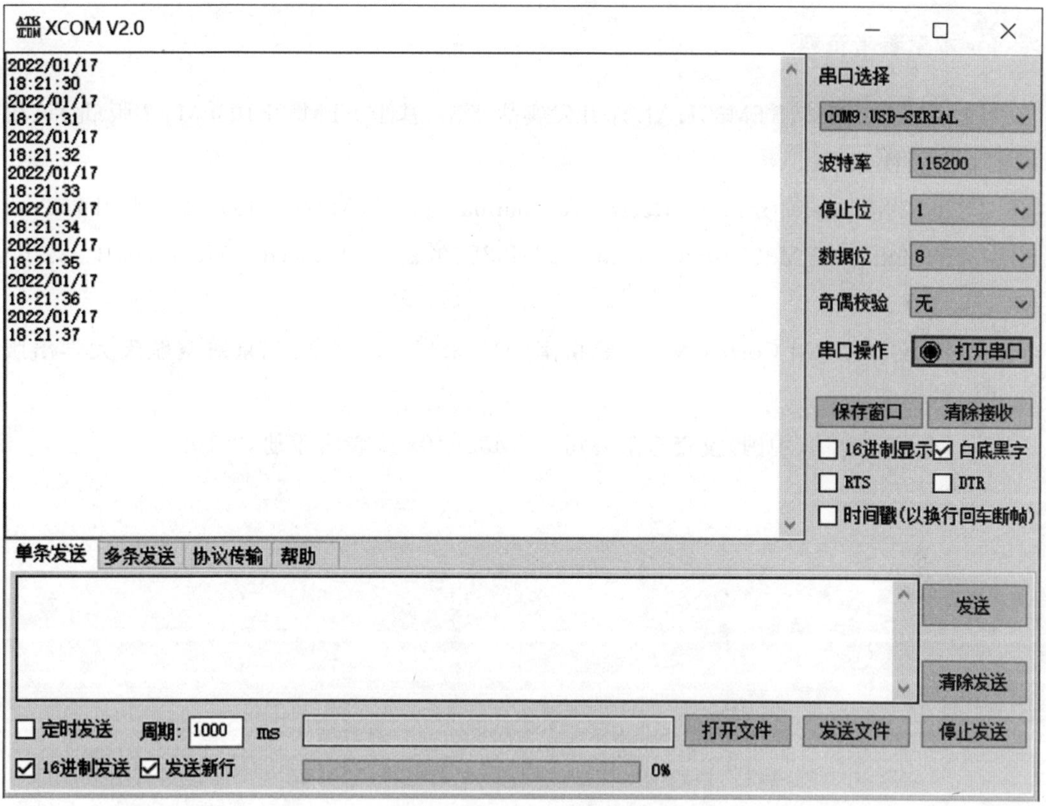


图 10-11　改后的授时效果

# 第四节　本章小结

本实验以搭载 STM32F103ZET6 芯片的开发板为平台，进行了 RTC 精准授时方面的开发，为读者展示了一种在导航嵌入式开发中实现精准、低功耗授时的方法。同时，本实验在开发中使用 STM32CubeMX 软件和 Keil uVision5 软件联合开发，从而帮助实验者省去了很多底层驱动及启动代码的理解和编写工作，实验者只需要在图形化的界面上设置所需的参数，在用户自定义代码中调用系统生成的 HAL 标准函数，以及编写自定义的函数，来实现特定功能即可，从而提高了开发效率，并能充分发挥嵌入式开发的优点。但是，虽然底层的驱动及初始化程序不需要实验者再编写，但实验者仍然需要充分理解单片机及外设的寄存器结构及时钟系统，HAL 标准函数仍然是通过改变底层的寄存器值来实现特定功能的，时钟系统仍然需要实验者根据实际需求和情况进行选择。因此，HAL 标准函数的使用和时钟系统的设置仍然是需要重点掌握的方法。

☞本章参考资料

[1]刘火良,杨森.STM32HAL 库开发实战指南:基于 STM32F103[M].2 版.北京:机械工业出版社,2017.

[2] STMicroelectronics. Reference manual of STM32F101xx, STM32F102xx, STM32F103xx, STM32F105xx and STM32F107xx advanced ARM-based 32-bit MCUs,2010.

[3]姚文祥.ARM Cortex-M3 权威指南[M].宋岩,译.北京:北京航空航天大学出版社,2009.

[4]意法半导体(中国)投资有限公司.STM32F10xxx 参考手册,2010.

# 第 11 章　用 FFT 算法分析导航通信模拟信号的频谱成分

在导航通信领域，开发者会不可避免地需要对信号进行放大滤波处理，并且对所使用的信号放大器（尤其是高频放大器）的抗噪声干扰能力的要求比较高。总谐波失真度（total harmonic distortion，THD）是衡量放大器非线性失真程度的一个重要参数，代表着经过放大器原有频率的各种倍频有害干扰的程度，因此 THD 对导航通信系统的稳定性、抗噪声干扰性和后续滤波器的设计都有非常重要的参考意义。在此过程中，所运用的快速傅里叶变换（fast fourier transform，FFT）是当今世界上分析模拟信号频谱组成成分的主要方法之一，FFT 是通信领域中分析导航通信信号、衡量系统性能、改进通信方式的重要工具，所涉及的数字信号处理原理等思想也被广泛应用于当下非常热门的卷积神经网络等研究中。

本实验针对 FFT 和 THD 的基本概念及原理进行了初步讨论，并通过实际开发一个简单的嵌入式 THD 分析系统，来帮助读者理解 FFT 这一技术，以便让读者能够进一步应用 FFT 进行嵌入式系统以及简单导航通信系统的开发。

## 第一节　实验简介

本章将以采用 STM32F103ZET6 芯片的开发板为基础，介绍如何在 LCD 上实时显示 ADC 模块采集得到的模拟信号并执行 FFT 算法，计算总谐波的失真度，显示其频谱成分。

### 一、微处理器的选型

STM32F1 系列，32 位，运算速度更快且有专门的 DSP 库函数来进行数据处理。

### 二、显示模块的选择

LCD 显示，亮度较高，屏幕刷新很清晰，功耗较低且可以实现串口和并行两种通信方式。

### 三、ADC 前级电路的处理方法

使用同相相加器，这样既可以实现两路信号相加，也可以实现信号比例的缩放，以免超出阈值，烧坏 ADC。本书偏重嵌入式开发，所以省去了模拟信号放大的部分（此部分可以直接由信号发生器加直流偏置输入）。

综上所述，本次实验的整体方案为：STM32F103ZET6 的内部 AD 进行波形采集的同时，采用 FFT 方式进行频谱分析和 THD 计算，并使用串口通信打印各采样点频率分量的幅值、频率，实现虚/实部变换显示。对于使用的实验设备来说，这一实验方案由于可调用 DSP 库而比较友好，可以快速调用 FFT 函数进行频谱分析和 THD 计算；同时，含有两个 12 位的内部 AD 精度较高，可以通过串口和 LCD 两种方式打印幅度和频率值。

## 第二节　实验原理

### 一、FFT 及频谱分析原理概述

所谓“时域”，就是时间域，即自变量是时间（横轴是时间），纵轴是信号成分的幅度；所谓“频域”，就是频率域，即自变量是频率（横轴是频率），纵轴是信号成分的幅度。一般可以用不同频率的正弦信号来表示一个实际的信号，即用加权的基波和高次谐波来表示一个实际信号，也可以用方波或三角波来代替。分解信号的方法是无穷的，但分解信号的目的都是更加简单地处理原来的信号。在频域上分析信号更加清晰，这样便于分析信号的频域成分。由于正/余弦曲线具有保真性，所以用正/余弦曲线来表示原信号会更加简单。一个正弦曲线信号输入一个系统后，输出的仍是正弦曲线，只有幅度和相位可能发生变化，但是频率和波的形状仍是一样的。同时，结合欧拉公式，可以推导出傅里叶级数的很多性质，以方便计算，在此不再赘述。

FFT 是一种离散傅里叶变换（discrete Fourier transform，DFT）的高效算法，称为“快速傅里叶变换”，即 FFT。FFT 算法可分为按时间抽取算法和按频率抽取算法。FFT 是从连续傅里叶变换（Fourier transform，FT）、傅里叶级数（Fourier series，FS）、离散时间傅里叶变换（discrete-time Fourier transform，DTFT）、离散傅里叶级数（discrete-time Fourier series，DTFS）、DFT 逐渐演变过来的。为了使信号在时域和频域上都能被离散的计算机系统处理，因此人们逐渐改进了运算方法（DFT）。但是，DFT 的运算量较大，因此出现了基于蝶形算法的 FFT 算法，此算法被作为 DFT 的高效算法而得到了广泛的应用。下面简要介绍一下 FFT 算法的原理，不过多介绍其他基础内容。

序列 $x(n)$ 的 $N$ 点 DFT 定义如式 11-1 所示：

$$X(k)=DFT[x(n)]=\sum_{n=0}^{N-1}x(n)W_N^{nk},k=0,1,\cdots,(N-1) \tag{11-1}$$

式中，$W_N=\mathrm{e}^{-j\frac{2\pi}{N}}$，为正变换的核函数。

为简化上述计算过程，将原序列 $x(n)$ 按奇偶分组，即令 $x_1(n)=x(2n)$，$x_2(n)=x(2n+1)$，其中 $n=0,1,\cdots,(N-1)$。利用两组序列构造一个复序列 $w(n)$，其定义如下：

$$w(n)=x_1(n)+j\,x_2(n) \tag{11-2}$$

对 $w(n)$ 作一次 $N$ 点 DFT 运算，得到：

$$W(k)=DFT[w(n)]=X_1(k)+j\,X_2(k) \tag{11-3}$$

根据离散傅里叶变换的性质，有：

$$X_1(k)=W_{ep}(k)=\frac{1}{2}[W(k)+W\times(-k)_N] \tag{11-4}$$

$$X_2(k)=\frac{1}{j}W_{op}(k)=-\frac{j}{2}[W(k)-W\times(-k)_N] \tag{11-5}$$

此外，根据离散傅里叶变换的定义，有：

$$W(k)=\sum_{r=0}^{\frac{N}{2}-1}x(2r)W_N^{2rk}+\sum_{r=0}^{\frac{N}{2}-1}x(2r+1)W_N^{(2r+1)k},k=0,1,\cdots,\frac{N}{2}-1 \tag{11-6}$$

带入 $x_1(n)$，$x_2(n)$ 的定义式，得到：

$$W(k)=\sum_{r=0}^{\frac{N}{2}-1}x_1(r)W_{N/2}^{rk}+W_N^k\sum_{r=0}^{\frac{N}{2}-1}x_2(r)W_{N/2}^{rk},k=0,1,\cdots,\frac{N}{2}-1 \tag{11-7}$$

又根据式 11-1，两个子序列 $x_1(n)$ 和 $x_2(n)$ 的 $N/2$ 点离散傅里叶变换为：

$$X_1(k)=DFT[x_1(n)]=\sum_{r=0}^{\frac{N}{2}-1}x_1(r)W_{N/2}^{rk},k=0,1,\cdots,\frac{N}{2}-1 \tag{11-8}$$

$$X_2(k)=DFT[x_2(n)]=\sum_{r=0}^{\frac{N}{2}-1}x_2(r)W_{N/2}^{rk},k=0,1,\cdots,\frac{N}{2}-1 \tag{11-9}$$

代入式 11-7，得到：

$$W(k)=X_1(k)+W_N^k X_2(k) \tag{11-10}$$

这样就可以把一个 $N$ 点 DFT 分解为两个 $N/2$ 点 DFT，并组合成 $N$ 点 DFT。但是，式中的 $k,r=0,1,\cdots,\frac{N}{2}-1$，说明这只是 $X(k)$ 的前一半序列，可以应用周期性求解 $X(k)$ 的后一半序列，即：

$$X_1(\frac{N}{2}+k)=X_1(k) \tag{11-11}$$

$$X_2(\frac{N}{2}+k)=X_2(k) \tag{11-12}$$

$$W_N^{k+\frac{N}{2}}=-W_N^k \tag{11-13}$$

$$W(k+\frac{N}{2})=X_1(k)-W_N^k X_2(k),k=0,1,\cdots,\frac{N}{2}-1 \tag{11-14}$$

这样，可以通过两个 $N/2$ 的 DFT 实现一个 $N$ 点的 DFT。总而言之，一个 $N$ 点的 DFT 结果可以被两个奇偶输入的 DFT 结果计算得到。如果仅要求 $N$ 点 DFT 的话，需要 $N^2$ 次复数乘法和 $N(N-1)$ 次复数加法；如果采用 FFT 的蝶形算法，可将运算量减小到 $\frac{N}{2}\log_2 N$ 次复数乘法和 $N\log_2 N$ 次复数加法。随着 $N$ 的增大，FFT 的蝶形算法在计算方面的效率优势也将更加明显。

## 二、LabVIEW 仿真实验

已知 $2N$ 点实数序列如下：

$$x(n)=\cos(\frac{2\pi}{N}7n)+\frac{1}{2}\cos(\frac{2\pi}{N}19n),n=0,1,2,\cdots,63 \tag{11-15}$$

下面直接对此序列进行 $N$ 点的 FFT 编程和用 $N/2$ 点的 DFT 求解出 $2N$ 点的 FFT 结果。

利用 LabVIEW 编写 $2N$ 点 FFT，如图 11-1 所示。此外，按实验原理给出的公式用 $N$ 点 FFT 作出 $2N$ 点 FFT，如图 11-2 所示，注意输入信号在图 11-1 中产生。得到的波形如图 11-3 所示，波形图以离散点的方式呈现，可选择连续显示。用 $N$ 点 FFT 作出 $2N$ 点 FFT 与 $2N$ 点 FFT 的幅频响应结果一样。

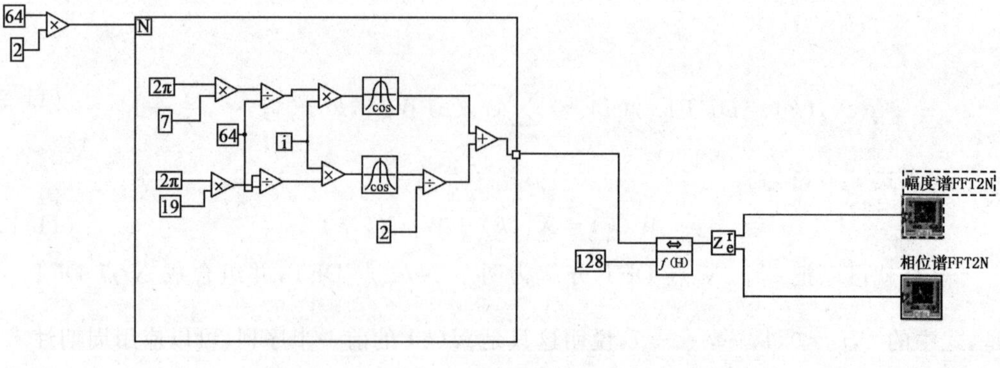


图 11-1　$2N$ 点 FFT 程序框图

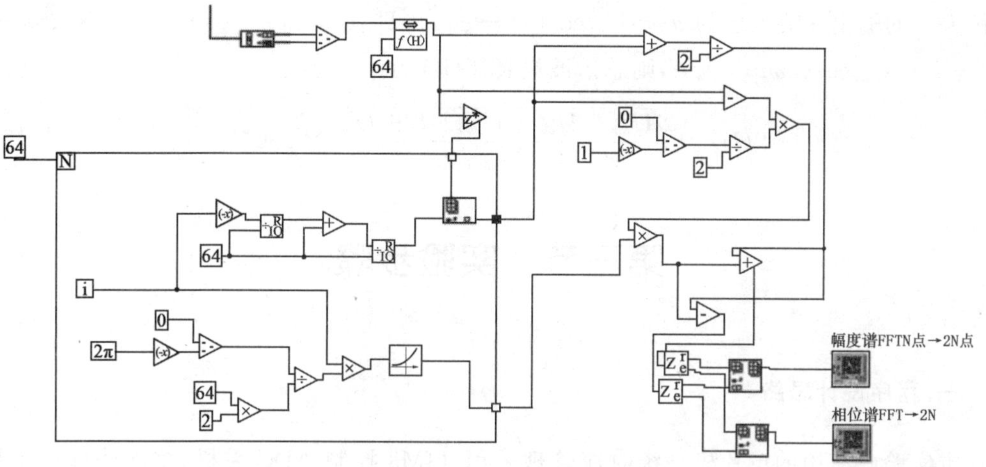


图 11-2 用 $N$ 点 FFT 作出 $2N$ 点 FFT 程序框图

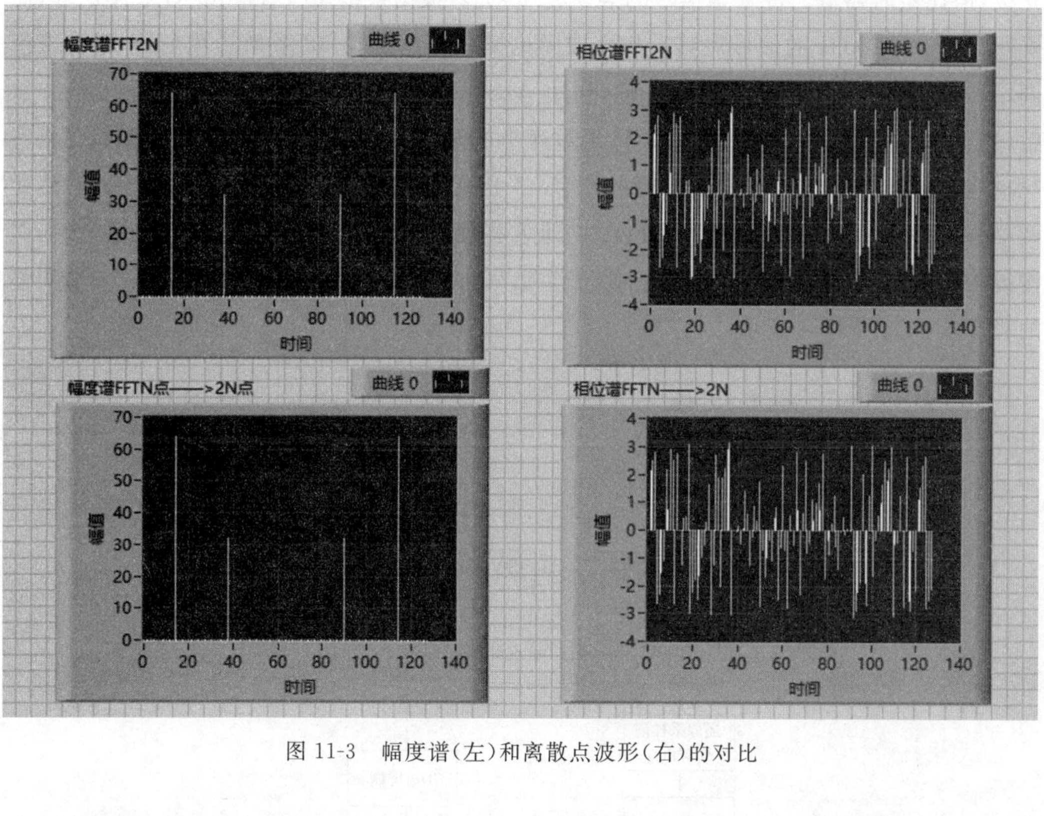


图 11-3 幅度谱(左)和离散点波形(右)的对比

## 三、总谐波失真

线性放大器输入正弦信号时,其非线性失真表现为输出信号中出现谐波分量,常用总谐波失真衡量线性放大器的非线性失真程度。

基于 THD 对总谐波失真定义为:若线性放大器输入电压 $u_i = U_i \cos\omega t$ ,其中含有非线性失真的输出交流电压为 $u_o = U_{o1}\cos(\omega t + \varphi_1) + U_{o2}\cos(2\omega t + \varphi_2) + U_{o3}\cos(3\omega t + \varphi_3) + L + U_{on}\cos(n\omega t + \varphi_n)$，则总谐波失真 THD 为：

$$THD = \frac{\sqrt{U_{o2}^2 + U_{o3}^2 + U_{o4}^2 + L + U_{on}^2}}{U_{o1}} \times 100\% \tag{11-16}$$

# 第三节　实验步骤

## 一、程序设计思路

本实验中使用的单片机系统时序管理采用 TIM3 控制 ADC 采样，多次采样取平均值。中断管理中，TIM3 中断优先级最高，外部 EXTI 中断的三个外部按键都有同一主优先级，但比定时器低。待采集信号的频率是 1 kHz，根据奈奎斯特(Nyquist)采样定理，需要用大于 2×1 kHz 的信号对其采集完成频谱搬移。在 STM32 系列芯片中，本系统直接调用 DSP 库函数进行 FFT 运算求解，利用 ARMDSP 库的内部函数进行 FFT 变换。然后，用 LCD 显示波形，使用 TFTLCD 函数库中的画线画点等函数，逐点画出波形变化情况，格点坐标对应清楚，设置显示屏的刷新，采用单列循环方法刷新显示屏。最后，使能两个外部按键和外部中断，控制 TIM3 自动重装载值和普通 GPIO 口，初始化低电平，用按键控制继电器(本实验用信号发生器产生信号，读者可自行忽略此按键控制)。本实验的程序流程如图 11-4 所示：

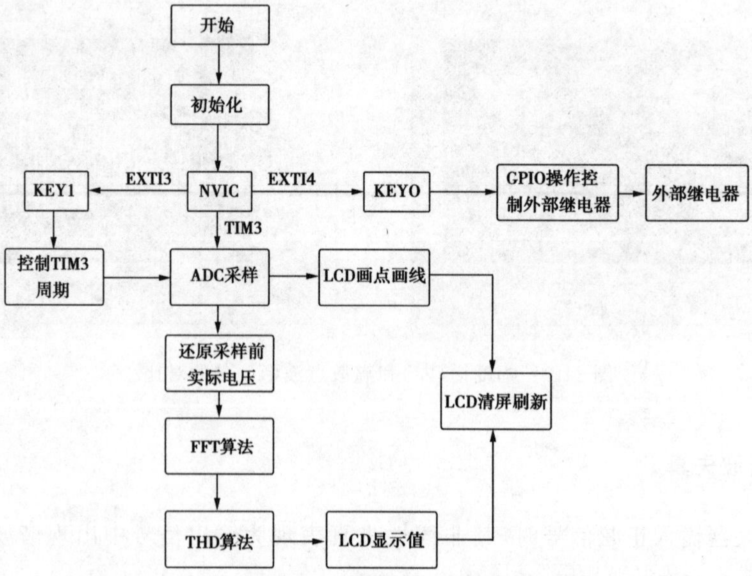


图 11-4　本实验的程序流程

## 二、程序环境搭建

本实验采用库函数版本来实现，在前面的章节中已经讲解了工程建立的方法。本章所用到的功能和库如下，读者可以自行添加调用：

```
#include "led.h"
#include "key.h"
#include "exti.h"
#include "timer.h"
#include "lcd.h"
#include "adc.h"
#include "delay.h"
#include "sys.h"
#include "usart.h"
#include "stm32_dsp.h"
#include "table_fft.h"
#include "math.h"
```

需要说明的是，意法半导体公司的 STM32 系列有 1024 点的官方 FFT 库文档，直接拿来调用就可以。相比之下，德州仪器公司只有 256 点的 DSP 库，所以使用前者的更有优势一些。之所以是 256 点和 1024 点，是因为 ST 官方提供的库是基 4 的 FFT 算法，点数需要是 4 的 $n$ 次方。将 STM32F10x_DSP_Lib 文件粘贴进 HARDWARE 文件夹中，并且在路径中进行设置，如图 11-5 所示。

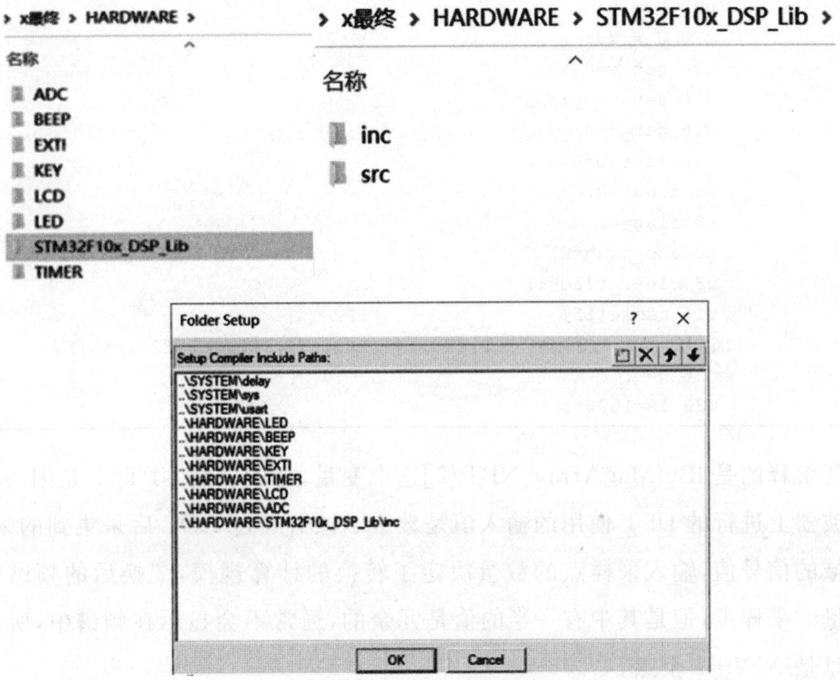


图 11-5　Keil 工程环境搭建

### 三、main.c 编写

首先是头文件调用，对应各项要使用的功能。math.h 是因为其中涉及一些数学函数的运算，所以加以调用；然后是参数宏定义和基础变量定义，每句代码也注释了其功能，如下所示：

```
#define NPT 1024
#define PI2 6.28318530717959
   u16 i;
   u8 key;
   u32 adcx[NPT]={0};
   u32 adcmax = 0;
   u32 adcmin = 3300;
   u16 vpp = 0;
   int long fftin [NPT];
   int long fftout[NPT/2];
   float  lBufMagArray[NPT/2];
   float u;
   float THD;
   float summag;
   float magmax;
   u16 t = 0;
   u16 Set_T = 100;
   u16 Show_T = 10;
   u32 F = 0;
   u32 FO= 0;
   u16 U = 30;
   u16 get_v=0;
   u16 save_v=0;
   u16 get_p=0;
   u16 save_p=0;
   u8 flagf=0;
   u8 flag=0;
   u8 adc_flag=0;
   u8 clear_flag=1;
   u16 table[15]
={16,32,48,64,80,96,112,128,144,160,176,192,208,224,240};
   u16 h=0;
   u32 Fs=10060;
```

需要解释的是 lBufMagArray[NPT/2]这个变量，之所以是 NPT/2，是因为在计算机或者示波器上进行的 DFT 使用的输入值是数字示波器经过 ADC 后采集到的采样值，也就是时域的信号值，输入采样点的数量决定了转换的计算规模，变换后的频谱输出包含同样数量的采样点，但是其中有一半的值是冗余的，通常不会显示在频谱中，所以真正有用的信息是 $N/2+1$ 个点。

此数组存储快速傅里叶变换后的幅值数组，第一个点就是直流分量，其模值就是直

流分量的 $N$ 倍。除了第一个点直流分量之外，FFT 的结果的每个点的模值就是原始信号的峰值的 $N/2$ 倍。采样频率为 Fs，这中间被 $N$-1 个点平均分成 $N$ 等份，每个点的频率依次增加。采样频率之所以为 10060 而不是 10 k，是因为单片机本身有一定的延迟，为了获得更精准的采样效果，需要将其考虑进去。

THD 之所以采用浮点型数据，是因为 THD 值对于标准正弦信号来说是很小的，其标准值为 0.6%，所以采用浮点型数据更为精准。

在主函数之外需要编写以下功能函数：

```
void lcd_huadian(u16 a,u16 b);
void lcd_huaxian(u16 x1,u16 y1,u16 x2,u16 y2);
void lcd_init(void);
void clear_point(void);
void InitBufInArray(void);
void GetPowerMag(void);
```

在上述函数中，clear_point 函数是清屏函数，用于实时绘制信号图像和 LCD 屏幕刷新；GetPowerMag 函数是 FFT 实现的核心算法，用于获得不同频率成分的幅值，并计算总谐波失真度 THD。

主函数内，首先需要对所用到的各功能初始化，调用如下的 init 初始化函数：

```
Stm32_Clock_Init(9);
delay_init(72);
uart_init(72,115200);
LED_Init();
LCD_Init();
EXTIX_Init();
Adc_Init();
TIM3_Int_Init((Set_T-1),72-1);
LCD_Clear(WHITE);
lcd_init();
```

在 while 循环里，首先使能定时器和 ADC，将 ADC 采集进来的数据缓存。由于是做 1024 点的 FFT，一次处理 1024 个点，所以 ADC 采集数据的缓存位宽也是 1024；然后做 FFT 算法处理，显示 ADC 峰的峰值等参数；最后刷新 LCD 屏幕，绘制信号图像。使能定时器和 ADC 的代码如下：

```
while(1)
    {
        while(adc_flag == 0){};
        adc_flag=0;
        for(i=0;i<NPT;i++)
        {
            fftin[i] = 0;
            fftin[i] = ((signed short)(adcx[i])) << 16;
        }
```

```
        GetPowerMag();
        adcmax=adcmax*0.80586;adcmin=adcmin*0.80586;
        LCD_ShowNum(275,115,adcmax,4,16);
        LCD_ShowNum(275,150,adcmin,4,16);

        vpp=adcmax-adcmin;
        LCD_ShowNum(275,80,vpp,4,16);
        clear_point();

        TIM3->CR1|=0x01;
        adcmax = 0;   adcmin = 3300;
    }
```

在 LCD 初始化函数中，需要绘制以下信息来增加图像的可读性，相关代码如下：

```
void lcd_init(void)
{   POINT_COLOR=RED;
    LCD_ShowString(15,8,200,24,24,"FFT");
    LCD_ShowString(260,63,200,16,16,"vpp/mv:");
    LCD_ShowString(260,98,200,16,16,"max/mv:");
    LCD_ShowString(260,133,200,16,16,"min/mv:");
    LCD_ShowString(260,168,200,16,16,"f/Hz:");
    LCD_ShowString(260,203,200,16,16,"OSR:");
    LCD_ShowString(260,265,200,16,16,"THD:");
    LCD_ShowString(310,285,200,16,16,"%");
    LCD_ShowString(395,8,200,24,24,"Ample");
    POINT_COLOR=BLUE;
    lcd_huaxian(0,0,0,200);
    lcd_huaxian(256,0,256,200);
    lcd_huaxian(0,0,256,0);
    lcd_huaxian(0,200,256,200);
    lcd_huaxian(380,0,380,200);
    lcd_huaxian(636,0,636,200);
    lcd_huaxian(380,0,636,0);
    lcd_huaxian(380,200,636,200);
    POINT_COLOR=BLUE;
    LCD_ShowString(291,220,120,16,16,"kHz");
    LCD_ShowString(671,220,120,16,16,"/312.5Hz");
    LCD_ShowNum(265,220,Show_T,3,16);
}
```

下面对获取幅值函数进行讲解。系统直接调用 DSP 库函数进行 FFT 运算求解，其中 NPT 为采样点数。调用上述函数结束以后，系统得到结果(FFTout 数组)。由 FFT 原理可知，用 10 kHz 的采样频率采样(定时器周期控制)，采样点为 1024 个点，那么本系统的频率分辨率等于 10 kHz/1024，所采集频谱由±(0～512)倍的频率分辨率组成。于是，此系统利用 ARMDSP 库内部函数 FFT 变换，得到上述频率对应的幅值组成的数组。由 FFT 的相关原理可知，变换后的 FFTout 是复数数组，高低 16 位分别存储实部和虚部,因此本系统采用的求幅值算法是先左右移 16 位取出 $x$,$y$ 分量的值,然后用 $\sqrt{x^2+y^2}$ 计算各频率分量的幅值,通过一个循环判断,读出幅值最大时对应的频率值,这就是输入信号的基波频率,该成分就是对信号进行傅里叶变换后的基波成分,二次谐波和高次谐波就是该频率对应的 nw0。用近似 2～5 次谐波的分量代替总谐波分量,于是可以用一个循环得到这几次谐波对应的幅值,带入公式求解 THD。程序加了个判断,THD 显示为 0 的时候表示 THD 实际计算值大于 1,提示无信号输入或产生错误的情况。相关代码如下:

```
void GetPowerMag(void)
{
    u16 temp = 0;
    float X,Y,Mag;
    unsigned short i;
    signed short lX,lY;
    unsigned char aa[10];
    summag=0;
    magmax=0;
    THD=0;
    for(i=0;i<NPT/2;i++)
        lBufMagArray[i]=0;
        cr4_fft_1024_stm32(fftout, fftin, NPT);
        FO=Fs/NPT;
    for(i=0; i<NPT/2; i++)
     {
        lX  = (fftout[i] << 16) >> 16;
        lY  = (fftout[i] >> 16);
        X = NPT * ((float)lX) / 32768;
        Y = NPT * ((float)lY) / 32768;
        Mag = sqrt(X * X + Y * Y) / NPT;
                if(i == 0)
        {
                lBufMagArray[i] = (float)(Mag * 32768);
                }
        else
                {
                lBufMagArray[i] = (float)(Mag * 65536);
                }
                printf("%d      ",i);
                printf("%d      ",FO*i);
                printf("%f    ",lBufMagArray[i]);
                printf("%d      ",lX);
                printf("%d      \r\n",lY);
                }
    for(i=1; i<NPT/2; i++)
    {
        X  = (fftout[i] << 16) >> 16;
        Y  = (fftout[i] >> 16);
```

```
          Mag = sqrt(X * X + Y * Y);
                  if(Mag > magmax)
                  {
                     magmax = Mag;
                     temp = i;
                  }
              }

        F=(u32)((double)temp/NPT*Fs) ;
        LCD_ShowNum(265,185,F,5,16);
        for(i=2;i<6;i++)
        {
    u=(lBufMagArray[i*temp+1]+lBufMagArray[i*temp])/2*(lBufMagArray[i
    *temp+1]+lBufMagArray[i*temp])/2;
           summag=summag+u;
        }
        THD =sqrt(summag)/magmax;
        printf("%lf\t",THD);
        if(THD<1)
        sprintf((char*)aa,"%5.2f",THD*100);
        else
        sprintf((char*)aa,"%5.2f",THD*0);
      LCD_ShowString(260,285,200,16,16,aa);
    }
```

下面的代码是清屏函数，负责 LCD 屏幕刷新和显示动态波形，最终主要绘制两张图，一张是信号波形图，另一张是频谱幅值图。绘图主要使用 TFTLCD 函数库中的画线画点等函数，并重新定义了一下以方便调用。把 ADCx[i]序列的值做一个合适的处理赋给 get_v 变量，用 save_v 存储，逐点画出波形变化情况，格点坐标对应清楚。最后，设置显示屏的刷新，采用单列循环方法刷新显示屏。

```
    void clear_point(void)
    {   u16 x=0;
        for(x=0;x<256 && clear_flag;x++)
        {
           POINT_COLOR=WHITE;
           lcd_huaxian(x  ,1,x  ,199);
           POINT_COLOR=BLUE;
           lcd_huaxian(0,0,0,200);
           lcd_huadian(x,115);
           if(x == table[h])
           {
               lcd_huaxian(x,1,x,3);
               lcd_huaxian(x,101,x,103);
               lcd_huaxian(x,199,x,197);
               h++;
               if(h>=16) h=0;
           }
```

```
        if(x==128)
        {
            lcd_huaxian(x,1,x,199);
            for(i=20;i<200;i+=20)
            {
                lcd_huaxian(125,i,127,i);
            }
        }
        get_v = 1.4*(adcx[x]/U+(90-((adcmax-adcmin)/(2*U))));
        lcd_huaxian(x,save_v-50,x+1,get_v-50);
        save_v = get_v;
    }
    for(x=380;x<(256+380) && clear_flag;x++)
    {
        POINT_COLOR=WHITE;
        lcd_huaxian(x  ,1,x  ,199);
        POINT_COLOR=BLUE;
        lcd_huaxian(380,0,380,200);
        lcd_huadian(x,115);

        if(x == table[h]+380)
        {
            lcd_huaxian(x,1,x,3);
            lcd_huaxian(x,101,x,103);
            lcd_huaxian(x,199,x,197);
            h++;
            if(h>=16) h=0;
        }
        if(x==508)
        {
            lcd_huaxian(x,1,x,199);
            for(i=20;i<200;i+=20)
            {
                lcd_huaxian(125,i,127,i);
            }
        }
        get_p= 0.1*lBufMagArray[2*(x-380)];
        POINT_COLOR=RED;
        lcd_huaxian(x,save_p,x+1,get_p);
        save_p = get_p;
        POINT_COLOR=BLUE;
    }
}
void lcd_huadian(u16 a,u16 b)
{
    LCD_Fast_DrawPoint(a,2*(240-b),BLUE);
}

void lcd_huaxian(u16 x1,u16 y1,u16 x2,u16 y2)
{
    LCD_DrawLine(x1,1.8*(240-y1),x2,1.8*(240-y2));
}
```

需要注意的是，x 的范围是 256，对应 LCD 的像素，但是在画线（也就是画信号）的时候，adcx 以 1024 为一次缓存单位，所以 LCD 只能显示 1/4 的实时图像；而对于 MagArray 数组，由于其有 512 个数据，每个数据都代表着 i * Fs/1024 频率成分的幅值，所以都要展示出来。由于屏幕大小的限制，只能牺牲精准度来增大数组步长，以此来展示全频谱。

最后再来讲解一下 ADC 和定时器。因为待采集信号频率是 1 kHz，故要用大于 2×1 kHz 的信号对其采集完成频谱搬移。在实际的信号连接中，需要考虑实际连接电阻、噪声等问题对采样定理的影响，采样点在 CPU 能较高效处理的情况下，采样频率越高越精准，所以综合考虑实际情况，本系统采样的频率为 10 kHz。仍然采取多次比较取最大值的方法，得到 ADC 的最大值和最小值。因为数据缓存的位宽问题，只取一次 ADC 实时值即可，不再轮循转换，每采满时采集一次。读者也可以自行设置为 2 或 3 等参数，结果相差不大。每一次 ADC 采集后要使能定时器和 ADC，这是因为 FFT 在运算时源序列不能发生变化，所以每一次采集后再做 FFT 时，要使能 ADC，分析之后再次采集。可以由定时器重装载值来控制采样频率（即使用 set_T 函数），具体方法可参考讲授定时器原理的相关书籍。ADC 采集的相关代码如下：

```
void TIM3_IRQHandler(void)
{
    if(TIM3->SR&0X0001)
    {
        adcx[t]=Get_Adc_Average(ADC_CH1,3);
        if(adcx[t] >= adcmax)       adcmax = adcx[t];
        if(adcx[t] <= adcmin)       adcmin = adcx[t];

        t++;
        if(t==NPT)
        {
            t=0;
            adc_flag = 1;
            TIM3->CR1 &= (uint16_t)(~((uint16_t)0x0001));
        }
    }
    TIM3->SR&=~(1<<0);
}
```

## 第四节　实验结果

### 一、硬件连接与测试

由于 ADC 检测电压范围为 0～3.3 V，所以为了防止负信号超出阈值烧坏 ADC，输入信号需要将电位抬升到 0～3.3 V 内。对于电路产生的模拟信号，可以使用同相相加器，实现两路信号相加电位的抬升。对于信号发生器，可以直接使用 DC offset 实现电位的抬升。

## 二、测试结果

输入 1 kHz，3.000 Vpp，1.650 $V_{DG}$的正弦信号，如图 11-6 所示。

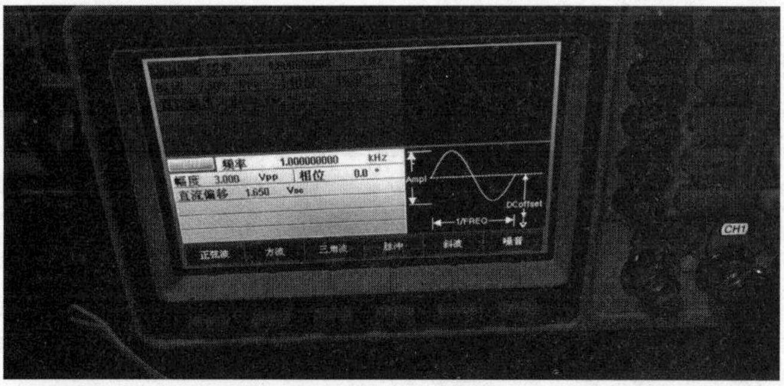


图 11-6 信号发生器的设置

单片机显示的波形和频谱如图 11-7 所示。

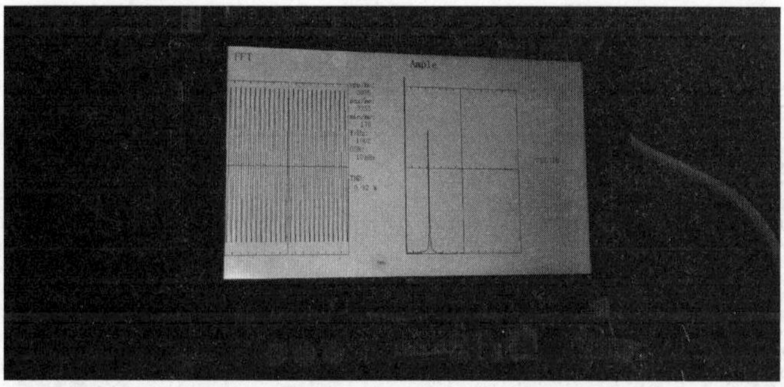


图 11-7 单片机显示的波形(左)和频谱(右)

单片机计算 THD 为 0.92％，与标准值 0.5％比较接近。回到 THD 的定义，考虑误差产生的原因，首先 THD 是衡量一个系统线性程度的重要参数，正弦信号的保真特性就是输入到线性系统中后，它的频率不会发生变化，也就是不会产生其他频率的正弦波形成分。通过实验得出，1 kHz 正弦信号衡量系统的线性度效果最好，可达到 0.6％左右；而计算的 THD 与标准值之间的误差就是由非线性度造成的，产生这一现象的原因有很多，比如杜邦线连接容易受电磁干扰，存在数字量化误差(比如计算出的信号频率是 1002 Hz，也有一定的误差，这是由于数字计算无法真正达到模拟量那样的连续性，前面模数转换的微小误差经过逐级计算会被放大)等。

串口打印频率和幅值等信息如图 11-8 和图 11-9 所示。

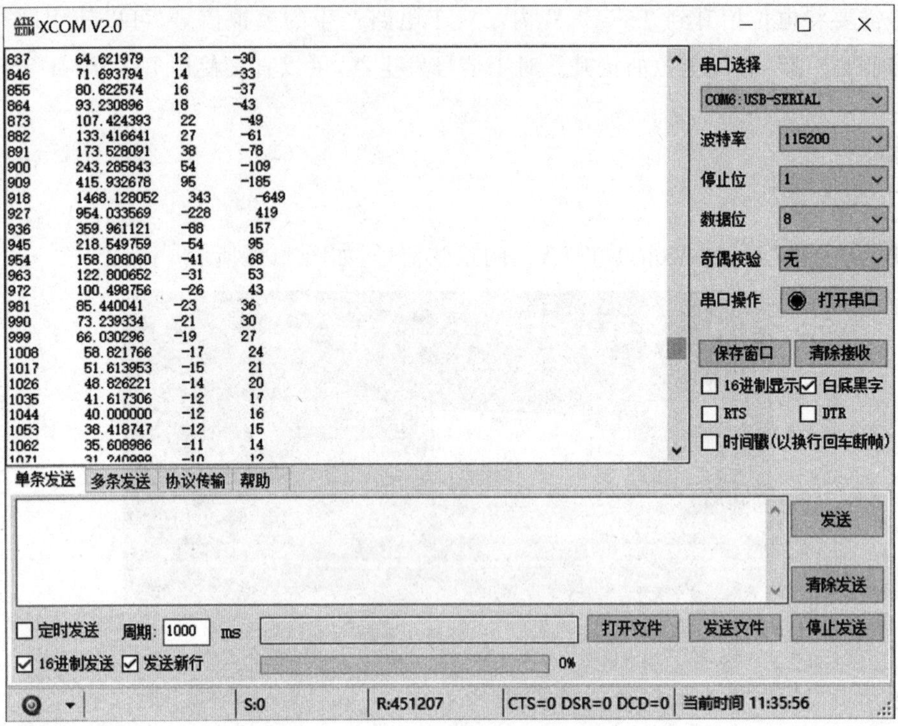


图 11-8 串口打印频率和幅值(1)

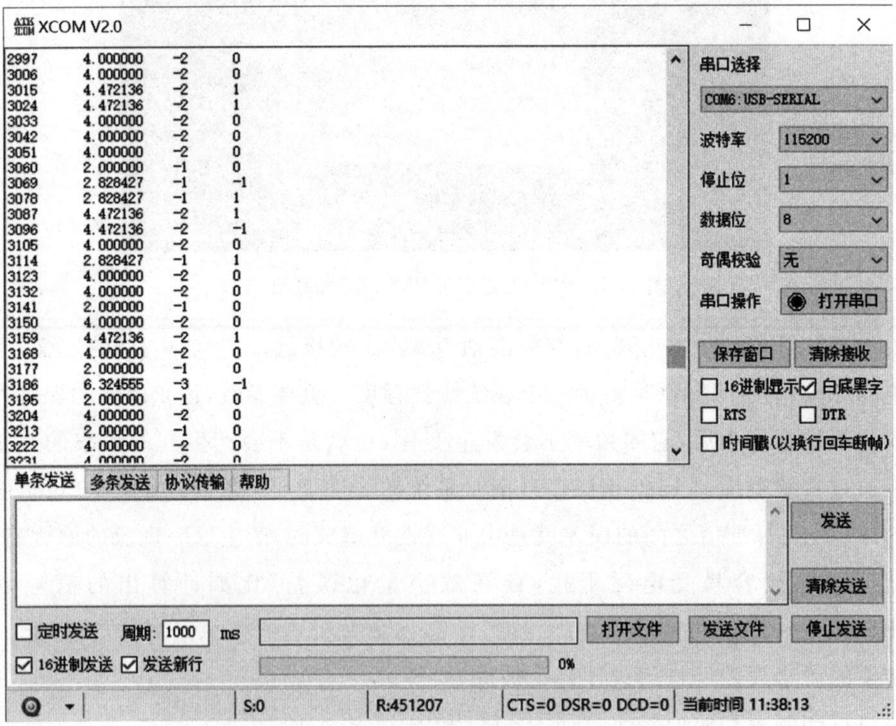


图 11-9 串口打印频率和幅值(2)

从图 11-8 和图 11-9 中可以看出，与频谱图内容一致，在 1 kHz 附近有较大幅值，其他地方都是杂波。但是，坐标采用的是幅度线性坐标，读者也可以自行改成以 10 为底的对数坐标(lg)，只需在 LCD 清屏函数的 get_v 赋值的时候赋对数值即可。在此有这样一个问题：为什么串口打印出来就是 918 Hz 是幅值最大处，而算出来频率是 1002 Hz？这是因为涉及一个 double 双精度转换的问题，即为了使计算更准确，特意采用了双精度计算的方式给频率赋值，这在获取幅值函数中也有所体现。

### 三、显示模式切换

前面提到，由于像素点的限制，adc[x]只能展现 1/4，所以显得信号比较密集。可以将 LCD 清屏函数的 adc[x]改成 adc[x/2]，把信号拉长，这样更方便观察采样的情况，如图 11-10 所示。

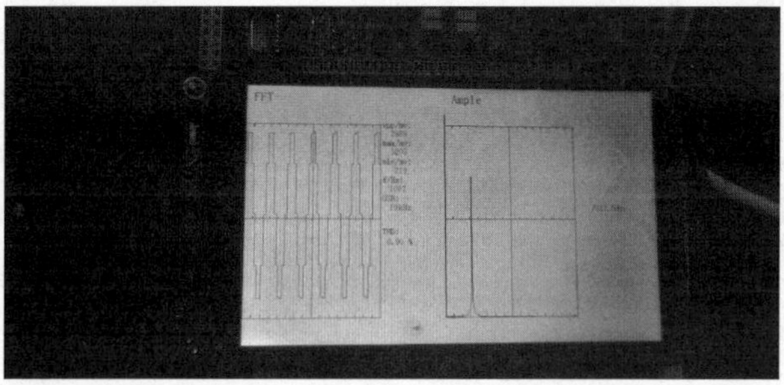


图 11-10　显示模式切换波形拉长

以上就是用 LabVIEW 仿真的结果(数字信号的采样)，只不过虽然 LabVIEW 有曲线拟合功能，但这里没有加，而是用直线拟合，这只是个显示的问题；用直线拟合，采样进行 FFT 的原理能被展示得更加清晰。

### 四、实验拓展

在前面实验的基础上，还可以对实验内容进行扩展，计算方波信号的 THD(方波标准值为 38.87%)，具体过程不再赘述，读者可以自行修改信号发生器进行测量，相关结果如图 11-11、图 11-12、图 11-13 和图 11-14 所示。

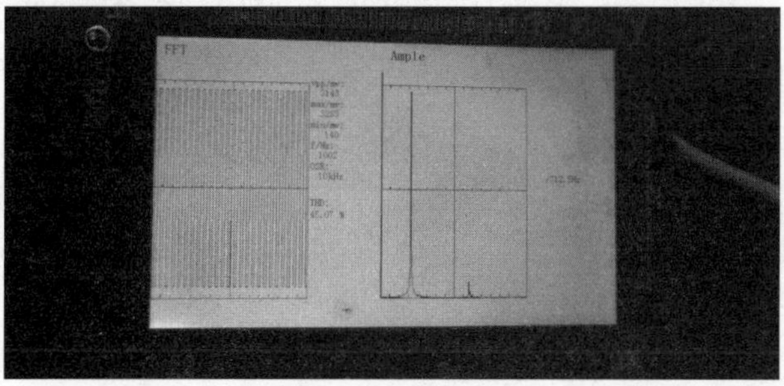


图 11-11　实验拓展方波的波形、THD、频谱

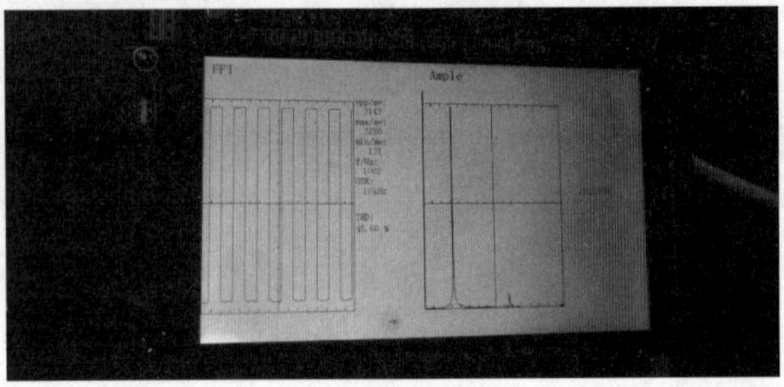


图 11-12　实验展示方波波形拉长

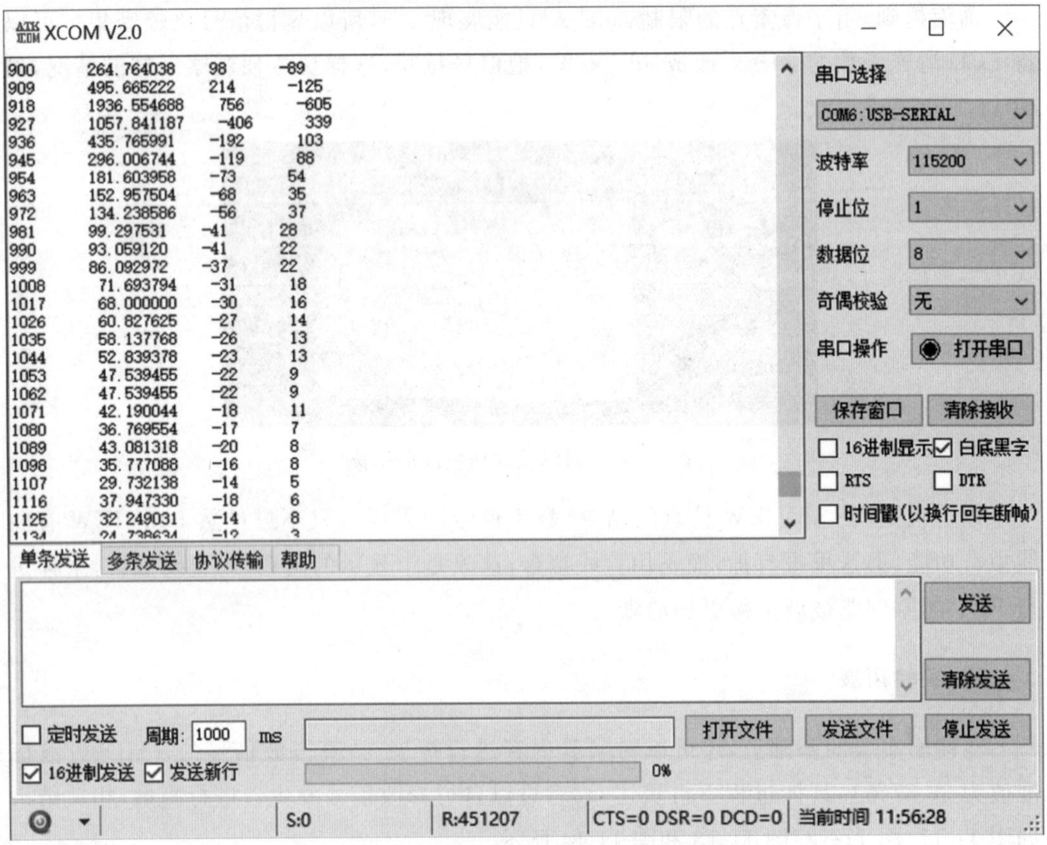


图 11-13　串口打印方波的频率和幅值等信息(1)

图 11-14　串口打印方波的频率和幅值等信息(2)

# 第五节　本章小结

## 一、实验中的若干问题

问题一:在 LabVIEW 仿真实验中,两次编程计算与理论计算相比较,幅频特性结果一致吗?

回答:一致。首先从原理上讲,理论计算使用 DFT 计算,第一个编程使用基 2 的 DIT-FFT 算法,128 点,分到最后分成 6 级蝶形运算,64 个 2 点 DFT;第二个编程使用了一个蝶形运算,分成 2 个 $N/2$ 点 DFT。得到的 DFT 按顺序拼接,最后结果和直接 DFT 一样,但是运算量降低了很多,所以从原理上来讲结果是一样的,得到的结果图形也是一样的。

问题二:在 LabVIEW 仿真实验中,两次编程计算在编程方面和运算量方面的比较如何?

回答：编程方面，$N$ 点 DFT 做 $2N$ 点 DFT 比较复杂些，因为需要运算，而 $2N$ 点 FFT 直接调模块就可以。运算量方面，$N$ 点 DFT 做 $2N$ 点 DFT 大约需要 $2N^2$ 次复加和复乘，若用基 2 的 DIT-FFT 算法的话，需要 $2\times\frac{N}{2}\log_2(2N)$ 次的复乘，运算量比值为 128/7。从原理上分析，DIT-FFT 是按照 $N$ 点做 $2N$ 点的思想，将 $N$ 分得更小(直到 2 点 DFT)，所以分得越多，DIT-FFT 就比只用一次蝶形分解的计算量少得越多，128 点分到最后分成 7 级蝶形运算，相当于 64 个 2 点 DFT。

## 二、实验总结

本章实验可视为第一篇内容的总结提升，进行了软/硬件各平台联合嵌入式系统的开发，以及信号处理算法的 STM32 实现。同时，本章所介绍的 FFT 是现代科学分析中的一种重要方法，在导航通信领域有广泛的应用。当然，本章也只是对 FFT 的原理进行了简单的介绍和应用实验，读者应当进一步深入学习和理解 FFT，并以此为基础，学习更多通信原理方面的知识，包括信号的调制/解调、信号成分的分析、信噪比等，这将十分有助于未来在导航通信领域的应用开发工作。

### ☞本章参考资料

[1]郑南宁，程洪.数字信号处理[M].北京：清华大学出版社，2010.

[2]孙肖子，张企民，赵建勋，等.模拟电子电路及技术基础[M].2 版.西安：西安电子科技大学出版社，2008.

[3]刘火良，杨森.STM32 库开发实战指南：基于 STM32F103[M].2 版.北京：机械工业出版社，2017.

[4] STMicroelectronics. Reference manual of STM32F101xx, STM32F102xx, STM32F103xx, STM32F105xx and STM32F107xx advanced ARM-based 32-bit MCUs，2010.

[5]姚文祥.ARM Cortex-M3 权威指南[M].宋岩，译.北京：北京航空航天大学出版社，2009.

# 下篇 · 提高篇

# 第12章　基于MODBUS协议的毫米波雷达数据处理实验

毫米波雷达工作在30～300 GHz频段，其波长介于厘米波和光波之间，因此毫米波制导兼有微波制导和光电制导的优点。此外，毫米波导引头还具有体积小、质量轻和空间分辨率高的特点，穿透雾、烟、灰尘的能力强，具有可全天候（除大雨天外）、全天时使用的特点。同时，毫米波雷达的抗干扰能力和反隐身能力也较强。这一系列的优势启发我们，可以将毫米波雷达应用于飞机、汽车等的导航系统中，通过毫米波雷达对周边环境进行探测，辅助卫星导航，在提高导航精度的同时，还可以进行高精度的测速，提高智能交通的可行性和安全性。毫米波雷达的应用前景十分广阔，数据通信也是其应用场景中十分重要的一环，本章实验便是在此背景下展开的。

## 第一节　毫米波雷达实验的原理

本实验应用MODBUS协议，采用RS485接口（可参考第8章RS485通信实验的相关内容），使用STM32F103C8T6芯片自绘PCB作为从机，实现毫米波雷达对探测数据的处理，并用数码管显示处理后的结果。

毫米波雷达发射波长为1～10 mm的电磁波，并对接收到的反射波进行对比和计算，得到一段数据包；通过RS485通信模块，遵循MODBUS协议，发送到STM32进行数据处理，并将探测结果以LED灯报警（点亮）的形式显示出来。

软件方面，采用MODBUS协议，接收数据使用ringbuff（一种通用FIFO环形缓冲区实现库）作为缓冲区。

### 一、MODBUS协议

MODBUS协议是一种串行通信协议，是OSI模型第七层的应用层报文传输协议，它提供连接在不同类型总线或网络设备之间的客户端/服务器通信。如图12-1所示，目前共在三种情况下使用MODBUS协议：

（1）以太网上的 TCP/IP。

（2）通过各种介质进行异步串行传输，如有线（EIA/TIA-232-E、EIA-422、EIA/TIA-485-A）、光纤、无线等。

（3）MODBUS PLUS，一种高速令牌传递网络。

对于串行连接，存在 MODBUS ASCII 和 MODBUS RTU 两个变种。对于通过 TCP/IP（如以太网）的连接，存在多个 MODBUS/TCP 变种。本实验使用 MODBUS RTU。

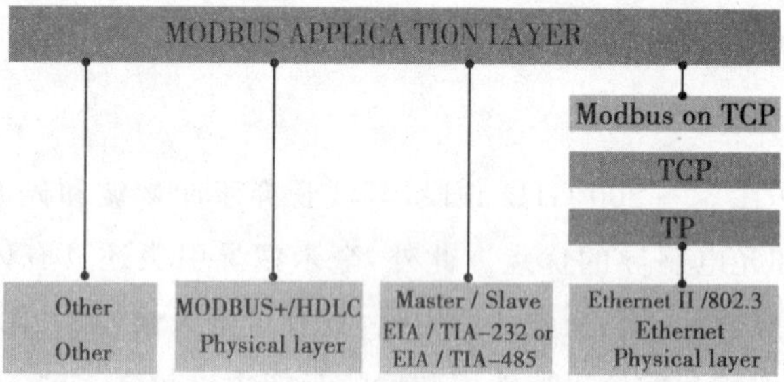


图 12-1　几种 MODBUS 使用方式

本实验采用 RS485 进行串行通信。MODBUS 协议的具体细节请参考 MODBUS APPLICATION PROTOCOL SPECIFICATION 官方手册（可以从网址 http://www.modbus.org 中获取）。

MODBUS 是一种请求/应答协议，提供由功能码指定的服务，其定义了一种协议数据单元（PDU），由地址域、功能码、数据、差错检验四部分组成（见图 12-2），其中地址域用来判别不同的从机（服务器，以下用从机指代），功能码定义了从机的不同操作。MODBUS 协议还定义了公共功能码，这里我们采用 0x01 读线圈功能，差错检验的方法是 CRC 校验。

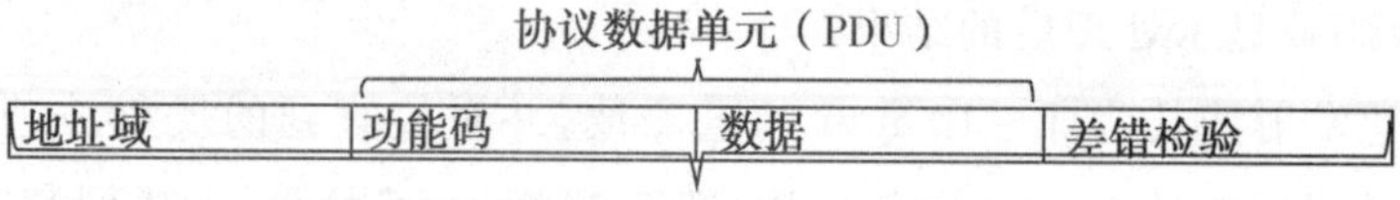


图 12-2　协议数据单元的构成

因为 MODBUS 通信采用的是问答模式，所以主机（客户机，以下用主机指代）与从机发送的数据帧会有所不同。下面先简单介绍一下通信的整个流程，再分别具体介绍主/从机发送的数据帧。

当主机和从机都处在正常运行状态下时，从机一直处于待机状态，由主机向总线发送数据帧，从机接收到数据帧之后，首先判断地址码是否指向该从机，如果是，则继续接收功能码，并依据功能码对数据实现特定操作，最后进行差错检验：如果没有出现差错，从机会向主机发送地址码与功能码相同、包含具体操作信息以及校验信息的数据帧；如果出现差错，那么从机会将差错信息通过数据帧返回主机，以便主机进行下一步的差错处理。主机收到从机返回的应答后，进行下一步的处理。MODBUS主/从机关系的简单示意图如图12-3所示。

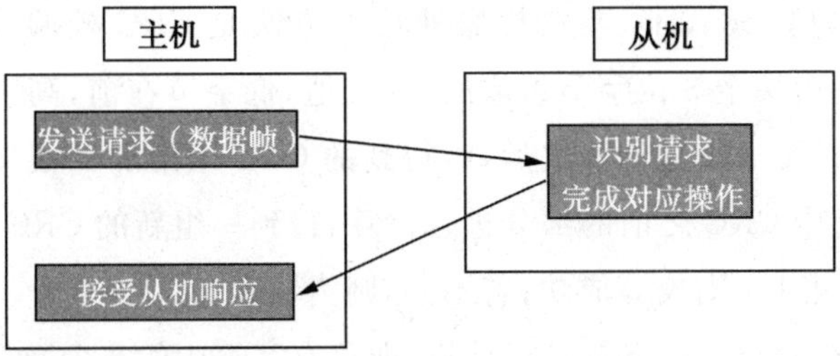


图12-3 MODBUS主/从机关系

另外，主机采用单播模式，即以特定地址访问某个从机，从机接收并处理完请求后，向主机返回一个报文，每个子节点必须有唯一的地址(1～247)，这样才能区别于其他节点被独立地寻址。

在RTU模式下，主/从机发送报文存在不同之处。首先要明确的是，RTU模式每个字节(11位)的格式为：

(1)编码系统：8位二进制，报文中每个8位字节含有两个4位十六进制字符(0～9，A～F)。

(2)Bits per Byte：1起始位；8数据位，首先发送最低有效位；1位作为奇偶校验；1停止位。

主机请求报文的组成为[01][01][00][00][00][05][CRC高][CRC低]，从左至右各部分的意义如下：

(1)RTU设备地址，本实验中为1、2、3。

(2)命令号，读开关量使用读线圈功能码，固定为0x01，十进制1。

(3)起始地址高8位、低8位，表示想读取的开关量的起始地址(上面报文的起始地址为0)。

(4)开关量数量高8位、低8位，表示从起始地址开始读多少个开关量，上面的例子中为5个开关量。

(5)CRC校验码，CRC校验类型为CRC-16/MODBUS，高8位在前，低8位在后。

从机响应举例为[01][01][01][02][CRC高][CRC低]，从左至右各部分的意义如下：

(1)RTU设备地址。

(2)命令号，与主机请求值相同。

(3)返回数据的字节个数。每个开关量对应1个比特位，指示状态为1=ON，0=OFF，按照从低位到高位的顺序，1个字节表示8个比特位，数量不足8的倍数时，用0填充最后数据字节中的剩余比特位。本实验数据域使用1个字节就足够。

(4)数据1,…,$n$。02位0000 0010表示第2个开关量为ON。

(5)CRC校验码,同主机。

可以看到,在RTU模式下,差错检验使用的方法是CRC校验。CRC校验全称是“差错冗余校验”,是由两个8位字节组成的16位值,低字节在前,高字节在后,附加在报文末端。校验方法是发送设备计算之后,将得到的CRC值附加在报文尾,接收设备接收到报文之后,对报文中CRC之前的部分进行计算,得到一组新的CRC值,对两个CRC结果进行比较,若完全相同,则校验成功;若不同,则为错误。

计算CRC时,是针对8位字节进行计算,即只有字符中的8个数据位参与计算,起始位、停止位和奇偶校验位均不参与计算。计算的步骤如下:

(1)首先将一个16位寄存器初始化为0xFFFF,称之为CRC寄存器。

(2)将报文的第一个字节与CRC寄存器低8位按位异或,结果保存在CRC寄存器中。

(3)提取最低有效位(LSB),如果是0,则CRC寄存器右移一位,最高有效位(MSB)补零;如果是1,则CRC寄存器右移一位,最高有效位(MSB)补零,再与0xA001异或。

(4)重复步骤(3),直到该字节的8位数据全部得到处理。

(5)重复步骤(2)(3)(4),对下一个字节进行处理,直到整个报文(除去CRC部分)全部得到处理。

(6)完成计算后的CRC寄存器高低位互换,其值便是CRC值(互换或不互换都可以,只需要通信设备之间采用相同的高低位顺序即可)。

相关代码如下:

```
uint16_t crc16(uint8_t *arr_buff, uint8_t len)
{
    uint16_t crc = 0xFFFF;
    uint8_t i;
        if (len == 0){
        len = 1;
    }
    while (len--){
        crc ^= *arr_buff;
        for (i = 0; i < 8; i++)
        {
            if (crc & 1){
                crc >>= 1;
                crc ^= 0xA001;
            }
            else{
                crc >>= 1;
            }
        }
        arr_buff++;
    }
    return (crc);
}
```

## 二、ringbuff 缓冲区库

ringbuff 缓冲区库的具体内容请参考 https://github.com/MaJerle/ringbuff，下载之后解压，找到..\ringbuff-v2.0.2\ringbuff-v2.0.2\lwrb\src 路径，打开后如图 12-4 所示。

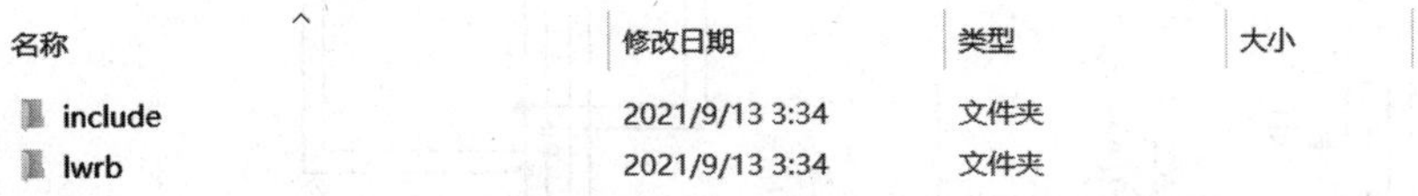


图 12-4　ringbuff 库文件

ringbuff 库文件中，include 文件夹中包含的是头文件，lwrb 文件夹中包含的是 c 文件。将 c 文件和 h 头文件添加到工程中即可使用，这是一个开源的 FIFO 环形缓冲区库，主要使用的函数有两个，其代码如下：

```
size_t lwrb_read(lwrb_t* buff, void* data, size_t btr)
size_t lwrb_write(lwrb_t* buff, const void* data, size_t btw)
```

从函数名称可以看出，lwrb_write 是用来向已定义的缓冲区中存入数据，lwrb_read 是用来从缓冲区中取走数据，都是以 8 位字节为单位进行的操作。

上述函数中，输入参数 buff 为缓冲区句柄的指针，是 lwrb 类型(头文件中定义的结构体类型)，在缓冲区中提取出的数据将存到 data 指针指向的内存中，或是将 data 指针指向的内存中的数据存入缓冲区；btr/btw 则是要存/取的数据字节数。

## 三、硬件设备

为节省资源，本实验采用笔者自主设计的 PCB 板，PCB 绘制采用 STM32F103C8T6 芯片，引出三路 RS485 通信接口，并采取防雷措施保护和 PMOS 控制信号通路的开关，数码管显示检测数值。因为供电线长，所以采用 12 V 的直流电源给毫米波设备供电(12 V的直流电源可采用三路分别供电，可将图 12-5 中所示的 PGND 端口改为 12 V 端口，去掉与 GND 的电容连接)，对直流插座也采取了防静电保护措施。绘制的通信模块电路原理图和通信模块 PCB 板图分别如图 12-5 和图 12-6 所示，DRC 等各项检查通过后，购买元器件打板、焊板。

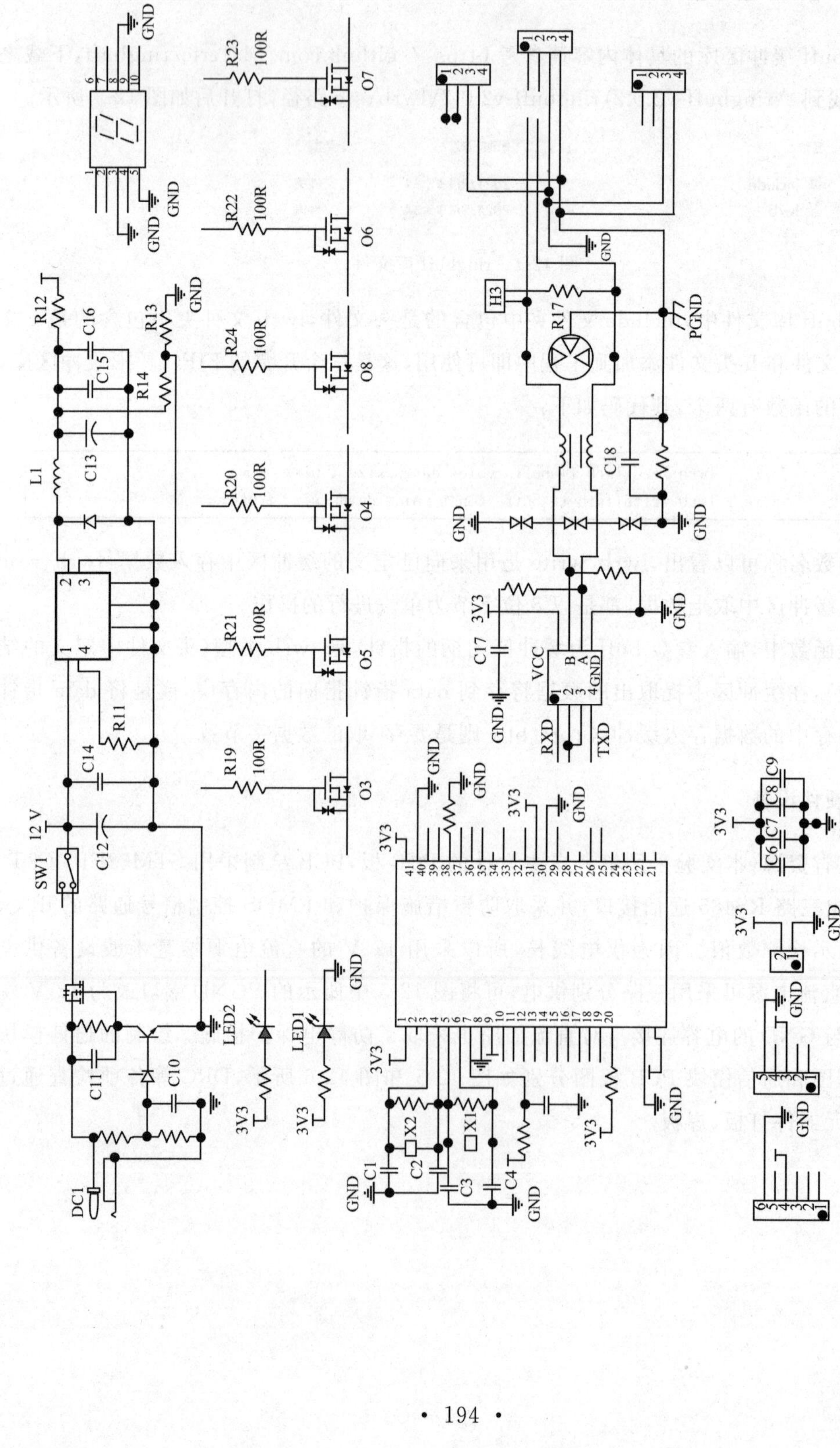


图12-5 通信模块电路原理图

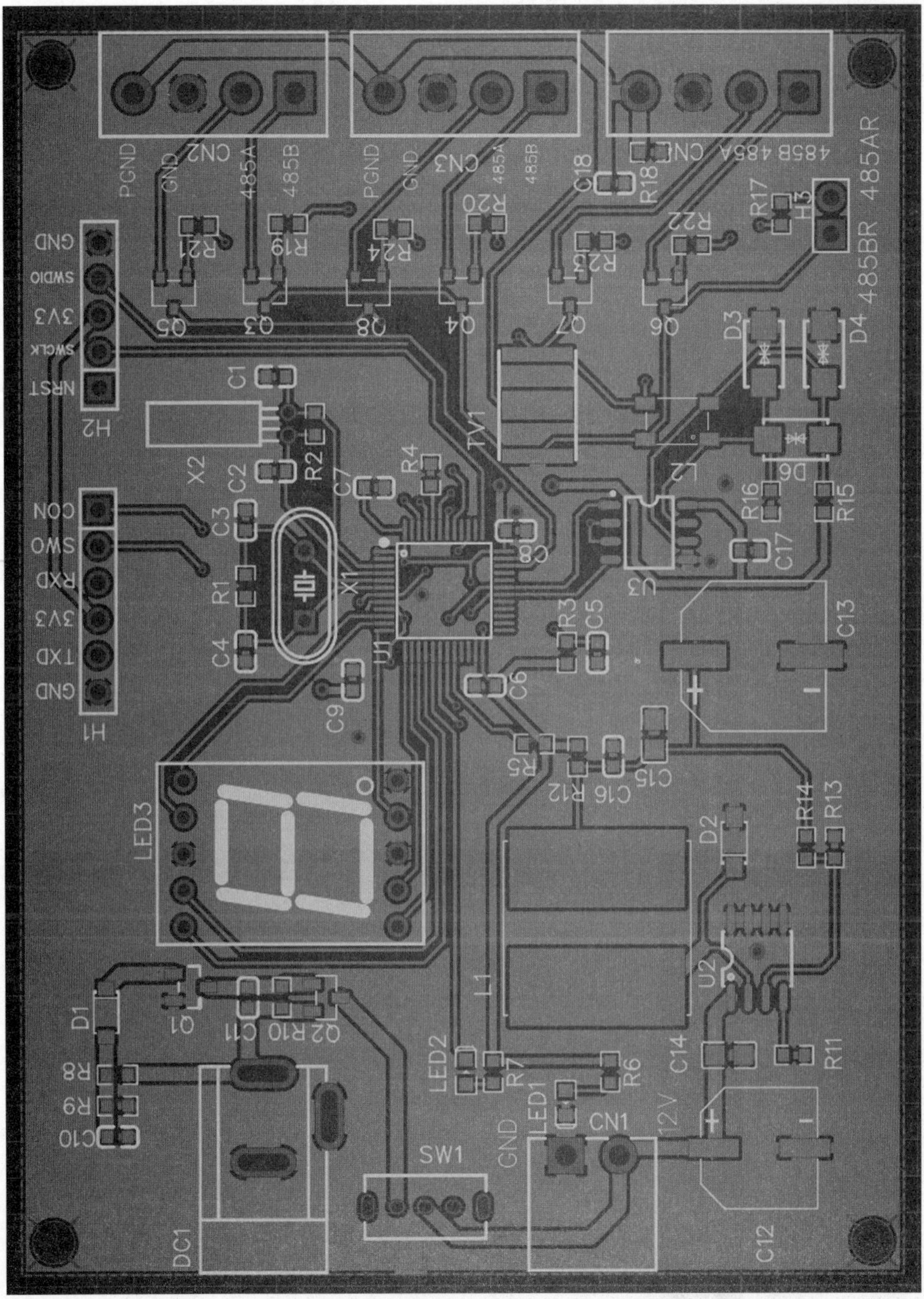


图12-6 通信模块PCB板图

# 第二节　实验流程

## 一、工程构建

各个引脚的配置如图 12-7 所示。

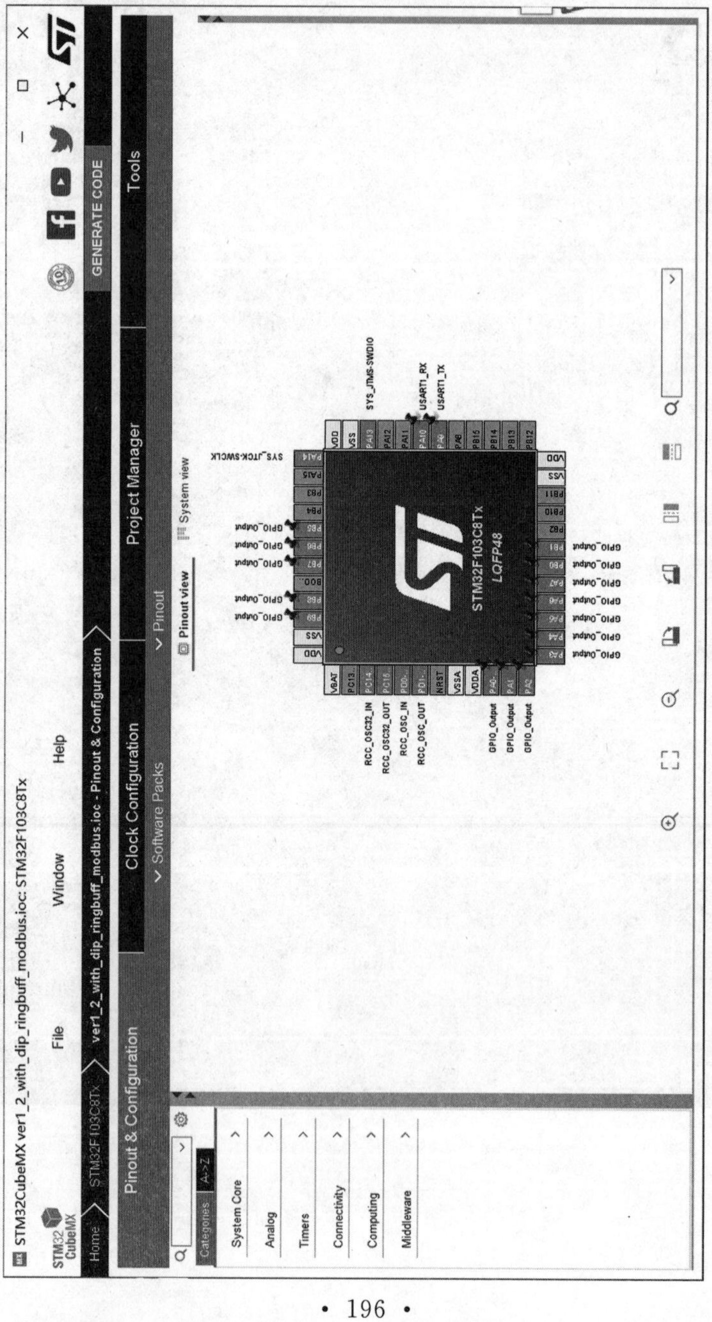


图12-7　引脚配置

采用外部时钟，如图 12-8 所示。

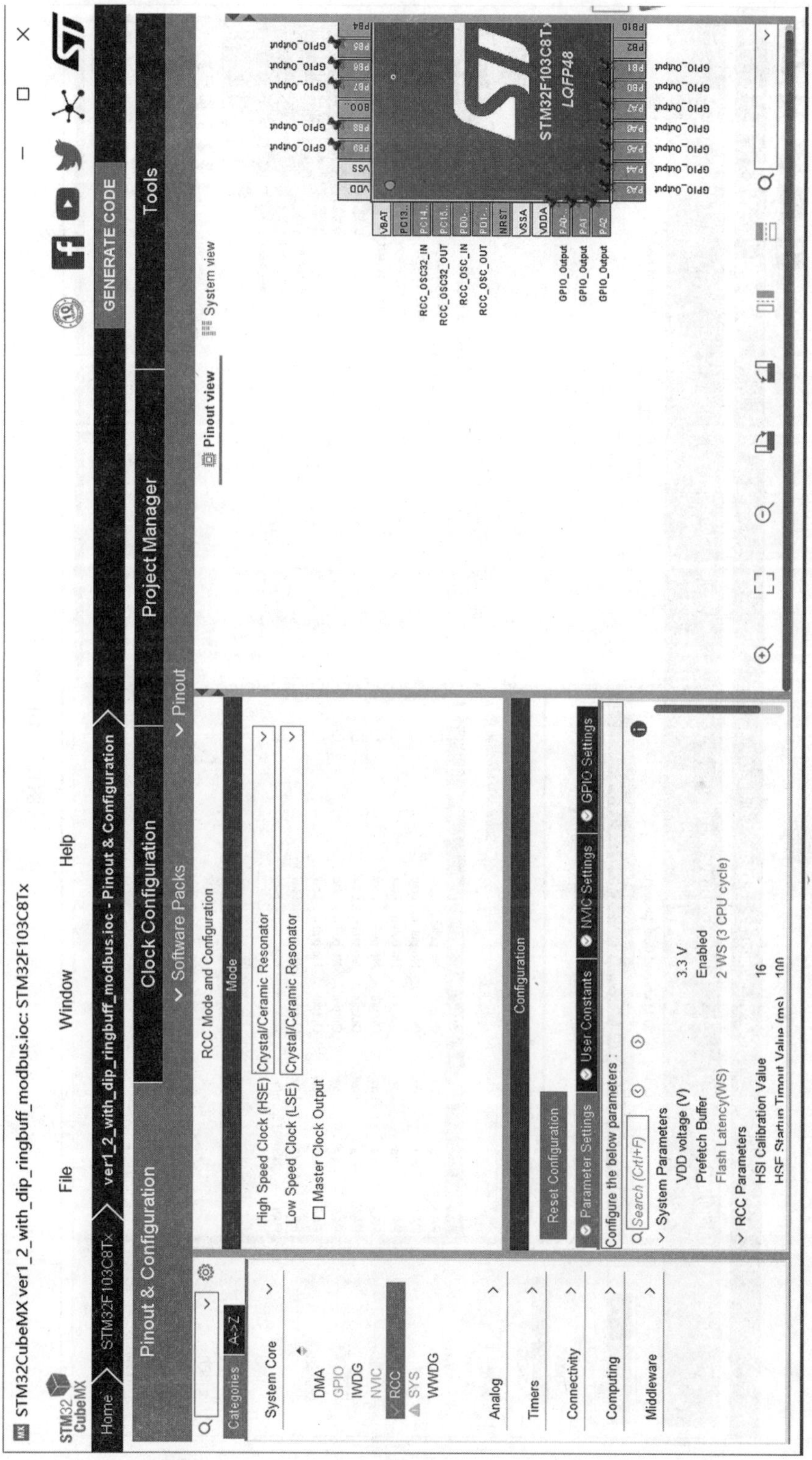


图12-8 RCC配置

使能串口 USART1 及其串口中断，如图 12-9 所示。

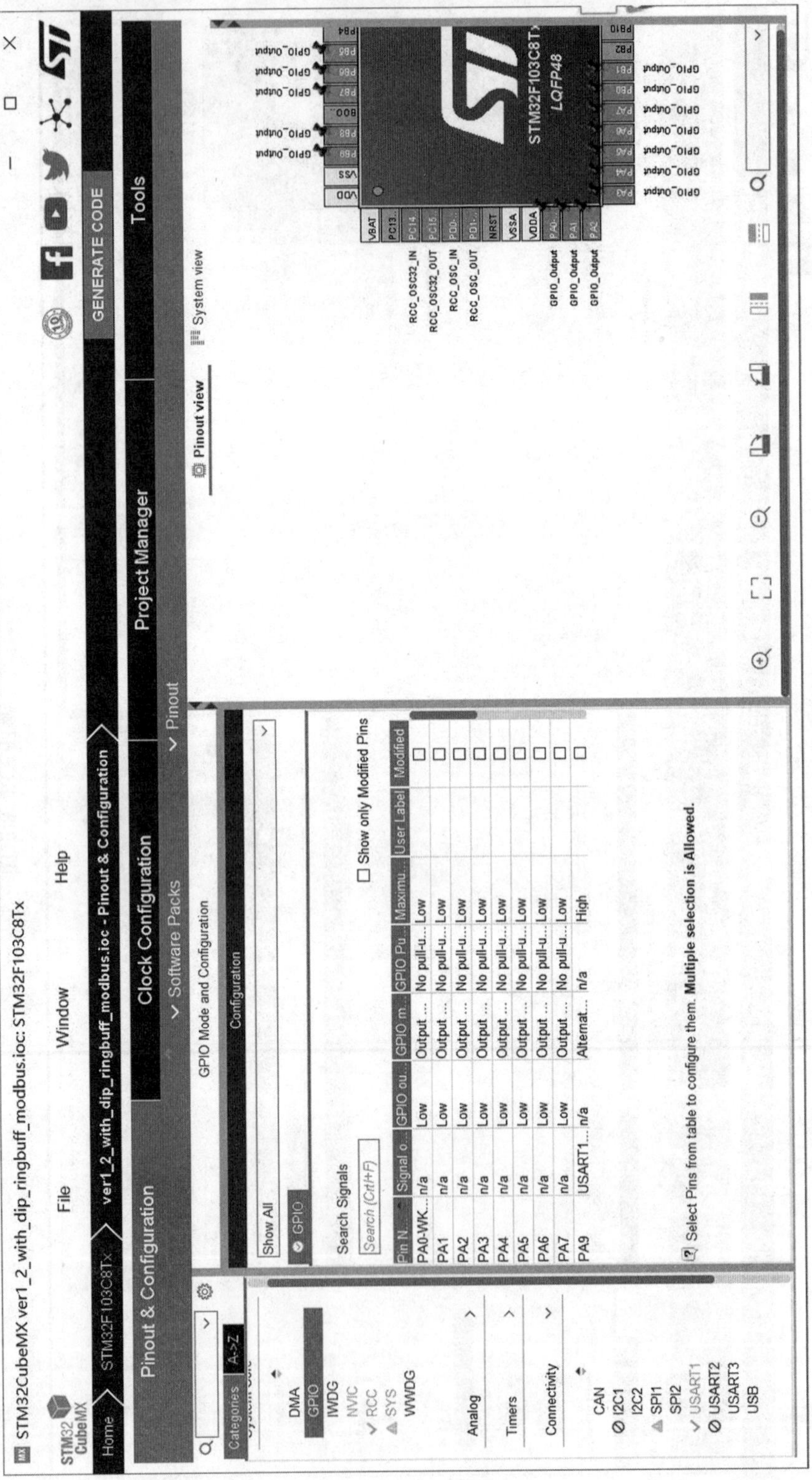


图12-9 GPIO配置

通过 GPIO 控制数码管的显示。

## 二、函数设计

工程结构如图 12-10 所示。

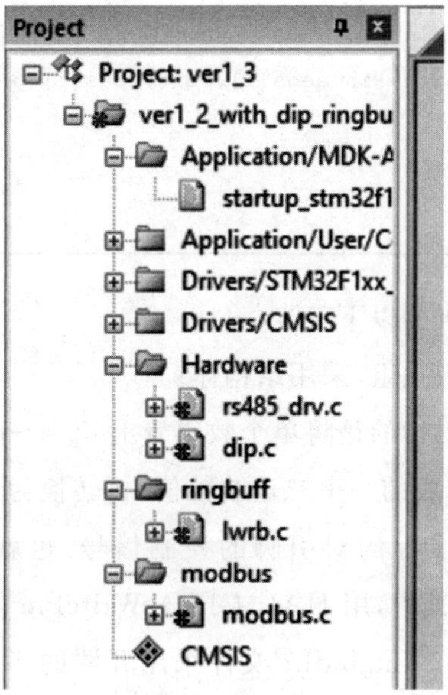


图 12-10　工程结构

其中，rs485_drv.c 请参考 RS485 通信实验的相关内容。dip.c 文件的代码如下：

```
#include "gpio.h"
#include "dip.h"

//定义数码管接口
   struct GPIO_PACK{
      GPIO_TypeDef * port;
      uint16_t pin;
   };
   struct GPIO_PACK segs[7]= {
   {GPIOA,GPIO_PIN_0},
   {GPIOA,GPIO_PIN_1},
   {GPIOA,GPIO_PIN_2},
   {GPIOA,GPIO_PIN_3},
   {GPIOA,GPIO_PIN_4},
   {GPIOA,GPIO_PIN_5},
   {GPIOA,GPIO_PIN_6},
   }   ;

//段码
   uint8_t shuzu[]={
   0x03f,0x06,0x5b,0x4f,0x66,0x6d,0x7d,0x07,0x7f,0x6f,0x77,0x7c,0
```

```
x39,0x5e,0x79,0x71};

//数码管显示
void DisplayOnebit(uint8_t digtal){
        uint8_t i;
        for(i=0;i<7;i++){

    HAL_GPIO_WritePin(segs[i].port,segs[i].pin,(GPIO_PinState)(shu
zu[digtal]&(0x01<<i)));
        }

}
```

在这里，编写数码管代码分以下三步：

第一步，编写 GPIO 对应数组，采用结构体。

第二部，编写段码。段码指的是将单个数码管上 dp a～g 高低电平用 1 和 0 代替，按照 dp g f e d c b a 的顺序组成的一串二进制数值，再转换为十六进制。

第三步，将段码转换为实际的对引脚的控制信号，也就是采用 void DisplayOnebit (uint8_t digtal)这个函数。其中，用 HAL_GPIO_WritePin 函数给 GPIO 引脚高低电位，采用移位的方式来解析段码。ringbuff.c 文件采用开源的 ringbuff 缓冲区代码进行串口读写，modbus.c 文件中包含 crc 校验代码和验证功能码之后的功能函数，相关的代码如下：

```
#include <stdio.h>
#include <stdint.h>

uint16_t crc16(uint8_t *arr_buff, uint8_t len)
{
    uint16_t crc = 0xFFFF;
    uint8_t i;
    if (len == 0){
        len = 1;
    }
    while (len--){
        crc ^= *arr_buff;
        for (i = 0; i < 8; i++)
        {
            if (crc & 1){
                crc >>= 1;
                crc ^= 0xA001;
            }
            else{
                crc >>= 1;
            }
        }
```

```
            arr_buff++;
        }
        return (crc);
    }

    uint8_t modbusfun(uint8_t msg1[4], uint8_t msg2[4], uint8_t msg3[4])
    {
        uint8_t c = 0;
        uint8_t ans;
        ans = (msg1[3]<<4) | (msg2[3]<<4) | (msg3[3]<<4);
        while (ans){
            if (ans % 2 == 1){
                c++;
            }
                ans = ans >> 1;
        }
        if ((msg2[3] & msg3[3]) != 0){
                c++;
        }
        return (c);
    }
```

main.c 文件的代码如下：

```
    /* USER CODE BEGIN 3 */
            /*一号机*/
            //RS485_power(1);
            RS485_Transmit(data1, 8);
          HAL_Delay(400);
            while        ((len=          lwrb_read(&usart1_ringbuff,
    (uint8_t*)&read_data, sizeof(read_data)))>0){
                /*捕获起止标志*/
                if(read_data == 0x01)//地址码
                {
                    msg1[0] = read_data;
                    /*功能码*/
                    if((len         =         lwrb_read(&usart1_ringbuff,
    (uint8_t*)&read_data, sizeof(read_data)))>0 && read_data ==0x01){
                        msg1[1] = read_data;
                        //读取数据字节数
                        if((len        =        lwrb_read(&usart1_ringbuff,
    (uint8_t*)&read_data, sizeof(read_data))) > 0){
                                data_len = read_data;
                                msg1[2] = read_data;
                        }

                        //提取 data_len 个数据
                        for(int i = 0; i < data_len; i++){
                                if((len    =    lwrb_read(&usart1_ringbuff,
    (uint8_t*)&read_data, sizeof(read_data)))>0){
```

```
                        msg1[i+3] = read_data;
                    }
                }
                lwrb_read(&usart1_ringbuff, (uint8_t*)&read_data,
sizeof(read_data));temp = read_data;
                lwrb_read(&usart1_ringbuff, (uint8_t*)&read_data,
sizeof(read_data));
                rcr = read_data * 256;
                rcr += temp;
            }
        }
        if(rcr != crc16(msg1, sizeof(msg1)))
                msg1[3] = 0;
    }
```

上面只展示了主函数中的一部分代码，因为在这个系统中，主机与三个从机通信的代码结构完全相同，只有地址码和数据有所不同，所以只以一号机为例。采用循环嵌套的方法进行报文的读取，当一帧报文的第一个字节触发串口中断回调函数（见下文）后，会被读入缓冲区，此时 while ((len = lwrb_read(&usart1_ringbuff, (uint8_t *)&read_data, sizeof(read_data)))>0)函数便会检测缓冲区是否已经读入字节数据，若结果为真，则进入循环，此字节即为报文的地址码，经过 if 语句判断与该从机地址码一致后，继续从缓冲区读取字节（功能码、字节数）；依照字节数作为循环次数，提取 data_len 个字节数据；然后再读取报文的最后两个字节（CRC 值）进行校验，相关代码如下：

```
lwrb_read(&usart1_ringbuff, (uint8_t*)&read_data,
sizeof(read_data));
temp = read_data;
lwrb_read(&usart1_ringbuff, (uint8_t*)&read_data,
sizeof(read_data));
rcr = read_data * 256;
rcr += temp;
```

若 CRC 校验不通过，则将数据寄存器 msg1[3]清零。一、二、三号机全部走完这样的流程后，进行如下处理：

```
digital = modbusfun(msg1, msg2, msg3);
DisplayOnebit(digital);
```

在上面的代码中，modbusfun()是对接收信息进行处理的函数，定义如下（也可以自己重新定义其功能，这里只作示例）：

```
uint8_t modbusfun(uint8_t msg1[4], uint8_t msg2[4], uint8_t msg3[4])
{
    uint8_t c = 0;
    uint8_t ans;
    ans = (msg1[3]<<4) | (msg2[3]<<4) | (msg3[3]<<4);
    while (ans){
        if (ans % 2 == 1){
            c++;
        }
            ans = ans >> 1;
    }
    if ((msg2[3] & msg3[3]) != 0){
            c++;
    }
    return (c);
}
```

串口中断回调函数的功能是以字节为单位，将报文逐步写入缓冲区，相关代码如下：

```
/* USER CODE BEGIN 4 */
//´串口中断回调函数
void HAL_UART_RxCpltCallback(UART_HandleTypeDef *huart)
{
    if(huart ->Instance == USART1)
    {
            size_t btw = sizeof(recv_data);
            lwrb_write(&usart1_ringbuff, &recv_data, btw);
            HAL_UART_Receive_IT(&RS485_USART, &recv_data, 1);
    }
}
/* USER CODE END 4 */
```

## 第三节　实验结果

首先将开发板与上位机连接并供电，观察电源指示灯是否亮起，若正常工作则打开串口助手，观察数据接收情况。接收数据前，通信模块如图 12-11 所示。

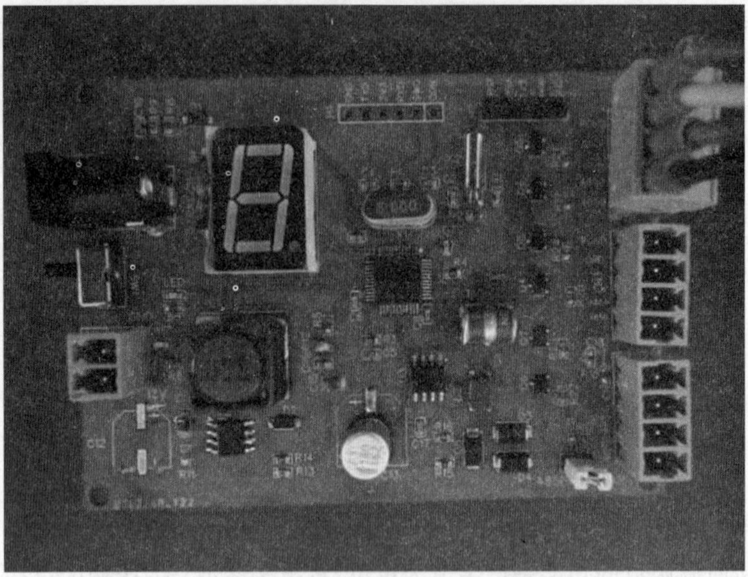

图 12-11　接收数据前的通信模块

开始传输数据后，数码管亮起，并显示上位机传输到单片机后经过处理的数据。首先传输包含“2”信息的报文，如图 12-12 所示。

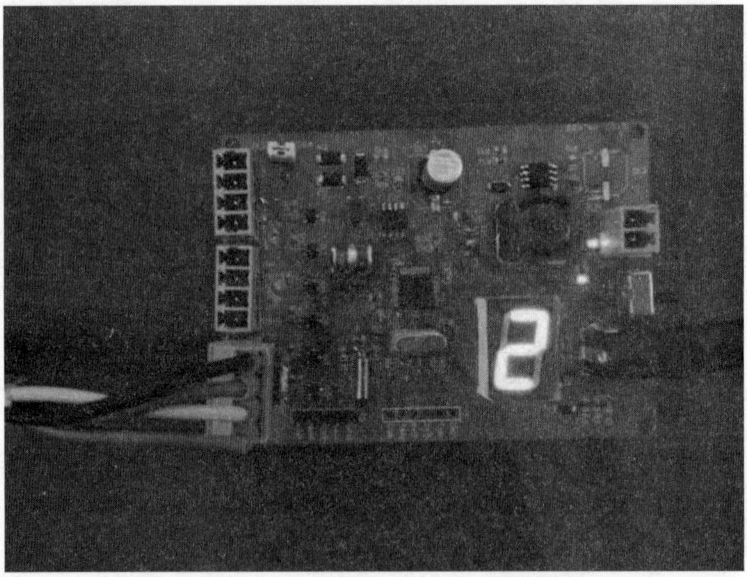

图 12-12　通信模块接收的数据为“2”

然后将报文调整为“0”，如图 12-13 所示。

图 12-13　通信模块接收的数据为“0”

上位机串口助手显示结果如图 12-14 所示。

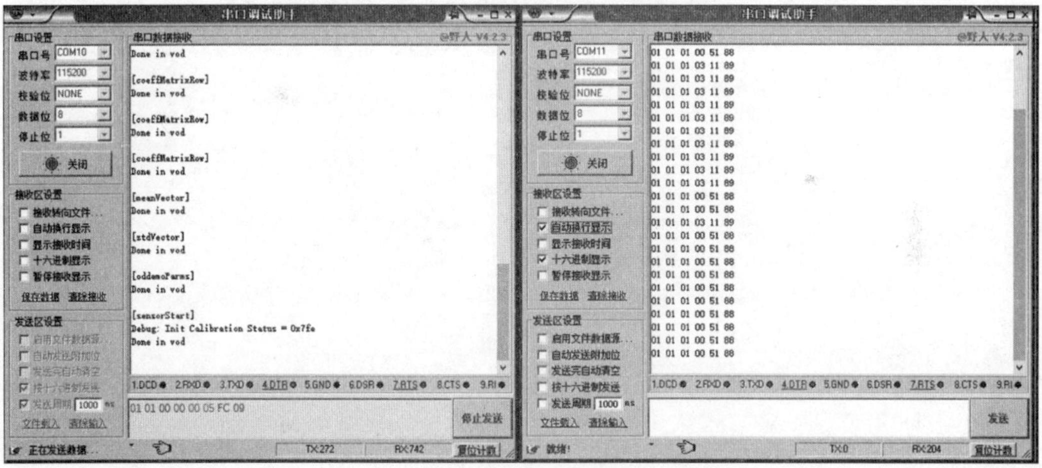


图 12-14　上位机串口助手显示结果

## 第四节　本章小结

本章借助毫米波雷达测量数据，运用 RS485 通信模块及 MODBUS 协议进行了综合应用实验。MODBUS 是经典的主从通信协议，了解该协议有助于读者更好地掌握一般的串行通信协议。为使接收数据的缓存更加稳定，本实验在数据接收时采用了开源的 ringbuff 缓冲库。读者在具体的实践应用中，也可以适当地使用现有的开源资料，这将有助于提高工作效率。在创建工程时，读者应注意工程目录的可读性，建议将自己编写的硬件驱动(此实验中为 RS485 通信模块、数码管等)函数分别创建 c 文件和 h 头文件,以便后续修改以及项目交接。

☞本章参考资料

[1]MODBUS.MODBUS Application Protocol Specification V1.1b3,2012.

[2] STMicroelectronics. Reference manual of STM32F101xx, STM32F102xx, STM32F103xx, STM32F105xx and STM32F107xx advanced ARM-based 32-bit MCUs,2010.

[3]TEXAS INSTRUMENTS.Occupancy Vital Signs Detection User Guide.

# 第 13 章　基于 FPGA 的导航图像灰度及高斯滤波算法设计——Verilog 实现

随着导航技术和智能驾驶技术的发展，导航的技术内涵不再仅是对路线、定位等数据的传递和接收，还进一步扩大到了对路况图像的识别和分析等沉浸式智能识别和处理技术领域，旨在实现嵌入式开发的智能化人机交互。因此，对驾驶员辅助系统的开发正变得越来越重要。在图像处理算法中，一般先将电荷耦合器件(CCD)摄像机拍摄的原始数据转换成 RGB 格式，再转换成灰度图像。由于灰度图像的数据通量小却保留了图像轮廓的原始特征，因此便于一些算法的验证和实现。在此基础上，可以添加一些图像处理算法，比如色彩美图、数字滤波、边缘检测、物体检测等。这些图像处理算法将有助于对物体、障碍物及路况的检测和识别，从而帮助驾驶员进行室内或室外导航。本章在实验中加入了灰度和高斯滤波算法，高斯滤波是一种线性平滑滤波，适合消除高斯噪声，因而被广泛应用于图像处理的减噪过程中，用来辅助驾驶员或自动控制系统观察、分析路况。

本实验围绕灰度和高斯滤波算法的基本概念及原理进行了初步讨论，并通过实际开发一个摄像机图像处理的可编程阵列逻辑(FPGA)分析系统，来帮助读者理解图像滤波算法，以便读者能够进一步应用图像滤波算法进行导航方面的图像处理系统的开发。

## 第一节　实验简介及实验原理

本实验基于 Intel FPGA 的 Cyclone V 的 5CSEMA5F31C6 板卡和 D8M 摄像头套件进行视频处理程序的开发，将实时采集到的 CMOS 输出图像存储到同步动态存储器(SDRAM)中，再实时读出图像数据到 VGA 显示器中，并在显示的基本功能中加入图像处理算法：灰度和数字滤波。这些图像处理算法将减少成像设备和外部环境的噪声干扰，实现对图像的滤波去噪，有助于对障碍物及路况的检测和识别，辅助驾驶员或自动控制系统观察、分析路况，进行室内或室外导航。

在 Intel 的 D8M 套件所给的 RTL 寄存器传输级模板代码中，已经将数据流从 CCD

原始数据 RAW 格式转换为 RGB 格式，其中涉及的模块如图 13-1 所示。本章的实验重点是讲解图像处理算法，所以对模板代码中的内容不再赘述。

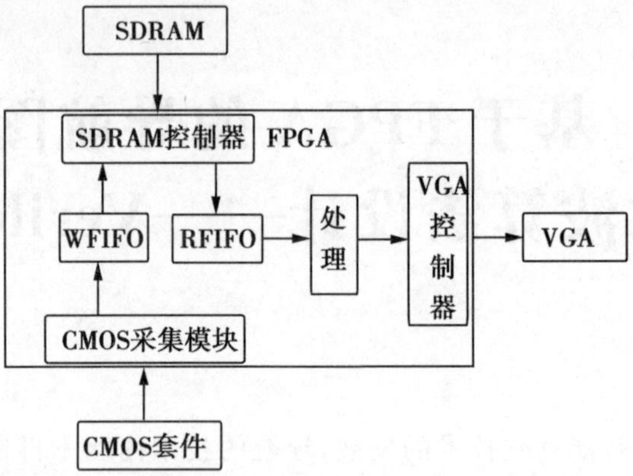


图 13-1　摄像机采集图像处理的 FPGA 系统框图

## 一、颜色插值滤波算法——相机原始数据从 RAW 格式转化为 RGB 格式

由于涉及图像处理的格式问题，所以在此先介绍代码中的 RAW2RGB 功能，即将相机原始数据从 RAW 格式转化为 RGB 格式的原理，以便读者对此能有一个初步的了解。

首先介绍 CCD 原始数据的格式，相机内部的原始图片一般后缀名为“.raw”，其像素呈阵列的方式排列，称为“贝尔图”，图 13-2 所示即为贝尔图。

**G R G R G R G R**

**B G B G B G B G**

**G R G R G R G R**

**B G B G B G B G**

图 13-2　贝尔图

一个像素点是由红(R)、绿(G)、蓝(B)三种颜色形成的混合色点，而贝尔图中一个像素点只有一种颜色(或 R，或 G，或 B)。因为贝尔图中一个像素点只有一种颜色，故需要借助这个像素点周围的颜色对其进行插值(填充)另外的两种颜色，该像素点本身的颜色就不用插值了。

以插入 R 和 B 为例，若 Rx=(R1+R2)/2，则取上边和下边的平均值(见图 13-3)，或是左边和右边的平均值；若 Rx=(R1+R2+R3+R4)/4，则取四个边的平均值。

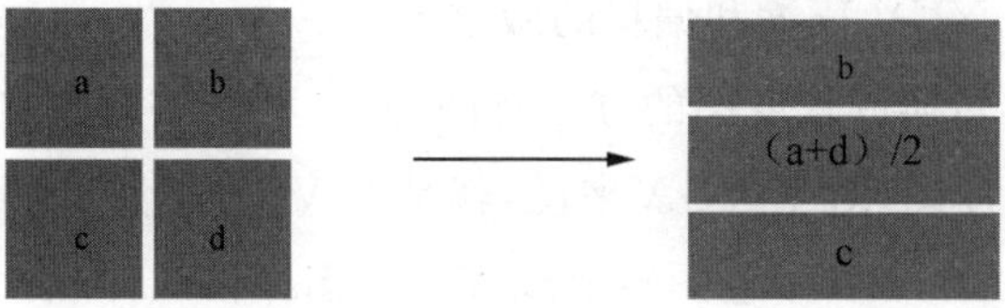


图 13-3　插值算法单像素示意图

每四个像素合并为一个像素，像素值的变化如图 13-4 所示。这样，经过 RAW2RGB 模块后，图像的分辨率变为原来的一半，如原先是 1280×1024 变为 640×512。

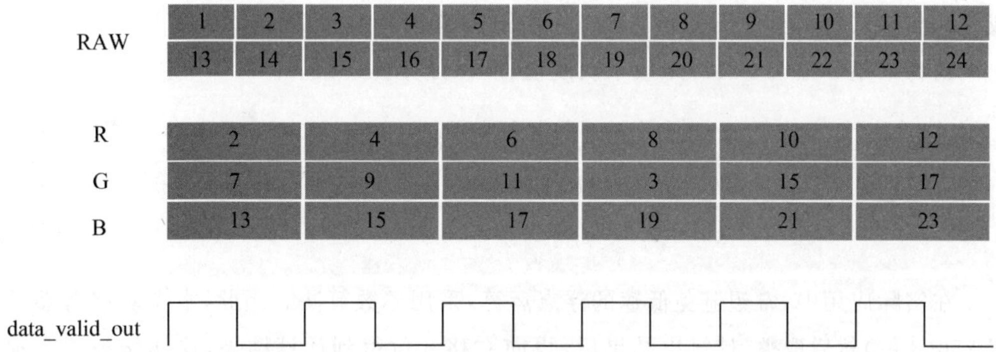


图 13-4　插值算法整体示意图

以上便是颜色插值滤波算法的基本原理，也是从 RAW 格式的数据(CCD 原始数据)转换到 RGB 格式的数据的主要算法，即串并转换。

**二、灰度和高斯滤波算法原理——RGB 彩色图转换成灰度图并做高斯滤波处理**

首先介绍几种图像格式：

(1)GRAY 图像：GRAY 图像即灰度图像，图像由黑到白为灰阶，共有 0～255(8 比特)个灰度。

(2)YUV 图像：YUV 是欧洲电视系统采用的颜色编码方法，主要用于优化彩色视频信号的传输。采用彩色摄影机或者彩色 CCD 摄影机取像，对彩色图像信号进行分色，分别放大校正，得到 RGB，经过矩阵变换电路，得到亮度信号 Y 和两个色差信号 B-Y(U)和 R-Y(V)，经过发送端编码，用同一信道发送出去。这里的 Y 表示明亮度、灰阶值；U、V 表示色度，用来定义色彩及饱和度，指定像素颜色。

(3)Ycbcr 图像：Ycbcr 图像表示色彩空间，用于影像连续处理和数字摄影系统。除了 Ycbcr 图像格式外，还有 Ycbcr、Y′CbCr、YCBCR、Y′CBCR 等图像格式，其中 Y′表示亮度成分；CB 和 CR 分别表示蓝色和红色的浓度偏移量成分，即蓝色和红色与 RGB 信号亮度值之间的差异；Y 表示光的浓度且为非线性，使用 γ 修正编码处理。YCbCr 不是一种绝对色彩空间，而是 YUV 压缩和偏移的版本。

将 RGB 彩色图转换成灰度图的方法有两种：一种方法是直接引出 RGB 某一分量作为灰度的值，显示灰度图，对于 VGA 来说，就是对 VGA 的 R、G、B 三个通道都赋一样的值；另一种方法是先将 RGB 彩色图转换成 Ycbcr 图像格式，然后引出 Y 分量。这两种方法的效果类似，直接引某一通路的值和转换成 Ycbcr 格式后再引出亮度成分 Y 分量其实是一样的，都不会有色彩的偏移，但是相对来讲，Ycbcr 格式综合了三种通道的数据，把浓度偏移给了 cb 和 cr，留下来的亮度 Y 能更加准确地用灰度和亮度来描述实际的颜色对比度，也就是说其亮度呈现更加准确和清晰。因此，在本实验中选择将 RGB 彩色图转换成 Ycbcr 格式再引出 Y 分量的方法，来将 RGB 彩图转换成 GRAY 灰度图。

因为采用 8 位(0～255)来表示灰度值，所以计算公式如下：

$$Y=0.183R+0.614G+0.062B+16 \tag{13-1}$$

$$Cb=-0.101R-0.338G+0.439B+128 \tag{13-2}$$

$$Cr=0.439R-0.399G-0.040B+128 \tag{13-3}$$

在实际应用中，希望避免低速的浮点运算，采用整数算法。因此，本实验将各系数乘以 256(8 位)然后取整，计算出结果后，再向右移 8 位得到计算结果，这样做虽然会损失一定的精度，但速度快、耗费资源少，而且精度损失并不严重。

下面再来简单介绍高斯滤波原理，首先来看几种滤波方式的对比：

(1)均值滤波使用模板内所有像素的平均值代替模板中心像素的灰度值，是一种线性滤波方式，用于降低噪声，去除不相干的细节，但是这种滤波方式易受到噪声的干扰，不能完全消除噪声，只能相对减弱噪声。

(2)中值滤波是一种非线性滤波方式，其原理是计算模板内所有像素的中值，并用所计算出来的中值修改模板中心像素的灰度值，这种方法对噪声不是太敏感，能够较好地消除脉冲噪声，但容易导致图像的不连续性。脉冲噪声也称“椒盐噪声”，是由图像传感器、传输信道、解码处理等产生的黑白相间的亮/暗点噪声。椒盐噪声包括两种噪声：一种是盐噪声(salt noise)，这里的“盐”指代“白色”(255)；另一种是胡椒噪声(pepper noise)，这里的“胡椒”指代“黑色”(0)。“盐”属于高灰度噪声，“胡椒”属于低灰度噪声。一般来说，高灰度噪声和低灰度噪声这两种噪声往往同时出现，呈现在图像上就是黑白杂点。对于彩色图像来说，则表现为在单个像素 BGR 的三个通道上随机出现的 255 与 0。

(3)高斯滤波对图像邻域内的像素进行平滑处理时，邻域内不同位置的像素将被赋予不同的权值，因此对图像进行平滑处理的同时，能够更多地保留图像的总体灰度分布特征。

高斯滤波是一种线性平滑滤波，适用于消除高斯噪声，被广泛应用于图像处理的减噪过程。通俗来说，高斯滤波就是对整幅图像进行加权平均，对每一个像素点的值，都由其本身和邻域内的其他像素值经过加权平均后得到。高斯平滑滤波对于抑制服从正态分布的噪声非常有效。如图 13-6 所示，$3\sigma$ 之外的概率很低，可以忽略不计，因此可以使信号与这个区域的高斯滤波算子相乘以减弱噪声，故高斯滤波对于消除服从高斯分布的噪声更为有效。具体实现方法是：用一个模板（或称“卷积”“掩模”）扫描图像中的每一个像素，用模板确定的邻域内像素的加权平均灰度值去替代模板中心像素点的值。高斯函数如式 13-4 所示：

$$G(x,y)=\frac{1}{16}[f(x-1,y-1)+2f(x,y-i)+f(x+1,y-1)+2f(x-1,y)+4f(x,y)+2f(x+1,y)+f(x-1,y+1)+2f(x,y+1)+f(x+1,y+1)] \tag{13-4}$$

用高斯滤波模板扫描图像的每一个像素，矩阵和算子如图 13-5 所示。

**串行像素的3×3矩阵**

| | | |
|---|---|---|
| (x-1, y-1) | (x, y-1) | (x+1, y-1) |
| (x-1, y) | (x, y) | (x+1, y) |
| (x-1, y+1) | (x, y+1) | (x+1, y+1) |

**高斯滤波3×3算子**

| | | | |
|---|---|---|---|
| | 1 | 2 | 1 |
| (1/16) × | 2 | 4 | 2 |
| | 1 | 2 | 1 |

图 13-5　高斯滤波矩阵和算子

在实际中应用高斯滤波计算离散近似的时候，在大概 $3\sigma$ 距离之外的像素都可以视为不起作用。标准差越小，二维高斯图像越窄、小，滤波效果越不明显；标准差越大，二维高斯图像越矮、宽，滤波效果越明显，如图 13-6 和图 13-7 所示。

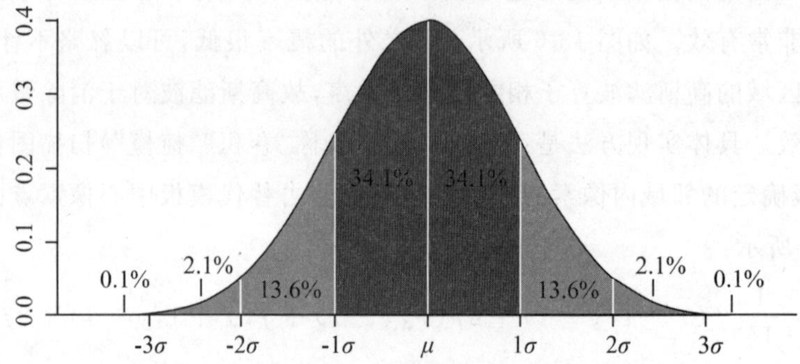


图 13-6　一维高斯函数分布

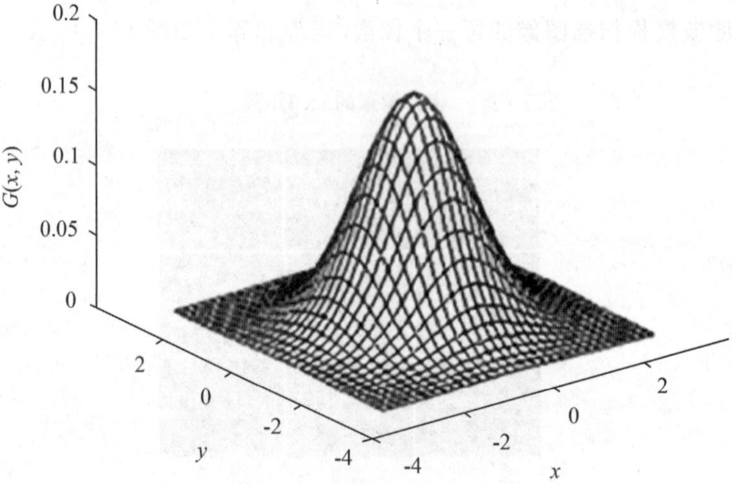


图 13-7　二维高斯函数分布

# 第二节　实验步骤

## 一、算法编写及 MATLAB 和 ModelSim 联合仿真

(一)MATLAB 生成输入图像数据，导入 FPGA 的 ROM 存储单元中

本实验先将算法部分单独编写，并进行 MATLAB 和 ModelSim 的联合仿真，总思路是编写算法代码，之后用 MATLAB 先读取图片，为了方便，直接用 MATLAB 生成灰度数据 mif 文件，之后调用 ROM 的 IP 核存储数据。由于图像是 640×480 的分辨率，存储的是 8 位的灰度数据，所以建立 640×480 的 ROM 来存储，如图 13-8 所示。

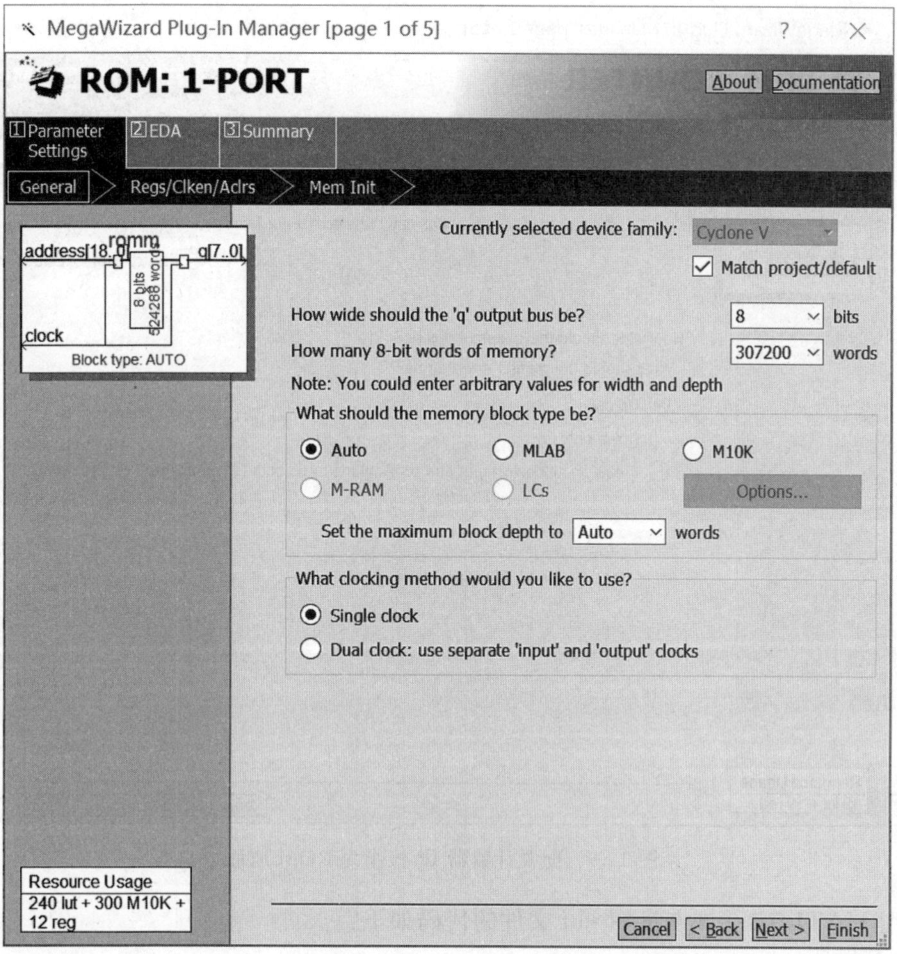


图 13-8　配置 ROM 的 IP 核存储图像数据

用 19 位的计数器作为其地址端，读出 ROM 存储数据，进行高斯滤波算法处理，如图 13-9 所示。

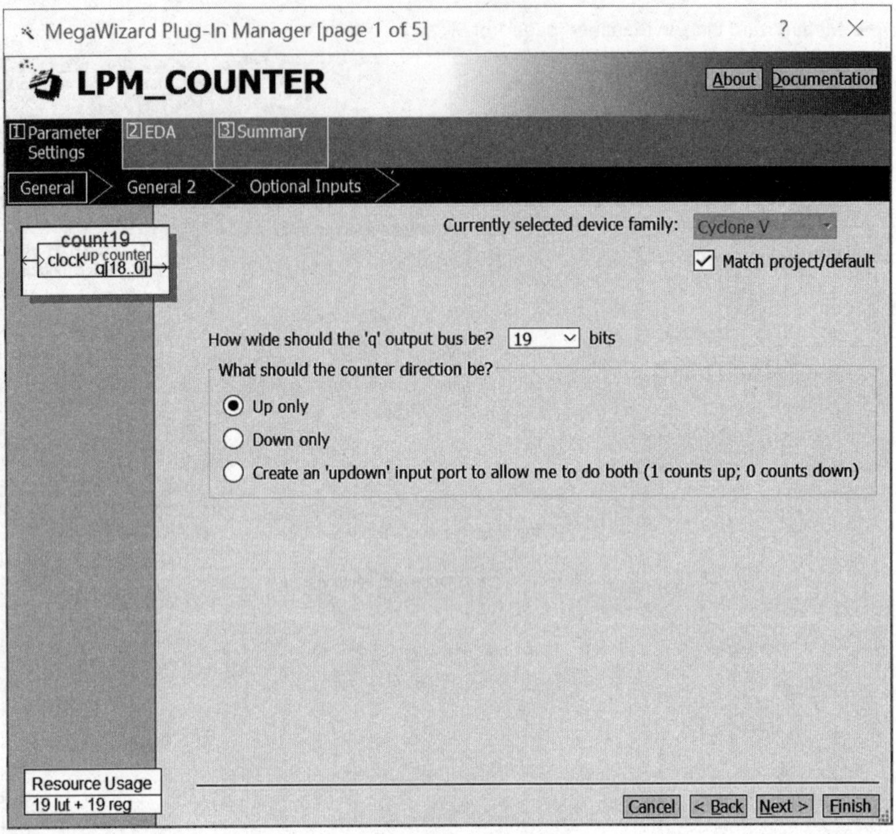


图 13-9　配置计数器 IP 核作为 ROM 地址

用 MATLAB 生成灰度图 mif 文件的代码如下：

```
image_1 = imread('T2.jpg');                % 读取图片
image_1 = rgb2gray(image_1);               % 转成灰度图
figure;
imshow(image_1);                           % 显示图片

fid=fopen('T2.mif','W' );                  % 打开 T2.mif 文件向里面写数据，如果还没有建
立这个文件，会自动建立之后打开
fprintf(fid,'WIDTH=8;\n');                 % 数据宽度为 8 位（灰度值是 0-255,8 位的数据）
fprintf(fid,'DEPTH=307200;\n\n');            % 数据的深度(640*480 的图片,307200 个数据)
fprintf(fid,'ADDRESS_RADIX=UNS;\n');% 地址数据为无符号数 (unsigned)
fprintf(fid,'DATA_RADIX=UNS;\n\n'); % 像素数据也是无符号数
fprintf(fid,'CONTENT BEGIN\n');
for x = 1:307200                             % 307200 个数据
    fprintf(fid,'%d:%d;\n',x-1,image_1(x)); % 写入数据
end
fprintf(fid,'END;');                       % 文件结束
fclose(fid);                               % 关闭文件
```

生成的灰度图如图 13-10 所示。

图 13-10　灰度图

### (二)编写代码

工程顶层和测试仿真代码如下：

```
module test(clk,out);
input clk;
output [7:0] out;

wire [7:0] Y;
wire [18:0] addr;

count19 count19(.clock(clk),.q(addr));
romm romm(.address(addr),.clock(clk),.q(Y));


gauss_filter_r0     gauss_filter_r0(
                .clk(clk),
                .rst_n(1'b1),
                .data_in(Y),
                .data_out(out),
);

endmodule
```

```
`timescale 1 ps / 1 ps
module test_tb;
reg clk;
wire [7:0] out;

test test(.clk(clk),.out(out));

initial
begin
   clk=1'b0;
end

always #1000 clk=~clk;

endmodule
```

为了方便导出仿真数据,因为导出数据的 tcl 命令最小分辨单位是 1ns,所以 clk 翻转的单位大了一些。因为本实验先对高斯滤波功能进行 MATLAB 和 ModelSim 的联合仿真,为了方便,直接由 MATLAB 导出灰度数据,导入 quartus 的 ROM 里进行高斯滤波算法处理,所以应当注意的是,仿真仅仿真了高斯滤波部分,所以测试工程的顶层里只调用了高斯滤波模块。

下面介绍灰度和高斯滤波算法的代码,主要是介绍代码实现的方式:

(1)灰度:根据灰度转换公式,编写运算代码。由于 FPGA 不擅长浮点数运算,所以为了避免过多地损耗资源和缩短运算时间,将系数整体扩大,最后再通过除法还原,定义参数如下所示:

```
module rgb2ycbcr#(
   parameter p0183_10b = 10'd47, //0.183*256 = 46.848
   parameter p0614_10b = 10'd157,//0.614*256 = 15.7184
   parameter p0062_10b = 10'd16,//0.062*256 = 15.872
   parameter p16_10b    = 18'd4096,//16*256 = 4096
)
(
   input                   clk,
   input                   rst_n,
   input              [7:0]  data_in_r,
   input              [7:0] data_in_g,
   input              [7:0] data_in_b,
   output              [7:0] data_out_y,
);//(由于篇幅原因，内部端口定义省略，由读者自行添加，此处仅展示函数功能代码，
且由于只使用 Y 分量，所以只编写 Y 分量的计算代码即可)
always@(posedge clk or negedge rst_n)
   if(!rst_n)
   begin
```

```
            mult_y_r <= data_in_r * p0183_10b;
            mult_y_g <= data_in_g * p0614_10b;
            mult_y_b <= data_in_b * p0062_10b;
        end
    always@(posedge clk or negedge rst_n)
        if(!rst_n)
        begin
            add_y_0 <= 18'd0;
            add_y_1 <= 18'd0;
        end else
        begin
    //Y = 0.183R + 0.614G + 0.062B + 16;
            add_y_0 <= mult_y_r + mult_y_g;
            add_y_1 <= mult_y_b + p16_10b;
        end
    always@(posedge clk or negedge rst_n)begin
        if(!rst_n)
            add_final_y  <= 18'd0;
        else
            add_final_y  <= add_y_0 +  add_y_1;
        end
        always@(posedge clk or negedge rst_n)
        if(!rst_n)
            around_y  <= 10'd0;
        else
        begin
            around_y  <= add_final_y[17:8]+{9'd0,add_final_y[7]};
        end
    assign data_out_y  =  (around_y[9:8]==2'b00)?around_y[7:0]:8'd255;
    endmodule
```

按公式进行运算设计，加法采用并行加法器的方式，可以直接调用 IP 核，也可以如代码所示位操作相加，最终取高 8 位（相当于右移 8 位除以刚开始乘的 256，然后取整），得出灰度图像，输入给高斯滤波模块滤波。

(2)高斯滤波：和灰度处理的思想一样，避免过多的浮点运算，根据高斯分布公式和生成的 3×3 卷积核，使之对应相乘加权，区别就是要用 3 行的移位寄存器产生三行具有不同延迟的像素，形成阵列来做卷积运算，分三个 taps 帧，三行像素缓存，帧间距设为 800（因为显示器横向为 800 个像素），如图 13-12 所示。然后，按照高斯公式，设计乘法、加法、除法即可，加法同样采用并行加法器运算，卷积位操作的实现如图 13-11 所示，移位寄存器配置如图 13-12 所示。

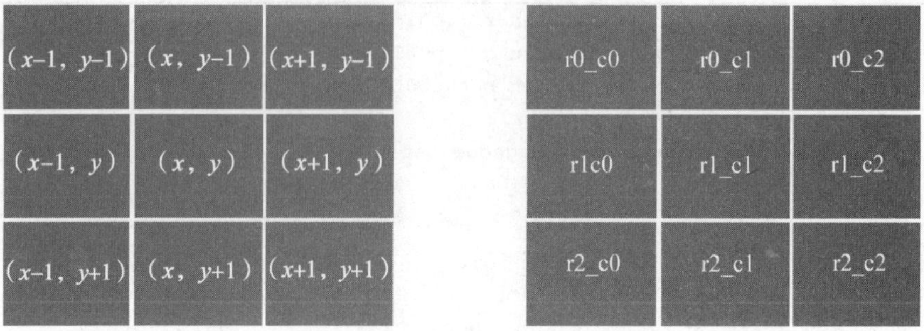


图 13-11　卷积位操作的实现示意图

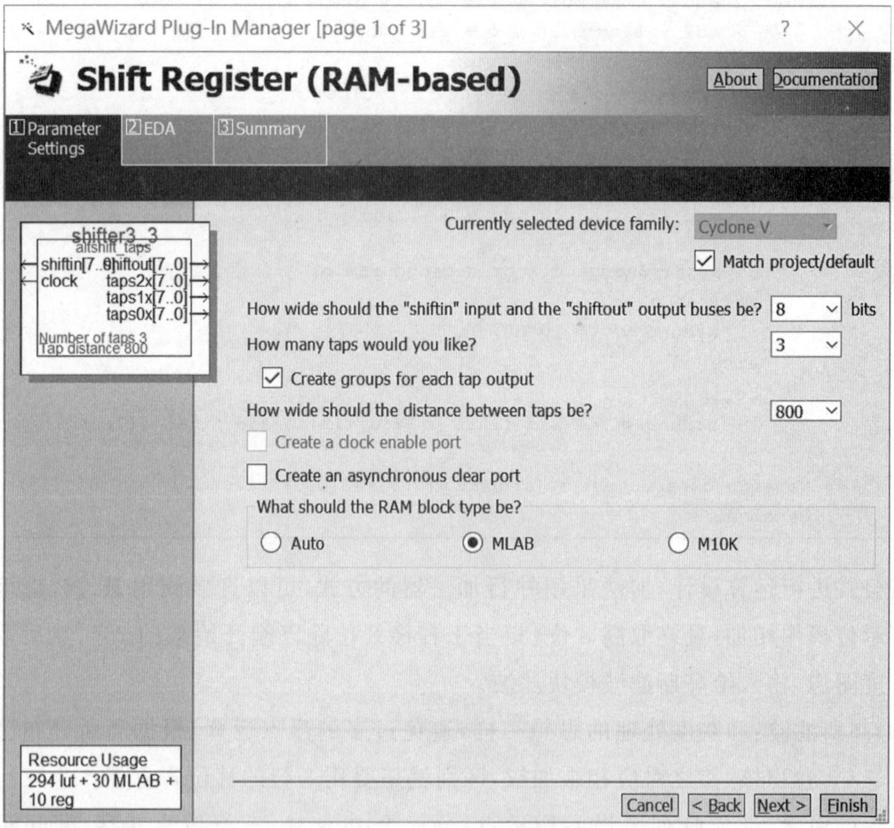


图 13-12　移位寄存器配置

相关代码如下：

```
module gauss_filter_r0(
    input              clk,
    input              rst_n,
    input        [7:0] data_in,
    output reg [7:0]   data_out
);
```

```
//（由于篇幅原因，省去部分内部端口定义，由读者自行添加）
    shifter3_3   shifter3_3(
        .clock(clk),
        .shiftin(data_in),
        .shiftout(),
        .taps0x(r0),
        .taps1x(r1),
        .taps2x(r2)
    );
//3*3 图像矩阵
    always@(posedge clk or negedge rst_n)begin
        if(!rst_n)begin
            r0_c0  <=  8'd0;
            r0_c1  <=  8'd0;
            r0_c2  <=  8'd0;
        end
        else if(data_in_en)begin
            r0_c0  <=  r0;
            r0_c1  <=  r0_c0;
            r0_c2  <=  r0_c1;
        end
    end
    always@(posedge clk or negedge rst_n)begin
        if(!rst_n)begin
            r1_c0  <=  8'd0;
            r1_c1  <=  8'd0;
            r1_c2  <=  8'd0;
        end
        else if(data_in_en)begin
            r1_c0  <=  r1;
            r1_c1  <=  r1_c0;
            r1_c2  <=  r1_c1;
        end
    end
    always@(posedge clk or negedge rst_n)begin
        if(!rst_n)begin
            r2_c0  <=  8'd0;
            r2_c1  <=  8'd0;
            r2_c2  <=  8'd0;
        end
        else if(data_in_en)begin
            r2_c0  <=  r2;
            r2_c1  <=  r2_c0;
            r2_c2  <=  r2_c1;
        end
    end
    always@(posedge clk or negedge rst_n)begin
        if(!rst_n)begin
            guass_reg0    <=  16'd0;
```

```
            guass_reg1    <= 16'd0;
            guass_reg2    <= 16'd0;
         end
         else if(data_in_en)begin
            guass_reg0    <= r0_c0+2*r0_c1+r0_c2;
            guass_reg1    <= 2*r1_c0+4*r1_c1+2*r1_c2;
            guass_reg2    <= r2_c0+2*r2_c1+r2_c2;
         end
         else;
      end
   always@(posedge clk or negedge rst_n)
         if(!rst_n)
            guass_add <= 16'd0;
         else if(data_in_en)
            guass_add <= guass_reg0 + guass_reg1 +guass_reg2;
         else;
   always@(posedge clk or negedge rst_n)
         if(!rst_n)
            data_out  <= 8'd0;
         else if(data_in_en)
            data_out  <= guass_add >>4;
   endmodule
```

（二）MATLAB和ModelSim联合仿真

高斯滤波算法编写结束后，编写testbench（在前期实验中已经展现了顶层和仿真测试文件）以测试效果，因为有ROM，所以只需控制时钟反转即可。在仿真之后可以看到out翻转情况，但是无法看到实际的效果图，所以最终还是要导出仿真数据，通过MATLAB显示图像，看看是否达到了滤波效果。编写的tcl命令如下：

定义一个名为write_sim_data的过程，参数列表为：{env name radix cycle file}

env：指定查找对象名称的路径，如top_tb/top_u。

name：需要导出的变量列表，如{I_reset_n R_data_cnt}。

radix：进制，可选ascii，binary，decimal，hexadecimal，unsigned等。

cycle：时钟周期，单位是纳秒（ns），本例取值为10。

file：输出文件，如./1.txt。

最终的代码如下：

```
proc write_sim_data {env name radix cycle file} {
    set fid [open $file w]
    for {set i 0} {$i <= $::now} {incr i [expr $cycle * 1000]} {
        set str [exa -env $env -radix $radix -time ${i}ps {*}$name]
        puts $fid $str
    }
    close $fid
}
调用编写的函数：
write_sim_data test_tb/test {out} unsigned 2 1.txt
```

通过以上命令，可以导出 txt 文件，如图 13-13 所示。需要对其进行修剪，修去高阻态值（包括首段和尾段，这是为了方便计数器用的 19 位，不是整的 640×480，后面溢出的部分会出现高阻态），修成正好 640×480 的元素个数，以方便 MATLAB 处理。产生的数据会比较多，所以要等待的时间会长一些，在此期间不要退出 ModelSim。处理完毕后，1.txt文件会有非 0 k 的存储量且可读可写，此时再打开此 txt 文件进行数据裁剪。

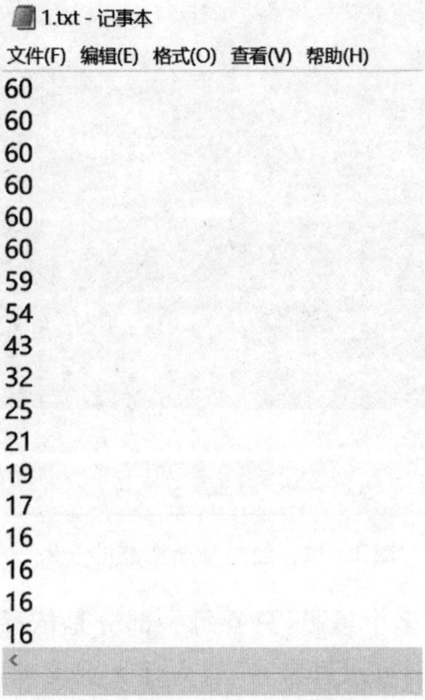


图 13-13 ModelSim 导出经 FPGA 高斯滤波后的图像数据

MATLAB 处理程序如下：

```
D=fopen('1.txt','r');
[a,count]=fscanf(D,'%d');
DD=reshape(a,480,[]);
imshow(DD,[])
colormap((grey256));
image(DD);
```

处理效果如图 13-14 所示。

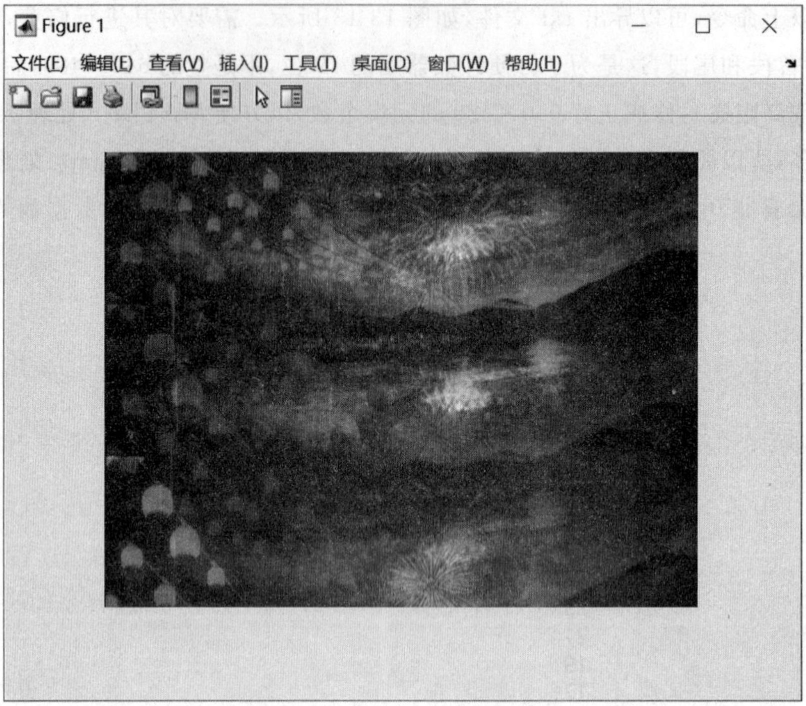


图 13-14　经过高斯滤波的效果

可以看出，图 13-14 中有多个重影，只看每一部分是依稀可以看出来结果的，比之前的灰度图平滑了不少。但我们可以思考一下，为什么会出现这样的重影。这里并没有加时钟，所以不会出现时钟错位的问题，读也是用计数器从基地址一个一个读的，所以很有可能就是因为高斯滤波算法中移位寄存器帧间距设置的原因：由于加上消隐区，显示屏幕的长为 800 像素，所以帧间距设置的是 800，而实际上每隔 640 像素要换一行，这就造成了帧与帧、图像与图像之间的重叠，也就是说是由时钟误差导致的。

## 二、将算法代码导入摄像头工程

下面将灰度和高斯滤波算法模块导入整个摄像头识别的工程里，即 DE1_SOC_D8M_RTL before guass filter 和 DE1_SOC_D8M_RTL grey and guass，以方便对比算法效果。读者可以自行去 D8M 官方网站下载 DE1_SOC_D8M_RTL，本实验所用开发板为 Cyclone V 的 5CSEMA5F31C6 板卡，读者也可根据自身需求选择合适的板卡，下载相应的代码模板。

模块导入的位置和时钟、复位的控制对最后成像的显示有较大的影响，在 RAW2RGB 之后直接处理和在 FOCUS 后处理的区别不大，但是时钟要对应起来。考虑到消隐区的问题，滤波算法模块的时钟必须使用 VGACLK，而不是 CLOCK_50 或 CLOCK2_50，因为去掉消隐区总宽是 680，但是屏幕是 800 像素的，而算法里写的尺寸都是 640，所以时钟应当继续采用 VGACLK，这样才能在显示器上完整且平铺、无重叠地显示出图像。图 13-15 所示和后面的代码是这两个算法导入的位置和例化情况。

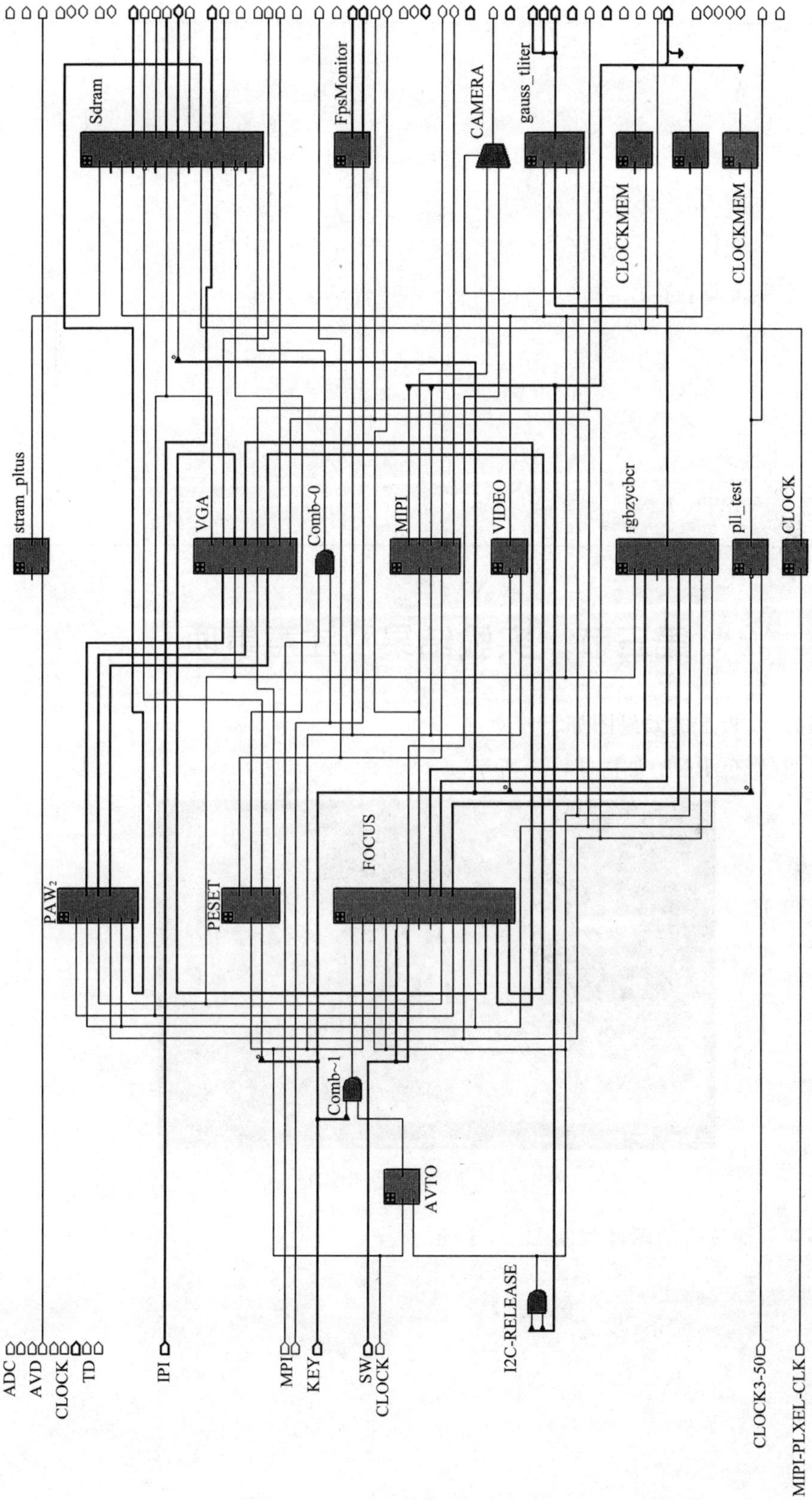


图13-15 FPGA系统的RTL级框图

```
rgb2ycbcr rgb2ycbcr(
                                .clk( VGA_CLK  ),
                                .rst_n( I2C_RELEASE ),
                                .data_in_r( VGA_RR ),
                                .data_in_g( VGA_GG ),
                                .data_in_b( VGA_BB ),
                                .data_out_y( VGA_Y ) ,
    );

gauss_filter_r0     gauss_filter_r0(
                                .clk( VGA_CLK  ),
                                .rst_n( I2C_RELEASE ),
                                .data_in(VGA_Y),
                                .data_out(VGA_G),
);

assign  VGA_R = VGA_G;
assign  VGA_B = VGA_G;
```

## 第三节　实验结果及注意事项

下载到开发板上的效果图如下：

(1)原图(彩色 RGB)如图 13-16 所示。

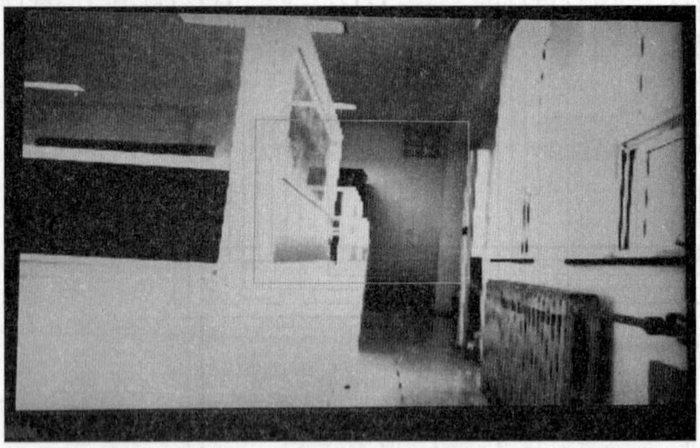

图 13-16　原图(彩色 RGB)

(2)经灰度滤波后的图像如图 13-17 所示。

图 13-17　经灰度滤波后的图像

(3)经高斯滤波后的图像如图 13-18 所示。

图 13-18　经高斯滤波后的图像

图 13-16 是原图 RGB,图 13-17 是灰度效果图,图 13-18 是经高斯滤波后的效果图,可以看到图 13-17 中有很多噪点和雪花点,经过高斯滤波得到图 13-18,滤掉了很多噪点,图像变得平滑,且图中的细节也得以保留,保留了更多的图像总体灰度分布特征,这在导航中有利于呈现更准确的驾驶员辅助视野信息,在滤去噪声的同时保留了更多的图像细节,保真度更高。

## 第四节　本章小结

本章介绍了基于 FPGA 的图像灰度和高斯滤波处理,属于图像平滑处理去除噪声的一种方式,在导航图像显示、驾驶员视野辅助等场景中,此算法被广泛使用。本章作为提高章节之一,结合导航领域的具体应用,为读者利用 FPGA 开发板进行半定制化功能的设计开发和验证提供了借鉴和经验。读者可自行研究和实现其他图像算法,比如边缘检测及其他常用算法。边缘检测算法与平滑处理算法相反,可以使图像的轮廓边缘化,从而可以对摄像机所观察到的物体进行识别和学习。读者也可以进一步研究机器学习方面的内容。

☞本章参考资料

[1]倪臣敏.数字图像滤波算法的研究及应用[M].北京：电子工业出版社，2020.

[2]吴继华，蔡海宁，王诚.ALTERA FPGA/CPLD 设计（高级篇）[M].2 版.北京：人民邮电出版社，2011.

[3]陈刚，魏晗，高毫林，等.MATLAB 在数字图像处理中的应用[M].北京：清华大学出版社，2016.

# 第 14 章 摄像头智能避障采集车

实现汽车的自动驾驶一直是人们关注的热点问题之一。20 世纪下半叶，出现了利用计算机控制汽车以实现自动驾驶的设想，但并未将其付诸实现。20 世纪末提出了利用神经网络实现自动控制的思路，由此开始，出现了将自动驾驶与人工智能技术联系起来的想法。时至今日，各大汽车厂商仍在投入大量的精力与财力研究无人驾驶技术，但无人驾驶技术要想成为现实，还有很长的路要走。就无人驾驶技术本身而言，其复杂性与规模都不容小觑，它不仅需要软件和硬件的紧密配合，而且需要开发更多的新技术。自动驾驶技术的研究内容之一就是如何避免汽车与其他物体相撞，即自动避障问题。

本章将基于 OpenMV 摄像头设计智能避障采集车，从软/硬件协同开发的角度，进一步介绍嵌入式导航系统设计，以期读者能够进一步理解智能避障的基本原理，以及嵌入式软件与硬件的设计方法。

## 第一节 功能概述及相关设备

基于 OpenMV 的摄像头智能避障采集车（见图 14-1）可以实现智能避障和目标物（乒乓球）识别，并自动采集回收，可以对指定区域内的所有目标物进行快速识别和回收。

图 14-1 摄像头智能避障采集车

本实验所需的硬件清单如表 14-1 所示。

**表 14-1　本实验所需的硬件清单**

| | |
|---|---|
| 普通硬件 | 驱动电机 |
| | 五金工具配件 |
| | 电池 |
| | 数据线 |
| 专用模块 | OpenMV 模块 |
| | 电机驱动模块 |
| | 控制器模块 |

专用模块的具体信息将在后面进一步说明。本实验所需的机械结构如表 14-2 所示。

**表 14-2　本实验所需的机械结构**

| 名称 | 机械结构 |
|---|---|
| 车体 |  |
| 电机托架 | 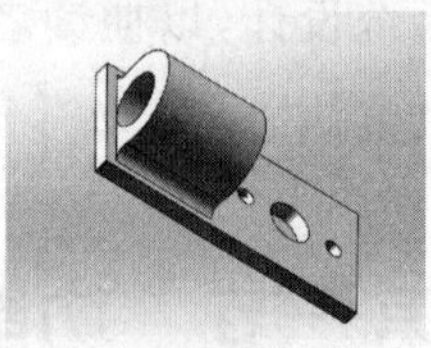 |
| 车轮 |  |
| 牛眼轮 |  |
| OpenMV 摄像头 |  |

续表

| 名称 | 机械结构 |
|---|---|
| 摄像头固定架 | 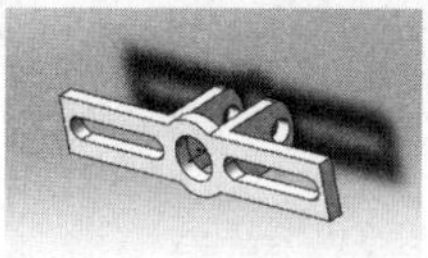<br>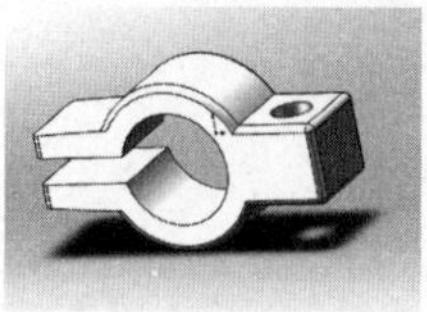 |
| 摄像头碳纤维支撑杆 |  |
| 轴承固定架 | 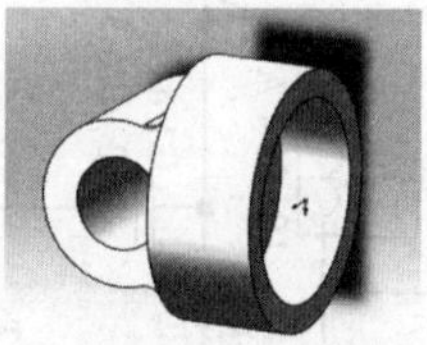 |
| 转轮采集装置 | 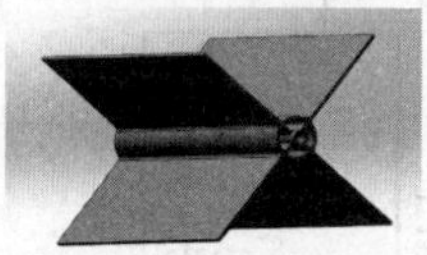 |

将上述机械结构和硬件进行组合，得到如图 14-1 所示的整车组合体结构。

## 第二节　主控电路和驱动电路设计

本实验需要自行设计主控电路与驱动电路，电路主要包括电源电路、行驶电机驱动电路、STM32C8T6 主控电路、超声波电路、转轮电机驱动电路和摄像头电路六部分，具体的电路设计如下。

(1)电源电路设计如图 14-2 所示。

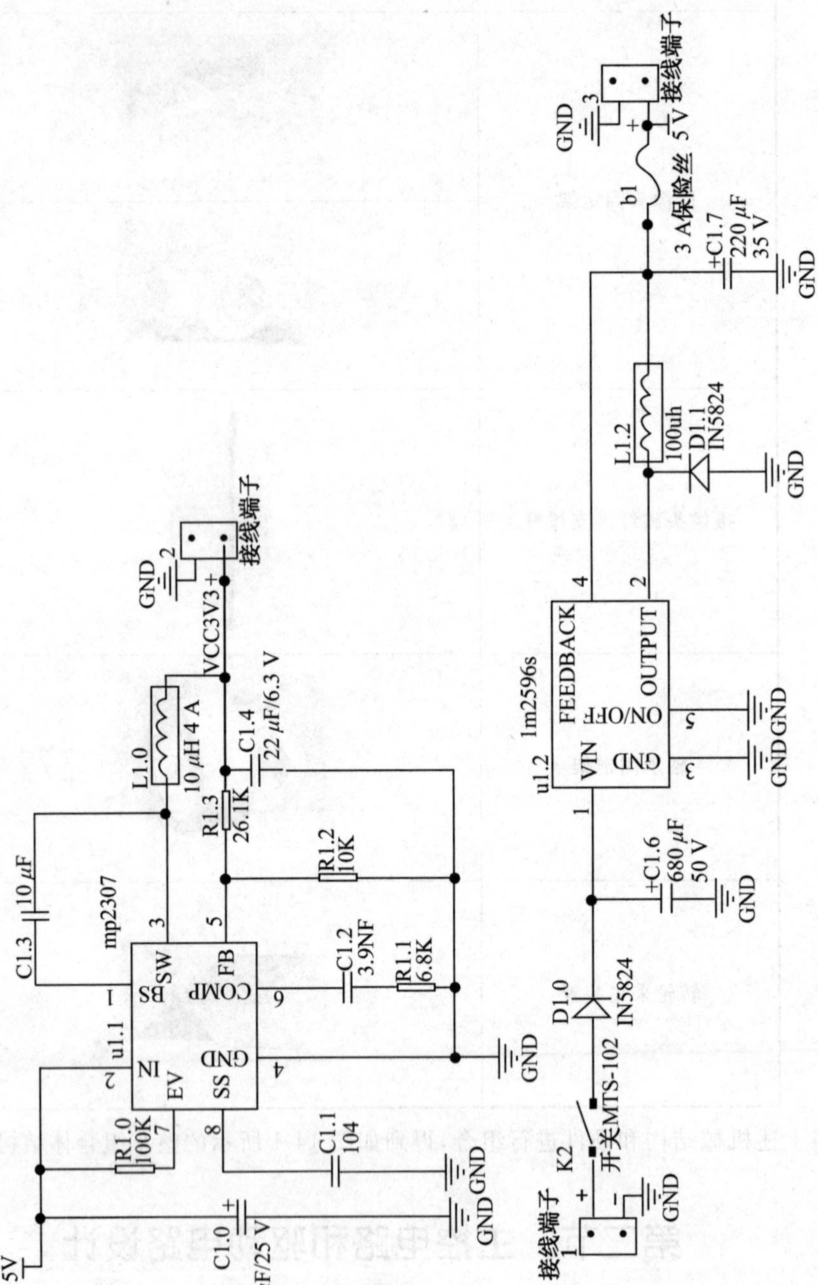


图14-2　电源电路设计原理图

(2)行驶电机驱动电路设计如图 14-3 所示。

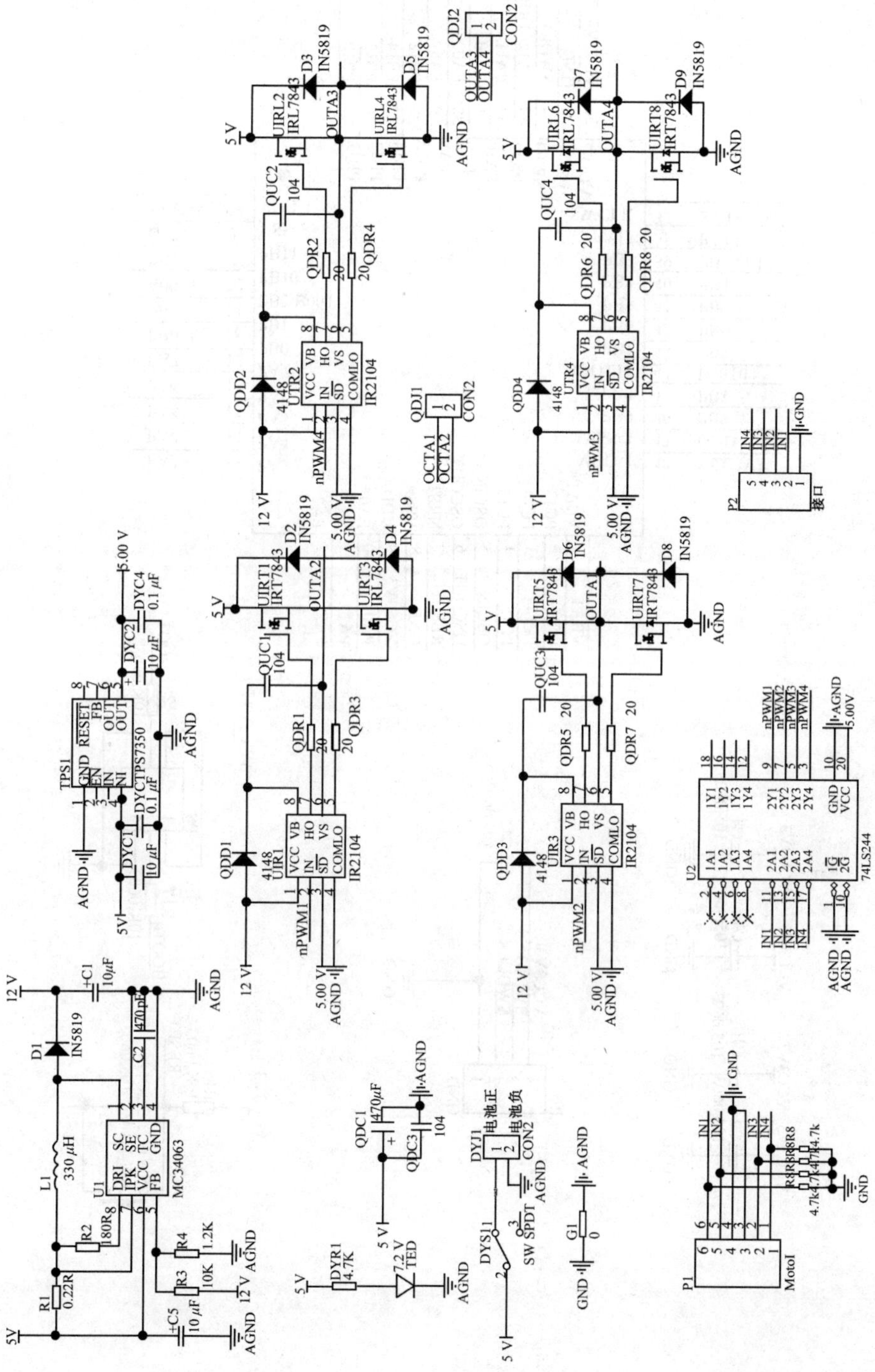


图14-3 行驶电机驱动电路设计原理图

(3)STM32C8T6 主控电路设计如图 14-4 所示。

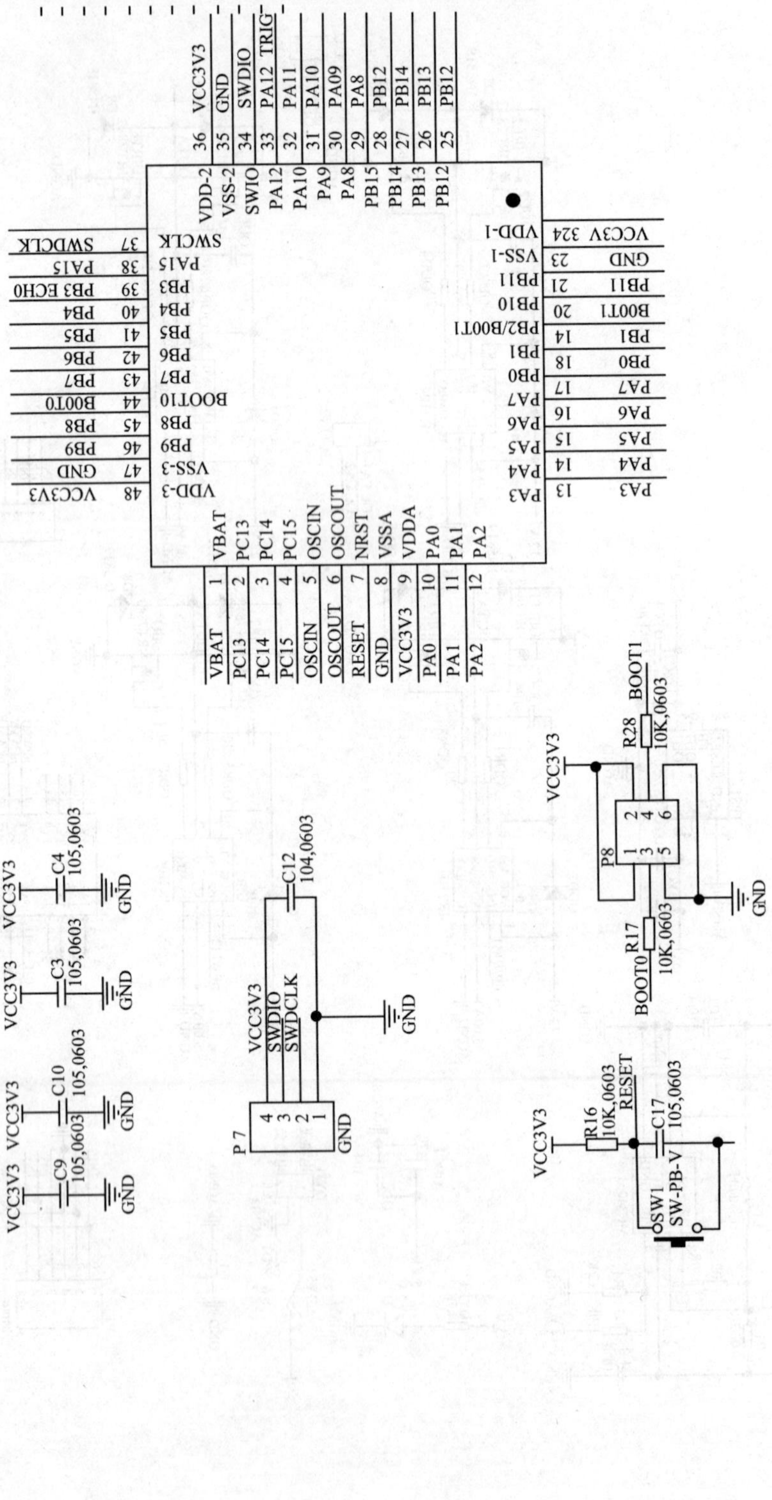


图14-4　STM32C8T6主控电路设计原理图

(4)超声波电路设计如图 14-5 所示。

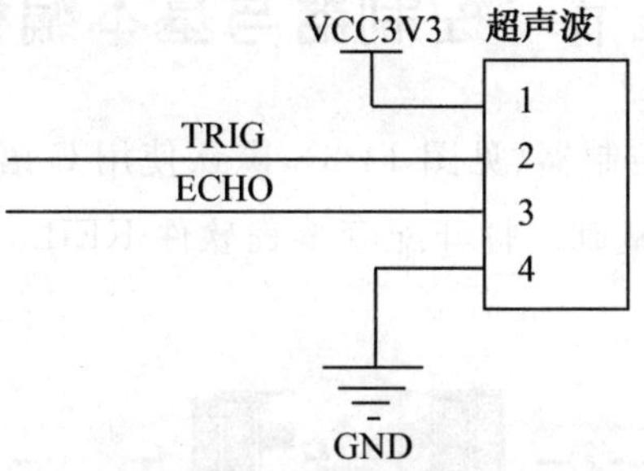


图 14-5　超声波电路设计原理图

(5)转轮电机驱动电路设计如图 14-6 所示。

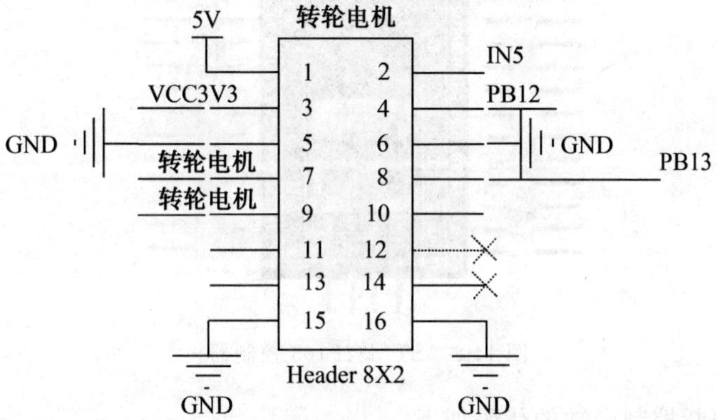


图 14-6　转轮电机驱动电路设计原理图

(6)摄像头电路设计如图 14-7 所示。

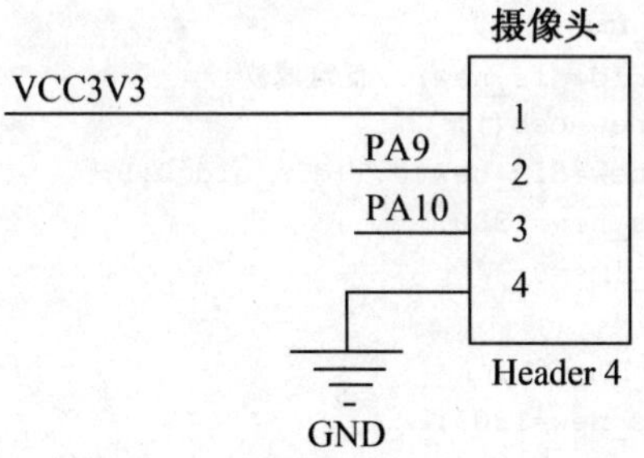


图 14-7　摄像头电路设计原理图

## 第三节　控制器与基本编程

小车标配 STM32F103 控制器(见图 14-8)，默认使用 C 语言编程控制，因此实验者需要具备一定的 C 语言编程基础。打开配套编程软件 KEIL5 进行编程，此程序为测试程序，基于 C 语言编写。

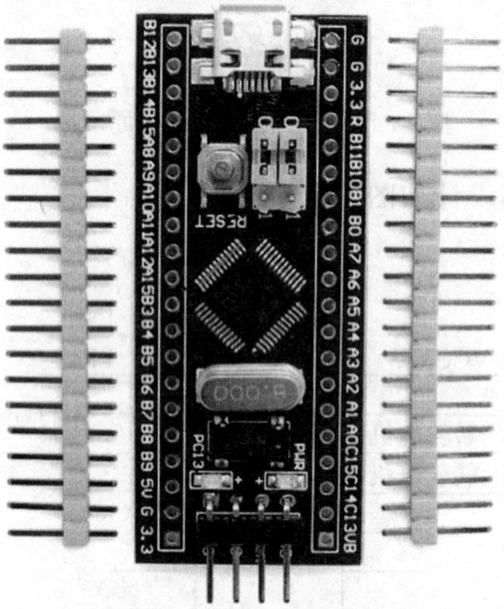

图 14-8　STM32F103 控制器

(1)定时器中断控制函数的代码如下：

```
void TIM4_IRQHandler(void)
{
    if(TIM_GetITStatus(TIM4, TIM_IT_Update) == SET){
        if(time_1ms>1){
            dis_old=dis_new;//低通滤波
            dis_new=csb();
            dis_new=dis_new*0.1+dis_old*0.9;
            //dis_new=1300;
            time_1ms=0;
        }
        if(time_10ms>10){
            //dis_new=1300;
            X_NOW=(float)USART_RX_BUF[0];//小球 x 坐标
            Y_NOW=(float)USART_RX_BUF[1];//小球 y 坐标
            TIM_SetCompare2(TIM2,3599);    //转轮电机速度设置
            time_10ms=0;
        }
        if(time_20ms>20){
            if(dis_new>500){
                if(X_NOW!=0&&(Y_NOW<190)&&cc==0){
```

```
        PID_ALT();//方向 PID
        PID_SPEED();//速度 PID
        motor_end_L=motor1+motor2; //左侧电机速度输出
        motor_end_R=motor2-motor1;//右侧电机速度输出
        if(motor_end_L>0){//速度限幅
            if(motor_end_L>1700)
                motor_end_L=1700;
            if(motor_end_L<50)
                motor_end_L=0;
            TIM_SetCompare1(TIM3,0);
            TIM_SetCompare2(TIM3,motor_end_L+300);
        }
        if(motor_end_L<0){//速度限幅
                motor_end_L=-motor_end_L;
            if(motor_end_L>1700)
                motor_end_L=1700;
            if(motor_end_L<50)
                motor_end_L=0;
            TIM_SetCompare1(TIM3,motor_end_L+300);
            //左电机速度补偿
            TIM_SetCompare2(TIM3,0);
        }
        if(motor_end_R<0){//速度限幅
            motor_end_R=-motor_end_R;
        if(motor_end_R>1700)
            motor_end_R=1700;
        if(motor_end_R<50)
            motor_end_R=0;
        TIM_SetCompare3(TIM3,motor_end_R);
        TIM_SetCompare4(TIM3,0);
    }
        if(motor_end_R>0){//速度限幅
            if(motor_end_R>1700)
                motor_end_R=1700;
            if(motor_end_R<50)
                motor_end_R=0;
            TIM_SetCompare3(TIM3,0);
            TIM_SetCompare4(TIM3,motor_end_R);
        }
    }else if(Y_NOW<220&&Y_NOW>=190){
    //接近小球往前前进 800ms 保证球收进
        cc++;
        TIM_SetCompare1(TIM3,0);
        TIM_SetCompare2(TIM3,1700);
        TIM_SetCompare3(TIM3,0);
        TIM_SetCompare4(TIM3,1700);
    }else if(X_NOW==0&&Y_NOW==0&&cc==0){
        TIM_SetCompare1(TIM3,1100);
        TIM_SetCompare2(TIM3,0);
```

```
                TIM_SetCompare3(TIM3,0);
                TIM_SetCompare4(TIM3,1100);
            }else{
                cc++;
                if(cc>=40){
                    cc=0;//清标志位
                }
            }
        }
        if(dis_new<=500) {//距离太近倒车避障
            TIM_SetCompare1(TIM3,1500);
            TIM_SetCompare2(TIM3,0);
            TIM_SetCompare3(TIM3,1500);
            TIM_SetCompare4(TIM3,0);
        }
        time_20ms=0;
    }
    if(time_500ms>500){
        time_500ms=0;
        time_20ms=0;
    }
    if(time_500ms>500){
        time_500ms=0;
    }
    if(time_2000ms>2000){
        time_2000ms=0;
    }
    if(b_time_1500ms>1500){
        b_time_1500ms=0;
    }

    TIM_ClearITPendingBit(TIM4, TIM_IT_Update);
    Timer4_Counter++;
    time_1ms++;
    time_10ms++;
    time_20ms++;
    time_200ms++;
    b_time_1500ms++;
    b_time_500ms++;
    time_500ms++;
    time_2000ms++;
    time_5000ms++;
    }
}
```

(2)PID 函数的代码如下：

```
void PID_ALT()//方向 PID 控制车的转向
{
    final_X=170;//目标 X 坐标为图像中线所在列
    error_A=X_NOW-final_X; //方向偏差
    motor1=(int)(kp_A*error_A+kd_A*(error_A-l_error_A));
    l_error_A=error_A;
}
void PID_SPEED()//速度 PID 控制车的速度
{
    final_Y=310;//目标 Y 坐标为摄像头采集到转轮边缘的行 227
    error_S=final_Y-Y_NOW;//速度偏差
    motor2=(int)(kp_S*error_S+kd_S*(error_S-l_error_S));
    l_error_S=error_S;
}
```

(3)超声波传感器控制的代码如下：

```
u16 csb()
{
    u16 distance;
    GPIO_InitTypeDef GPIO_InitStructure;

    RCC_APB2PeriphClockCmd(RCC_APB2Periph_GPIOA,ENABLE);
    //使能 PORTA,PORTC 时钟

    GPIO_PinRemapConfig(GPIO_Remap_SWJ_JTAGDisable, ENABLE);
    //关闭 jtag，使能 SWD，可以用 SWD 模式调试

    GPIO_InitStructure.GPIO_Pin  = GPIO_Pin_15;//PA15
    GPIO_InitStructure.GPIO_Mode = GPIO_Mode_IPU;//设置成上拉输入
    GPIO_Init(GPIOA, &GPIO_InitStructure);//初始化 GPIOA15

    GPIO_InitStructure.GPIO_Pin = GPIO_Pin_12;//LED0-->PA.8 端口配置
    GPIO_InitStructure.GPIO_Mode = GPIO_Mode_Out_PP;//推挽输出
    GPIO_InitStructure.GPIO_Speed = GPIO_Speed_50MHz;
    //IO 口速度为 50MHz
    GPIO_Init(GPIOA, &GPIO_InitStructure);//根据设定参数初始化 GPIOA.8

    //Trig
    GPIO_SetBits(GPIOA,GPIO_Pin_12);
    delay_us(20);
    GPIO_ResetBits(GPIOA,GPIO_Pin_12);

    //Waiting for ECHOING
    while(GPIO_ReadInputDataBit(GPIOA,GPIO_Pin_15) == 0)
    {
        distance++;
        if(distance>0xfff0)
```

```
            break;
        delay_us(1);
    }
    distance=0;

    //Measuring
    while(GPIO_ReadInputDataBit(GPIOA,GPIO_Pin_15) == 1)
    {
        distance++;
        delay_us(1);
        if(distance>1300)
            break;
    }
    return distance;
}
```

(4)PWM 配置的代码如下：

```
//PWM 输出初始化
//arr: 自动重装值
//psc: 时钟预分频数
void TIM3_PWM_Init(u16 arr,u16 psc)
{
    GPIO_InitTypeDef GPIO_InitStructure;
    TIM_TimeBaseInitTypeDef  TIM_TimeBaseStructure;
    TIM_OCInitTypeDef  TIM_OCInitStructure;

    RCC_APB1PeriphClockCmd(RCC_APB1Periph_TIM3, ENABLE);//

    RCC_APB2PeriphClockCmd(RCC_APB2Periph_GPIOA|RCC_APB2Periph_GPI
OB , ENABLE);//使能 GPIO 外设时钟使能

    //设置该引脚为复用输出功能,输出 TIM3 CH1234 的 PWM 脉冲波形
    GPIO_InitStructure.GPIO_Pin = GPIO_Pin_6|GPIO_Pin_7 ;
    GPIO_InitStructure.GPIO_Mode = GPIO_Mode_AF_PP;//复用推挽输出
    GPIO_InitStructure.GPIO_Speed = GPIO_Speed_50MHz;
    GPIO_Init(GPIOA, &GPIO_InitStructure);

    GPIO_InitStructure.GPIO_Pin = GPIO_Pin_0|GPIO_Pin_1 ;
    GPIO_InitStructure.GPIO_Mode = GPIO_Mode_AF_PP;//复用推挽输出
    GPIO_InitStructure.GPIO_Speed = GPIO_Speed_50MHz;
    GPIO_Init(GPIOB, &GPIO_InitStructure);

    TIM_TimeBaseStructure.TIM_Period = arr;
    //设置在下一个更新事件装入活动的自动重装载寄存器周期的值 80K
    TIM_TimeBaseStructure.TIM_Prescaler =psc;
    //设置用来作为 TIMx 时钟频率除数的预分频值不分频
    TIM_TimeBaseStructure.TIM_ClockDivision =0;
    //设置时钟分割:TDTS = Tck_tim
```

```
    TIM_TimeBaseStructure.TIM_CounterMode = TIM_CounterMode_Up;
    //TIM向上计数模式
    TIM_TimeBaseInit(TIM3, &TIM_TimeBaseStructure);
    //根据TIM_TimeBaseInitStruct中指定的参数初始化TIMx的时间基数单位

    TIM_OCInitStructure.TIM_OCMode = TIM_OCMode_PWM2;
    //选择定时器模式:TIM脉冲宽度调制模式2
    TIM_OCInitStructure.TIM_OutputState = TIM_OutputState_Enable;
    //比较输出使能
    TIM_OCInitStructure.TIM_Pulse = 150;
    //设置待装入捕获比较寄存器的脉冲值
    TIM_OCInitStructure.TIM_OCPolarity = TIM_OCPolarity_Low;
    //输出极性:TIM输出比较极性高
    TIM_OC1Init(TIM3, &TIM_OCInitStructure);
    //根据TIM_OCInitStruct中指定的参数初始化外设TIMx

    TIM_OCInitStructure.TIM_OutputState =TIM_OutputState_Enable;
    TIM_OCInitStructure.TIM_Pulse = 150;
    TIM_OC2Init(TIM3, &TIM_OCInitStructure);
    TIM_OC2PreloadConfig(TIM3, TIM_OCPreload_Enable);

    TIM_OCInitStructure.TIM_OutputState =TIM_OutputState_Enable;
    TIM_OCInitStructure.TIM_Pulse = 150;
    TIM_OC3Init(TIM3, &TIM_OCInitStructure);
    TIM_OC3PreloadConfig(TIM3, TIM_OCPreload_Enable);

    TIM_OCInitStructure.TIM_OutputState =TIM_OutputState_Enable;
    TIM_OCInitStructure.TIM_Pulse = 150;
    TIM_OC4Init(TIM3, &TIM_OCInitStructure);
    TIM_OC4PreloadConfig(TIM3, TIM_OCPreload_Enable);


    TIM_CtrlPWMOutputs(TIM3,ENABLE);//MOE主输出使能
    TIM_ARRPreloadConfig(TIM3, ENABLE);
    //使能TIMx在ARR上的预装载寄存器
    TIM_Cmd(TIM3, ENABLE);//使能TIM3


oid TIM2_PWM_Init(u16 arr,u16 psc)

    GPIO_InitTypeDef GPIO_InitStructure;
    TIM_TimeBaseInitTypeDef  TIM_TimeBaseStructure;
    TIM_OCInitTypeDef  TIM_OCInitStructure;

    RCC_APB1PeriphClockCmd(RCC_APB1Periph_TIM2, ENABLE);//
    RCC_APB2PeriphClockCmd(RCC_APB2Periph_GPIOA, ENABLE);
    //使能GPIO外设时钟使能
    //设置该引脚为复用输出功能,输出TIM2 CH2的PWM脉冲波形
    GPIO_InitStructure.GPIO_Pin = GPIO_Pin_1 ;
```

```
    GPIO_InitStructure.GPIO_Mode = GPIO_Mode_AF_PP;//复用推挽输出
    GPIO_InitStructure.GPIO_Speed = GPIO_Speed_50MHz;
    GPIO_Init(GPIOA, &GPIO_InitStructure);

    TIM_TimeBaseStructure.TIM_Period = arr;
    //设置在下一个更新事件装入活动的自动重装载寄存器周期的值 80K
    TIM_TimeBaseStructure.TIM_Prescaler =psc;
    //设置用来作为 TIMx 时钟频率除数的预分频值不分频
    TIM_TimeBaseStructure.TIM_ClockDivision =0;
    //设置时钟分割:TDTS = Tck_tim
    TIM_TimeBaseStructure.TIM_CounterMode = TIM_CounterMode_Up;
    //TIM 向上计数模式
    TIM_TimeBaseInit(TIM2, &TIM_TimeBaseStructure);
    //根据 TIM_TimeBaseInitStruct 中指定的参数初始化 TIMx 的时间基数单位

    TIM_OCInitStructure.TIM_OCMode = TIM_OCMode_PWM2;
    //选择定时器模式:TIM 脉冲宽度调制模式 2
    TIM_OCInitStructure.TIM_OutputState = TIM_OutputState_Enable;
    //比较输出使能
    TIM_OCInitStructure.TIM_Pulse = 150;
    //设置待装入捕获比较寄存器的脉冲值
    TIM_OCInitStructure.TIM_OCPolarity = TIM_OCPolarity_Low;
    //输出极性:TIM 输出比较极性高

    TIM_OC2Init(TIM2, &TIM_OCInitStructure);
    TIM_OC2PreloadConfig(TIM2, TIM_OCPreload_Enable);

    TIM_CtrlPWMOutputs(TIM2,ENABLE);//MOE 主输出使能
    TIM_ARRPreloadConfig(TIM2, ENABLE);
    //使能 TIMx 在 ARR 上的预装载寄存器
    TIM_Cmd(TIM2, ENABLE);//使能 TIM2

}
```

整体的算法思路如下：

(1)首先通过 OpenMV 摄像头进行视野内乒乓球的识别(计算黄色色块的中心点)。

(2)如果视野内识别到了乒乓球，就以当前点为原点，带入目标点计算，得到小车的目标运行方向。通过 PID 函数控制小车向目标点运动，两个方向作差，确定小车需要左转、右转还是直行。当小车靠近目标点时，控制小车进行加速，靠惯性进行乒乓球的回收。

(3)如果视野内没有出现乒乓球，则小车原地进行旋转，在旋转的 360°范围内进行目标物搜索；如果搜索到目标物，则重复进行第(2)步。

(4)如果小车在运行过程中遇到了障碍物，则通过超声波传感器进行探测，距离小于 20 cm 时蜂鸣器报警，系统控制小车后退转向避障。

# 第四节　本章小结

本章介绍了基于 OpenMV 的智能避障采集车的实验设计，相比前面章节的嵌入式通信实验，本实验更加注重软/硬件并重的设计方法。为了完成本实验，读者不仅需要自行设计各类机械结构，搭建包括电源模块、电机驱动模块等在内的硬件电路，还需要设计导航避障算法，并编写相应的控制代码。因此，本章的实验内容较为复杂，步骤较多，需要投入一定的精力去仔细研究思考。通过完成本章的实验，希望读者能够深入了解“软/硬件协同”的嵌入式通信系统开发方法，进一步理解嵌入式系统设计中软件与硬件之间的紧密联系。

**☞本章参考资料**

[1]于海生.微型计算机控制技术[M].3 版.北京：清华大学出版社，2017.

[2]正点原子.STM32 不完全手册_库函数版本_V3.3，2020.

# 第 15 章 “北斗”精准无人驾驶车

2020 年 6 月 23 日，“北斗三号”全球卫星导航系统的最后一颗全球组网卫星在我国西昌卫星发射中心成功发射。2020 年 7 月 31 日上午，“北斗三号”全球卫星导航系统正式开通，成为继美国的 GPS 和俄罗斯的“格洛纳斯”(GLONASS)系统之后的第三个成熟的全球卫星导航系统，这也意味着我国真正拥有了属于自己的全球卫星导航系统。自此，“北斗”卫星导航系统的应用与产业化进程开启了飞速发展的新模式，已拓展到包括交通运输、移动智能终端在内的诸多领域，深刻地改变了人们的生产生活方式。我国的“北斗”卫星导航系统可在全球范围内全天候、全天时地为各类用户提供高精度、高可靠性的定位、导航、授时服务。随着全球组网的成功，“北斗”卫星导航系统未来的国际应用空间将会不断扩展。

本章将介绍一种基于“北斗”卫星导航系统的高精度自动驾驶小车，并从硬件设备、软件编程以及算法设计等方面说明整套系统的实现方法与实现过程，以期读者能够从实践的角度理解“北斗”卫星导航系统及其相关算法的软/硬件控制方法与设计思路。

## 第一节 功能概述及硬件清单

基于“北斗”卫星导航系统的高精度自动驾驶小车(见图 15-1)采用四轮四驱式车模作为主要的执行机构，车上载有“北斗”高精度定位模块，通过 RTK 定位可达到 3～5 cm 的精度。可编程控制器通过获取高精度的“北斗”定位数据，控制小车完成精准定位、无人驾驶、路径规划、导航算法验证等一系列结合了“北斗”系统高精度定位功能的试验。一体化控制板采用 ARM 高性能单片机，越野型四驱车模对户外环境具有良好的适应性，可在复杂的地形上进行精准的定位调试，是使用“北斗”高精度厘米级定位系统进行实训应用的理想选择。

图 15-1 “北斗”高精度无人驾驶车

本实验所需的硬件清单如表 15-1 所示，具体的使用方法将在后文介绍。

表 15-1 硬件清单

| | |
|---|---|
| 普通硬件 | 电池 |
| | 五金工具配件 |
| | 数据线 |
| | USB 转 TTL 调试工具 |
| 专用硬件 | 控制器 |
| | 北斗定位模块(RTK) |
| | 三星七频天线 |
| | 一体化驱动板 |
| | 差分数据接收模块(433M 或 Wi-Fi) |

# 第二节　整体装配

小车的整体装配如图 15-2 所示。

图 15-2　小车的整体装配

驱动部分的主要接口如图 15-3 所示。

图 15-3　驱动部分的主要接口

完成连接后如图 15-4 所示。

图 15-4 完成连接的示意图

初次使用时，需要注意以下几个方面：

(1)使用专用充电器连接图 15-3 中所示的白色接口，充电器插入插座后亮红灯开始充电，绿灯亮表示充电完成，可以使用。

(2)将红色电机接口和绿色电池接口对应插入插座，开始测试。初次测试时，应选择户外空旷场地，以保证定位信号的强度(若实验室建有室内信号转发装置，则可在室内测试)。应确保线路连接无误，打开主开关。

(3)通电后，控制器、定位模块、5 V、3.3 V 四个电源指示灯亮起，OLED 显示如图 15-5 所示，若程序运行正常，则屏幕上的计数器不断累加。

图 15-5 开机状态(左)与定位成功状态(右)的对比

(4)等待 30 s 左右，待卫星定位成功后(见图 15-5)，会在屏幕上方显示出当前的经度和纬度。

(5)定位成功后，拿起小车(注意不要着地)，抓稳底盘(注意四个轮子不要有任何阻挡)，然后打开电机开关，则标示“MOTOR”的蓝色 LED 灯亮起，车轮开始慢速转动，舵机移动至接近中间的位置①，至此小车初次调试完成。

## 第三节　控制器与基本的编程使用

小车标配意法半导体公司的STM32F103控制器（见图15-6），默认使用C语言编程控制，因此需要实验者具备一定的C语言编程基础。

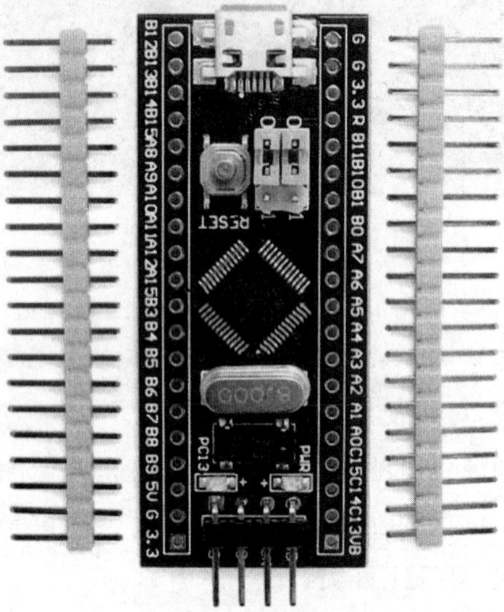

图15-6　STM32F103控制器

打开配套编程软件KEIL5进行编程，此程序为测试程序，基于C语言编写，可提取基本的定位数据，显示在OLED屏幕上。实验者可在此程序的基础上进一步修改，实现自主的导航算法。电机控制函数如下：

```
Motor_DIR.low()#电机正转
Motor_DIR.high()#电机反转
Motor_PWM.pulse_width_percent(25)#电机输出功率，范围 0-90
s1.angle(90)#舵机角度控制，范围 0-180，出厂设定 90，根据小车机械结构，可转动角
度范围为 75°~105°，初次调试时需要少量多次地改动舵机角度，以避免转动角度过大，
超出机械限位导致舵机损坏。
```

注意，小车的电机功率相对较大，输出功率超过50 W时小车的移动速度会很快，因此在测试过程中尽量不要使用过高的输出功率。另外，由于电机开关同时控制电机和舵机的电源，若想单独调试舵机而不驱动电机，可以拔掉红色的电机插头。

实验者可以少量调整配套编程软件KEIL5的相关参数，然后单击窗口右侧的

① 由于安装误差，舵机回正位置接近正中但会有少许偏差，因此在实际使用中需要进一步通过程序校准。

“download and run”,屏幕下方会出现下载进程提示。下载完成后提示“download ok”,然后系统开始运行修改后的程序。例如,修改电机转速和方向的代码如下:

```
Motor_DIR.high()#电机反转
Motor_PWM.pulse_width_percent(35)
```

下载成功后,打开电机开关,能明显看到小车的轮子反向转动,速度也明显提高。

# 第四节　定位数据处理

配套编程软件 KEIL5 的出厂内置程序已经原始数据处理,车载模块输出的原始数据为单条 5 Hz 频率,经过对原始数据的处理,可以提取经度和纬度用于显示和处理。

(1)定位模块的原始数据如下①:

```
$GPGGA,032934.00,3640.48207,N,11707.97953,E,1,07,1.09,116.7,M,-4.
7,M,,*4A
```

(2)数据的简单处理程序如下:

```
if uart1.any():#判断串口是否有数据输入
start = time.ticks_ms()
counter = counter + 1
str_rec = uart1.readline().decode().split(',')#读取一行数据, 解码为字
符串, 以逗号分隔
print(str_rec[2:7])#提取分隔后的第 2、3、4、5、6 五个元素
uart2.write(str(str_rec[2:7]))
uart2.write("\r\n")
longitude = str_rec[2]#经度 字符串数据, 若运算需要转换浮点数
latitude = str_rec[4]#纬度 字符串数据, 若运算需要转换浮点数
```

# 第五节　实际控制分析

## 一、问题简化

若要求小车根据定位数据,自主导航行驶,依次走完如图 15-7 所示的七星位置,则其实相当于要求小车在任意点自动行驶到已知目标点,到达目标点后自动切换到下一个目标点,连续完成七次即可。

① 只需要获取实时的精度、纬度即可完成。

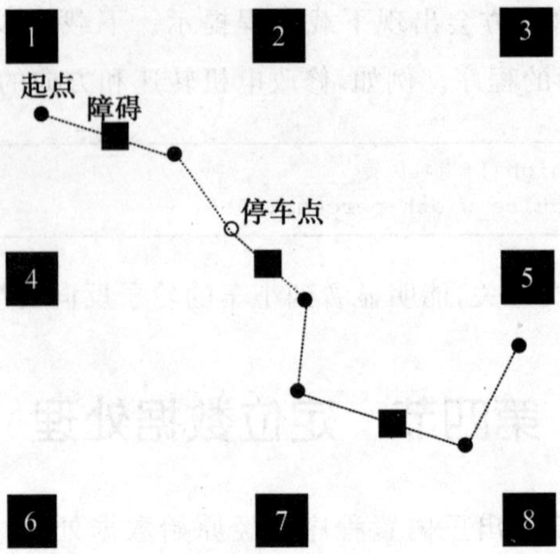


图 15-7　自主导航行驶路线图

## 二、可利用的原始数据

高精度定位模块以每秒 5 次的频率发送当前的实时定位数据。也就是说，小车在移动过程中，每秒可获取 5 次实时定位数据。小车的运行目标点坐标是固定点，可提前写入程序。据此，可将问题简化为：根据实时定位数据和目标点定位数据，让小车自动行驶到目标点后停车。

## 三、策略提示

在设计时，可以考虑以下几方面的策略：

(1)可简化经度和纬度坐标为直角坐标系进行计算。

(2)需要用到三角函数时，可根据坐标求角度。

(3)小车为前轮导向，需要确定小车的实时航向。

(4)小车在运动过程中，实时坐标不断发生变化，但目标点固定。

## 四、算法思路

算法思路如下：

(1)利用一次历史数据计算。

(2)以上一个点为原点建立直角坐标系，根据当前点的位置，算出小车的实时运动方向。

(3)以当前点为原点，带入目标点计算，得到小车的目标运动方向。

(4)两个方向作差，确定小车需要左转、右转还是直行。

(5)数据约束与变量定义：要想知道小车的实时运动方向与目标行驶方向，需要求出绝对角度。以正北为 0°，逆时针计量 0～359°(与 NMEA-0183 一致)，西方 90°，南方

180°,东方 270°,则有:

当前点:now_x,now_y。

上一点:old_x,old_y。

目标点:tar_x,tar_y。

当前角度:now_dir。

目标角度:tar_dir。

**注意:**

由于场地面积为 15 m×15 m,则原始定位数据的变化量最大为 0.5 s 左右。将原始数据舍弃整数部分,有效值取原始数据的小数部分,再将其乘以 10000 变成整数运算最方便。

(6)计算实时航向。以经度数据为 $x$ 轴,以纬度数据为 $y$ 轴,建立直角坐标系。以上一点为原点,当前点与上一点作差。使用相对数据,可求出当前轨迹的斜率。通过斜率,计算轨迹与 $x$ 轴夹角的角度(见图 15-8),公式如下:

$$now\_dir = \arctan\left(\frac{now\_y - old\_y}{now\_x - old\_x}\right) \times 57.3$$

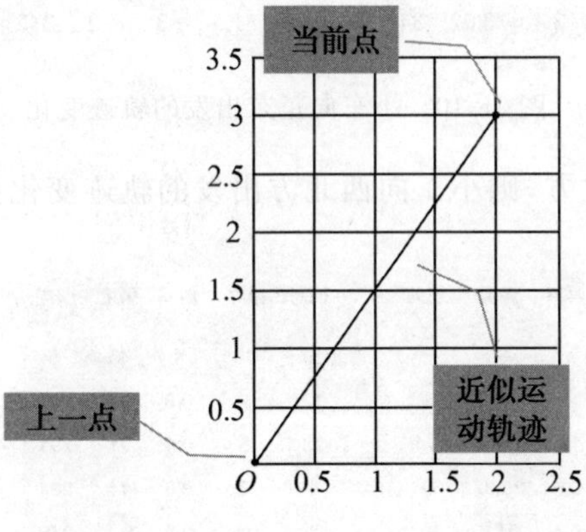


图 15-8　计算实时航向

相对角度转绝对航向,方法是:如果 now_x>0°,则 now_dir+270°;如果 now_x<0°,则 now_dir+90°。

(7)计算目标航向。根据上述方法,以当前点为原点,重新建立直角坐标系。使用目标点与当前点作差,相对角度转绝对航向(见图 15-9),方法是:如果 tar_x>0°,则 tar_dir+270°;如果 tar_x<0°,则 tar_dir+90°。

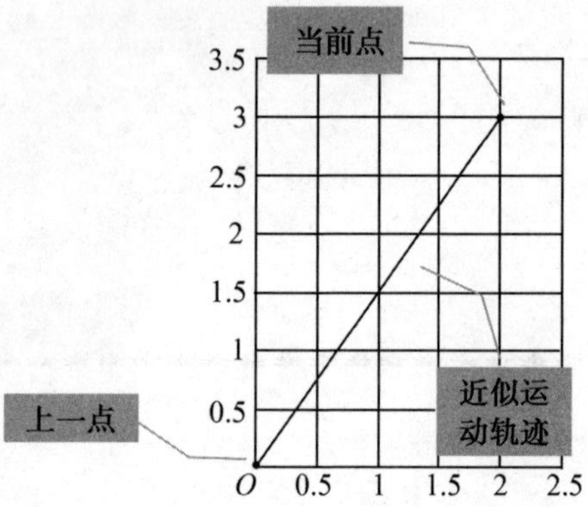


图 15-9　计算目标航向

(8)使用 EXCEL 绘图仿真轨迹。若模拟目标点在东北方，则小车向正东出发的轨迹变化如图 15-10 所示。

| 目标点 | | 当前点 | | 相对上点 | | 斜率 | 角度 | 航向 | 相对目标点 | | 斜率 | 角度 | 航向 |
|---|---|---|---|---|---|---|---|---|---|---|---|---|---|
| *x* | *y* | *x* | *y* | *x* | *y* | | | | *x* | *y* | | | |
| 10 | 10 | 0 | 0 | | | | | | 10 | 10 | 1 | 45 | |
| 10 | 10 | 1 | 0 | 1 | 0 | 0 | 0 | 270 | 9 | 10 | 1.1 | 48 | 318 |
| 10 | 10 | 4 | 1 | 3 | 1 | 0.3 | 18.44 | 288 | 6 | 9 | 1.5 | 56 | 326 |
| 10 | 10 | 6 | 2 | 2 | 1 | 0.5 | 26.57 | 297 | 4 | 8 | 2 | 63 | 333 |
| 10 | 10 | 8 | 4 | 2 | 2 | 1 | 45 | 315 | 2 | 6 | 3 | 72 | 342 |
| 10 | 10 | 9 | 6.8 | 1 | 2.8 | 2.8 | 70.35 | 340 | 1 | 3.2 | 3.2 | 73 | 343 |
| 10 | 10 | 9.5 | 8.5 | 0.5 | 1.7 | 3.4 | 73.62 | 344 | 0.5 | 1.5 | 3 | 72 | 342 |

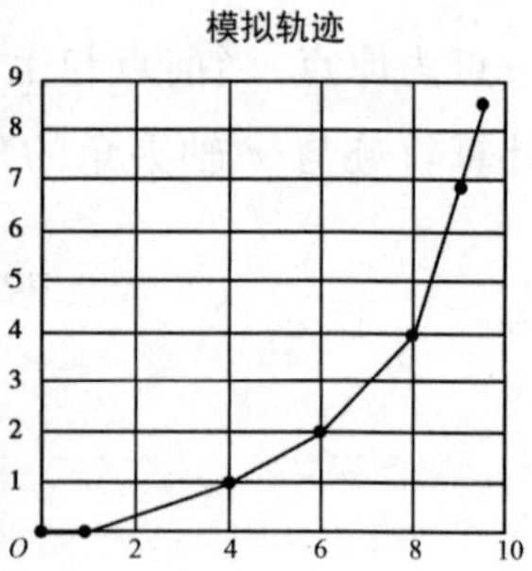


图 15-10　小车向正东出发的轨迹变化

若模拟目标点在东北方，则小车向西北方出发的轨迹变化如图 15-11 所示。

| 目标点 | | 当前点 | | 相对上点 | | 斜率 | 角度 | 航向 | 相对目标点 | | 斜率 | 角度 | 航向 |
|---|---|---|---|---|---|---|---|---|---|---|---|---|---|
| 10 | 10 | 0 | 0 | | | | | | 10 | 10 | 1 | 45 | |
| 10 | 10 | -2 | 1 | -2 | 1 | -1 | -26.6 | 63.4 | 12 | 9 | 0.8 | 37 | 307 |
| 10 | 10 | -3 | 5 | -1 | 4 | -4 | -76 | 14 | 13 | 5 | 0.4 | 21 | 291 |
| 10 | 10 | 2 | 8 | 5 | 3 | 0.6 | 30.97 | 301 | 8 | 2 | 0.3 | 14 | 284 |
| 10 | 10 | 5 | 9.2 | 3 | 1.2 | 0.4 | 21.8 | 292 | 5 | 0.8 | 0.2 | 9.1 | 279 |
| 10 | 10 | 8 | 9.7 | 3 | 0.5 | 0.2 | 9.463 | 279 | 2 | 0.3 | 0.2 | 8.5 | 279 |
| 10 | 10 | 9.5 | 9.9 | 1.5 | 0.2 | 0.1 | 7.595 | 278 | 0.5 | 0.1 | 0.2 | 11 | 281 |

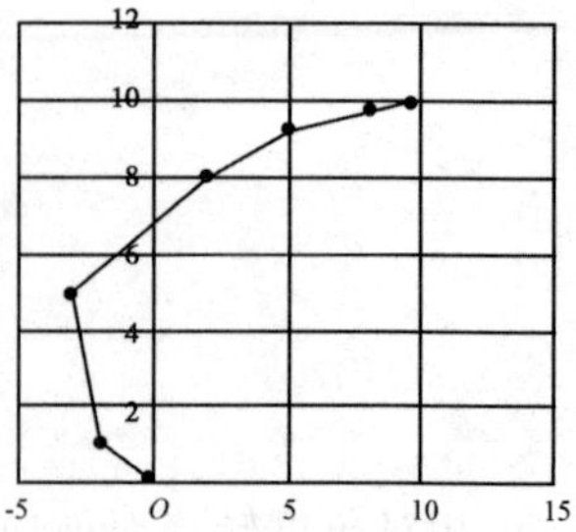

图 15-11　小车向西北方出发的轨迹变化

(9)求出角度差及轨迹优化。定义角度差为 change_dir＝tar_dir-now_dir，change_dir 的范围为－360°～360°，而小车在行驶时，需要走角度较小的一侧，这样可以加快行驶效率。最终 change_dir 只需要±180°的相对角度差即可，如果 change_dir＜－180°，则

change_dir＋360°；如果 change_dir＞180°，则 change_dir－360°。

两点之间的距离可先求坐标的平方和，再开方得出。根据角度差和距离，可以控制小车的方向和速度，最终实现自动驾驶。

(10)功能代码展示(C 语言版本)如下：

```
void position_seek(void)
{
    pto_x = po_x - old_x;
    pto_y = po_y - old_y;
    if(pto_x == 0){
        pto_x = 0.01;
    }
    deg_move = atan(pto_y / pto_x) * 57.3;
    if(pto_x > 0){
        deg_move += 270;
    }else{
        deg_move += 90;
    }

    totar_x = TARGET_LON - po_x;
    totar_y = TARGET_LAT - po_y;

    totar_length = sqrt(sq(totar_x) + sq(totar_y));
    if(totar_length > 1500){
        totar_length = 1500;
    }
    if(totar_x == 0){
        totar_x = 0.01;
    }
    deg_totar = atan(totar_y / totar_x) * 57.3;
    if(totar_x > 0){
        deg_totar += 270;
    }else{
        deg_totar += 90;
    }
    deg_change = deg_totar - deg_move;
    if(deg_change > 180){
        deg_change -= 360;
    }
    if(deg_change < -180){
        deg_change += 360;
    }
}
```

**注意：**

高精度“北斗”定位模块采用 RTK 技术定位，RTK 技术定位需要接收基站的差分数据达到 3～5 cm 的精度。由于定位模块成本较高，而且目前没有免费的公共 RTK 差分基站可供使用，因此为了方便初学者学习，套件里的定位模块采用单点定位技术，精度在 3 m 左右。

关于高精度差分数据接收，由于各个地区的定位基站安装和数据分发情况各有不同，因此在确定基站安装调试完成后，需要请相关工作人员根据现场情况进行差分数据接收配置。

## 第六节　本章小结

本章介绍了“北斗”精准无人驾驶车的若干功能实现，重点讲解了相关导航定位算法。在本实验中，导航数据可以直接从“北斗”导航模块中获得，因此实验设计的重点在于如何设计算法，使小车按照既定路线精确行驶，即如何利用经度和纬度信息计算实时行驶参数等。就总体设计而言，本实验采用了先分析、简化问题，然后设计软件算法并优化、仿真，最后通过硬件予以实现的思路。就本章而言，读者不需要全流程掌握所有的方法，只需要重点理解分析问题的方法以及导航算法的实现与优化即可。